beck'sche reihe

W0218857

bsr

Der große Erfolg von Thilo Sarrazins Buch «Deutschland schafft sich ab» hat offenbart, wie weit Ressentiments gegen Muslime verbreitet sind. Geschürt werden sie von intellektuellen Panikmachern ebenso wie von Rechtspopulisten und Rechtsextremisten, die das Feindbild Islam nutzen wollen, um in breiteren Schichten anschlussfähig zu werden. Dabei wird die Mehrheit der friedlichen Muslime mit der kleinen Minderheit gewaltbereiter Islamisten gleichgesetzt, der Islam zu einer fremdenfeindlichen und aggressiven Religion stilisiert und vor einer «Islamisierung Europas» gewarnt. Wolfgang Benz seziert in diesem Buch die Gedankenwelt der Islamgegner und zeigt, wie die Angst vor den Muslimen an den Grundfesten unserer demokratischen Gesellschaft rüttelt. Denn sie bedroht das tolerante Miteinander, das Zusammenleben der Kulturen in einer pluralistischen Gesellschaft.

Wolfgang Benz ist Prof. em. der Technischen Universität Berlin, er leitete bis März 2011 das Zentrum für Antisemitismusforschung in Berlin. Bei C.H.Beck ist zuletzt von ihm erschienen: *Deutsche Juden im 20. Jahrhundert* (2011).

Wolfgang Benz

Die Feinde aus dem Morgenland

Wie die Angst vor den Muslimen unsere Demokratie gefährdet

C. H. Beck

Originalausgabe

© Verlag C.H.Beck, München 2012
Satz, Druck u. Bindung: Druckerei C.H.Beck, Nördlingen
Umschlagabbildungen: © wikipedia
Umschlagentwurf: malsyteufel, Willich
Printed in Germany
ISBN 978-3-406-63981-4

www.beck.de

Inhalt

Vorwort

Dieses Buch ist keine Streitschrift. Es versteht sich auch nicht als gelehrte Abhandlung, vielmehr will es aus der Perspektive der Vorurteilsforschung einen Beitrag zur Debatte über Muslime in unserer Gesellschaft leisten. Dazu soll die Erfahrung des Autors aus langjähriger wissenschaftlicher Beschäftigung mit dem Verhältnis von Mehrheit und Minderheit, der Bedeutung und Wirkung von Ressentiments, der Instrumentalisierung von Feindbildern genutzt werden.

Der Diskurs über die Integration von Migranten und die Zukunft des Einwanderungslandes Deutschland, das in der Realität inzwischen ein Abwanderungsland ist, wird lautstark und polemisch, aber weithin ohne historisches Bewusstsein und ohne Sachkompetenz geführt. Das beweisen nicht zuletzt die Reaktionen auf das meinungsstarke, aber argumentationsschwache Buch «Deutschland schafft sich ab» von Thilo Sarrazin, der verbreitete Ängste erfolgreich stimulierte.

Nach Meinungsumfragen wird der Graben zwischen Autochthonen und muslimischen Zuwanderern tiefer. Die seit dem 11. September 2001 negativen Einstellungen der Deutschen haben sich nach einer Allensbach-Erhebung vom Mai 2006 weiter zum Schlechteren verändert. Entfremdung muss man es nennen, wenn 2004 75 Prozent der Befragten glaubten, der Islam sei durch Fanatismus geprägt, 2006 aber 83 Prozent. Dass «der Islam» rückwärtsgewandt sei, glaubten 2004 49 Prozent, zwei Jahre später waren es 62 Prozent. Diesen Trend bestätigen auch die Ergebnisse des Projekts «Deutsche Zustände», in dem an der Universität Bielefeld gruppenbezogene Menschenfeindlichkeit ein Jahrzehnt lang beobachtet wurde.

Zum düsteren Bild gehört es, dass in den letzten Jahren ein Konstrukt der Abwehr entstand, das den Philosemitismus der politischen Kultur Deutschlands mit der Abneigung gegen Muslime verknüpft: Neuerdings werden gegenüber dem Islam die Traditionen eines christlich-jüdischen Abendlands beschworen. Als hätten Juden und Christen in Europa zwei Jahrtausende lang in tiefstem Frieden und höchster Harmonie gelebt, im Bewusstsein gemeinsamer Werte und gemeinsamer religiöser Tradition. Die Gemeinsamkeiten gibt es, aber jahrhundertelang haben erst christliche Antijudaisten und dann rassistische Antisemiten alles dazu getan, um sie zu leugnen. Nach der Ermordung von sechs Millionen Juden im Zeichen einer verbrecherischen Ideologie die überlebenden Juden unter der Parole «christlich-jüdisch» dazu zu benutzen, um muslimische Bürger auszugrenzen, ist absurd.

Die Debatte über Muslime in Deutschland ist untrennbar verflochten mit der Bedrohung Israels durch islamische Staaten wie dem Iran und die arabischen Nachbarn. Der Anschlag islamistischer Verbrecher vom 11. September 2001 und die vielen Terrorakte in der Folgezeit, begangen unter Missbrauch der Religion des Islam, machen es Demagogen leicht, Muslime pauschal zu stigmatisieren und Ängste vor einer «Islamisierung Europas» zu schüren.

Aber dadurch sind die Menschen- und Bürgerrechte einer großen Gruppe in unserer Gesellschaft bedroht. Die Morde des Neonazi-Trios aus Thüringen, das sich «Nationalsozialistischer Untergrund» nannte, sind auch deshalb so symbolhaft, weil die Behörden, denen Ermittlung und Verfolgung von Straftaten obliegt, nichts unternommen oder schlampig gearbeitet haben. Da die meisten Opfer Muslime waren, nahmen sie offenbar der Einfachheit halber an, diese seien irgendwie selbst schuld.

Gegen die schrillen Schreie der «Islamkritiker» oder Muslimfeinde ist mit Polemik wenig auszurichten, da keine Bereitschaft zum Austausch von Argumenten erkennbar ist.

Deshalb besteht das Anliegen dieses Buches nicht darin, Unbelehrbare zu belehren, sondern im Versuch, den notwendigen Diskurs über die Integration von Bürgern islamischer Religion auf Augenhöhe mit diesen zu führen.

Mit vier Handelnden, die in der Auseinandersetzung um Probleme und Integration der Migranten aus dem muslimischen Kulturkreis wichtige Rollen spielen, führte ich Gespräche, deren Zusammenfassung Bestandteil dieses Buches sind. Sie bringen wichtige Aspekte des Themas im Originalton ein: Dr. Ehrhart Körting, langjähriger Innensenator des Landes Berlin, als engagierter Repräsentant der Aufnahmegesellschaft; Lydia Nofal als Muslima, die gegen Diskriminierung aktiv ist; Bekir Alboğa als Integrationsbeauftragter der türkischen Religionsbehörde DITIB und Aiman Mazyek als Vorsitzender des Zentralrats der Muslime in Deutschland. Ich danke ihnen sehr für ihre Offenheit und meinen Erkenntnisgewinn.

Herzlich danken möchte ich Freunden, Kollegen und Mitarbeitern. An erster Stelle Dr. Peter Widmann (Istanbul), der mich viele Jahre im Zentrum für Antisemitismusforschung der TU Berlin als Doktorand, wissenschaftlicher Mitarbeiter und Assistent begleitet, beraten, ermuntert und bestärkt hat. Ich verdanke ihm nicht nur wichtige Hinweise und Einsichten zum Thema Migration und Integration, er hat mir auch den Titel dieses Buches erlaubt, der den Titel eines Aufsatzes aus seiner Feder variiert. Nicht weniger dankbar bin ich Yasemin Shooman für klugen Rat und vielfache Hilfen, die sie mir als profunde Kennerin der Materie gewährt hat. Marion Neiss hat ihre Freundschaft unzählige Male bei der Beschaffung von Literatur und Quellenmaterial bewiesen. Für Recherchen, Organisation und Erstellung des Manuskripts danke ich Christine Brückner, und kompetent wie stets stand mir auch Ingeborg Medaris zur Seite, insbesondere bei der nicht immer einfachen Herstellung der Schriftfassung der vier Gespräche. Sebastian Ullrich, mein Lektor im Verlag C.H.Beck, hat die Entstehung des Manuskriptes mit Geduld und Engagement begleitet und mit kritischen Einwänden und Nachfragen gefördert. Ich danke ihm sehr herzlich und schätze das Privileg, als Autor so kompetent betreut zu werden.

Berlin, April 2012

1.
Probleme mit der Minderheit

Am Rande der Dresdner Innenstadt erhebt sich eine prächtige Moschee in gewaltigen Dimensionen. In dem Gebäude hat nie ein Gottesdienst stattgefunden, denn es diente nur als Staffage der Zigarettenfabrik Yenidze. Der Tabakindustrielle Hugo Zietz hatte den Bau Anfang des 20. Jahrhunderts errichten lassen, um mit der orientalisierenden, von einer Kuppel gekrönten Architektur das Verbot von Fabrikgebäuden im Stadtensemble zu umgehen. Der Schornstein ist als Minarett gestaltet, die «Moschee» wurde als willkommener Beitrag zur Ästhetik des Stadtbilds gesehen und dient heute, aufwendig restauriert, als Bürogebäude.

In Wien, weniger exponiert, im 19. Bezirk ziemlich fern der Innenstadt, steht ein Gebäude mit ähnlicher Geschichte. Johann Zacherl ließ es 1892 im Stil einer persischen Moschee erbauen. Hinter der Klinkerfassade, die mit farbenprächtigen Kacheln geschmückt ist und über der sich eine Kuppel erhebt, wurde «Zacherlin» produziert, das auch unter dem Namen «persisches Pulver» bekannt und wegen seiner Wirkung gegen schädliche Insekten allseits beliebt war. Auch hier diente das Minarett als Dekoration für den Schornstein und als belebendes Element des Straßenbildes, wohl auch als Werbeträger. Einen Kulturkrieg hat auch das Wiener Gebäude nicht ausgelöst. In Dresden hat es allerdings eine architekturkritische Debatte gegeben, was angesichts der exponierten Lage und der Dimension der Yenidze-Fabrik nicht weiter verwunderlich war. Weil Muslime an dem Haus keinen Anteil hatten und wegen der profanen Nutzung gab es jedoch keinen religiösen Diskurs. Allenfalls Ästhetik und Stil standen zur Diskussion.

Schon seit dem 18. Jahrhundert gab es eine höfische Tradition, fürstliche Parks mit orientalischen Bauten zu möblieren. Die Rote Moschee im Schlosspark Schwetzingen, im Auftrag des Kurfürsten Carl Theodor erbaut und 1792/93 fertiggestellt, war als Symbol der Toleranz gegenüber allen Religionen und Kulturen der Welt errichtet worden. Obwohl das Gebäude im türkischen Stil keine sakrale Ausstattung hatte, diente es im Deutsch-Französischen Krieg 1870/71 auch als Gebetsstätte, und zwar für französische Kriegsgefangene aus Nordafrika.

In Potsdam hatte der Architekt Ludwig Persius 1841/42 als wohl ersten Profanbau in orientalischer Verkleidung ein Maschinenhaus, das Pumpwerk für die Fontäne im Park von Sanssouci, in Gestalt einer maurischen Moschee ausgeführt. Minarett, Kuppel und die mit glasierten Ziegeln geschmückte Fassade spiegeln sich in der Havel. Die Kulisse verbirgt eine Dampfmaschine der Firma Borsig, die heute als technisches Denkmal zu bestaunen ist. Negative Reaktionen auf das Bauwerk sind nicht überliefert. Das mag freilich seinen Grund auch darin haben, dass es, wie die Fabriken in Wien und Dresden, nie kultischen Zwecken diente, deshalb wohl auch keine Bedrohungsängste auslöste. Fremdkörper in der mitteleuropäischen Stadtlandschaft waren die exotischen Bauwerke allemal. Möglicherweise sind sie auch als (unbewusste?) Geste der Geringschätzung errichtet worden und stehen in der Tradition verächtlicher Herablassung gegenüber der Kultur des Orients. Die Frage liegt nahe, wie fromme Christen reagiert hätten, wäre im Osmanischen Reich eine Fabrik oder eine Maschinenhalle in Form einer gotischen Kirche erbaut worden.

Die Überzeugung Friedrichs des Großen, alle Religionen seien gleich und gut, wenn nur die Gläubigen ehrliche Leute seien, gilt nicht für die aufgeklärten Europäer des 21. Jahrhunderts. Der Preußenkönig hat vor mehr als 250 Jahren gesagt: «Und wenn die Türken und Heiden kämen und wollten hier im Lande wohnen, dann würden wir ihnen Moscheen und Kirchen bauen.»[1] Gebetsstätten der Muslime sind heute für viele nur Objekte des Hasses, die sie zerstören wollen. Eine unvollständige Bilanz der vergangenen drei Jahrzehnte verzeichnet ein Dutzend Bombendrohungen und über hundert Gewalttaten gegen Moscheen, Schändungen durch Hakenkreuzschmierereien, Schweineblut oder Fäkalien nicht einbegriffen.[2]

Moscheebauvereine, die in Deutschland, Österreich, der Schweiz oder in anderen mitteleuropäischen Regionen Gebetshäuser errichten wollen, sehen sich in unseren Tagen mit ästhetischen, religiösen und politischen Argumenten konfrontiert, für die Volkszorn mobilisiert wird, um die unerwünschte visuelle Präsenz des Islam zu verhindern. Der Wunsch, Gebetshäuser zu errichten, die als solche zu erkennen sind, ist in erster Linie ein Zeichen dafür, dass die Religionsgemeinschaft ihre Bürgerrechte wahrnimmt und sich in ihrer Umgebung angekommen fühlt. Das hat historische Parallelen in der Geschichte der deutschen Juden, die 1871 ihre vollen Bürgerrechte in der Verfassung des Deutschen Reiches garantiert sahen. Nun wollten sie auch sichtbar Staatsbürger sein mit allen Rechten und Pflichten. Sie begannen, Synagogen mit prächtigen Fassaden zu errichten, und waren froh, die unauffälligen Gebetsstuben im Hinterhof, die symbolisch waren für den minderen Status einer nur widerwillig geduldeten Minderheit, verlassen zu können. Aus der Sicht des Architekten und als jüdischer Intellektueller hat Salomon Korn den Diskurs beschrieben, der im letzten Drittel des 19. Jahrhunderts über Synagogen als Zeichen der Emanzipation geführt wurde.[3]

Die Parallele zu aktuellen Moscheedebatten zu ziehen erscheint mindestens denen als Sakrileg, die in aggressivem Philosemitismus oder unbedingter Parteiname jeden Vergleich zwischen Antisemiten und Islamfeindschaft skandalisieren. Dabei muss ein Vergleich nicht zur Gleichsetzung der Opfer führen, sondern kann als Mittel eingesetzt werden, um die gegen eine jeweilige Minderheit handelnde Mehrheit zu untersuchen. Das Gegenargument, von Juden sei nie eine Bedrohung ausgegangen, von Muslimen aber sehr wohl, ist unsinnig, weil es bei Ressentiments nicht um Realität geht. Objekt des Antisemiten ist nicht der wirkliche Jude, sondern das Konstrukt eines Feindes, dem er die Gestalt des Juden gibt. Zur Agitation muss das Feindbild konkrete Formen haben. Die Juden, die Julius Streicher und Adolf Hitler in ihren Hasstiraden beschworen, haben in der Realität nicht existiert. Aber Millionen Gefolgsleute haben daran geglaubt, dass von «den Juden» große Gefahr ausgehe, der man energisch begegnen müsse, um nicht selbst unterzugehen.

Kulturrassismus, der sich als Religionskritik am Islam ausgibt, beherrscht derzeit die Agenda nicht nur in den Niederlanden, in Schweden, der Schweiz, in Frankreich oder in Deutschland. Das Bild des alltäglichen Rassismus in Österreich ist nicht erfreulicher. Einige wenige Beispiele spiegeln die Situation: Im April 2008 wird eine Frau, die nichtösterreichischer Herkunft zu sein scheint, an der Kasse eines Supermarkts von einer älteren Kundin attackiert: «Sie haben kein Recht, vor mir zu stehen! Das ist MEIN Land, ich bin in meiner Heimat! Nein, halten Sie den Mund! Sie haben kein Recht zu sprechen! Gehen Sie raus!» In einem Wiener Nachtbus wird ein Mann, der aus Nigeria stammt, von einer 40-jährigen Frau angepöbelt, als «Bimbo» und «Neger» beschimpft, eine zweite Frau sekundiert ihr, es fallen Bemerkungen, dass Hitler seine Sache gut gemacht habe. In einer Wiener U-Bahn-Station schiebt eine junge Frau mit Kopftuch einen Kinderwagen mit Zwillingen, zwei größere Kinder begleiten sie. Eine ältere Frau spricht sie an: «Wie viele Kinder wollen Sie noch kriegen?», und sagt, nachdem die junge Mutter sich die Frage verbeten hat, unter anzüglichen Handbewegungen: «Ihr kommt's hierher und könnt's nur Kinder machen!» Noch drastischer erlebt eine zum Islam konvertierte Österreicherin in einem Bekleidungsgeschäft in Graz die Überfremdungsängste einer anderen Frau, die sich in sexistischem Rassismus Luft macht: «Gehen's doch heim, zu Ihrem Allah, wenn Sie sich so gerne von jedem Mufti durchficken lassen!» Der Dialog geht weiter, die Angreiferin verlangt schließlich vom Opfer, nicht weiter belästigt zu werden, zwei Angestellte und drei Kundinnen sind Zeugen des Vorfalls, ohne ihn zu kommentieren.[4]

In der Gewissheit der eigenen kulturellen Höherwertigkeit ist die Notwendigkeit der Ablehnung anderer begründet. Der konservative US-amerikanische Politologe Samuel Huntington hat ein Erklärungsmodell zur Wiederkehr der Religion im öffentlichen Leben vorgelegt, die er in einem «Kampf der Kulturen» (clash of civilizations)[5] wirkungsmächtig sieht. Die Denkfigur wurde populär. Ihr hält der Religionssoziologe Martin Riesebrodt die Option eines Bekenntnispluralismus entgegen, mit dem Ziel politischer Partizipation ohne Präferenz einer bestimmten Religion. Das schließt Dominanz gesellschaftlicher Gruppen aufgrund «kultureller oder religiöser Tradition, Geschlecht, Ethnizität oder ‹Rasse›» ebenso aus wie Ausgrenzung.[6] Fundamentalisten, deren Einfluss bis weit in die Mitte der Gesellschaft reicht, sind aber auf Ab- und Ausgrenzung bedacht und predigen den Kampf gegen fremde Kulturen unter Berufung auf Religion, Tradition und die Überlegenheit der eigenen Moral.[7]

Pastor Terry Jones steht an der Spitze einer winzigen Sekte von Christen, die früher in Köln, heute in Gainesville in Florida ihr Wesen treibt und von den Medien überdimensional wahrgenommen wird, dies durch spektakuläre Inszenierungen provoziert und Spiritualität längst durch Krawall ersetzt hat. In der internationalen Szene der Muslimfeinde genießt der Sektenpfarrer Kultstatus. In eindimensionaler Weltsicht hat Pastor Jones, der sich zum Gottesdienst mit Smoking und Pistole am Gürtel ausstaffiert, den Islam als Grund allen Übels auf der Erde ausgemacht.[8] Lebhaft unterstützt von seiner Gemeinde, kündigte er symbolträchtig für den 11. September 2010 eine Koranverbrennung an, die weltweit Proteste auslöste und nicht zuletzt nach patriotischen Ermahnungen, wegen der Sicherheit amerikanischer Soldaten und Bürger angesichts vorhersehbarer gewaltsamer Proteste in muslimischen Ländern, zunächst unterblieb.

Im Frühjahr 2011 wurde die unfromme Absicht dann aber doch verwirklicht. Bei einem «Prozess», in dem Pastor Jones als Richter amtierte, wurde der Koran feierlich zur Verbrennung verurteilt. Der Richterspruch wurde von einem zweiten Pastor, der mit dem Grillanzünder das Amt des Henkers versah, vollstreckt. Die Folgen waren absehbar: Aufgebrachte muslimische Gläubige und Fanatiker verletzten und töteten bei Protesten in Afghanistan nicht wenige Menschen. Den Pastor rührte es nicht, dass sein Wirken Unruhen und einen Sturm auf das Büro der Vereinten Nationen in Masar-i-Sharif auslöste, bei dem sieben Ausländer zu Tode kamen. Er lehnte jede Verantwortung ab und erklärte zufrieden, er habe «das Bewusstsein für diese gefährliche Religion schärfen» wollen. Der Brandstifter fühlte sich durch den Brand bestätigt. Der Hass gegen den Islam macht ihn blind, seine Verurteilung der durch ihn ausgelösten Gewalt ist bei rationaler Beurteilung entweder Heuchelei oder Zynismus. Emotional betrachtet, bestätigt sich die Tat durch ihre Wirkung: Für den Fundamentalisten besteht die Welt nur aus dem Guten, das er vertritt, und dem Bösen, das er bekämpft.[9] Der Pastor bietet das klassische Bild der Verantwortungslosigkeit des Fundamentalisten: Die Folgen seines Wirkens kümmern ihn nur so weit, als sie in seinem Sinne, als sie Ziel seiner Absicht sind. Pastor Jones steht für die Lächerlichkeit des Fanatikers und darf sich der Verachtung aller Vernünftigen sicher sein, aber die Folgen seines Tuns sind unabhängig von seiner Person.

Das zeigte sich etwa im Februar 2012, als bekannt wurde, dass in einem Lager der US-Army in Afghanistan verkohlte Koranseiten auf dem Müll lagen. Aus welchen Gründen auch immer – bei amerikanischen Urhebern liegen banale sanitäre oder bürokratische Motive nahe – die Heilige Schrift des Islam in Entsorgungsaktivitäten geriet, tagelange gewaltsame Proteste aufgebrachter Muslime, die sich verhöhnt und beleidigt fühlten, waren das Ergebnis. Öffentliche Entschuldigungen hochrangiger US-Militärs konnten nichts an der Explosion der Gefühle ändern. Mangelnde Sensibilität löste Wogen der Entrüstung aus, die als Ausdruck fanatisierter islamischer Gewaltbereitschaft gedeutet und als «Beweis» genommen wurden, dass Muslime in religiösen Angelegenheiten hysterisch reagieren. Hält man sich vor Augen, mit welchem Respekt Thorarollen in der jüdischen Religionsausübung behandelt werden, dass unbrauchbar gewordene heilige Schriften feierlich auf dem Friedhof bestattet werden, könnte man eine Vorstellung von der Bedeutung der Koranschändung erlangen, vollends, wenn man die Geschichte herablassenden Umgangs mit muslimischen Traditionen und Symbolen in Betracht zieht.

Die Mohammed-Karikaturen, die 2005 in einer dänischen Provinzzeitung erschienen, waren eben mehr als eine unnötige Demonstration westlicher Meinungsfreiheit. Sie waren Pietätsverletzungen, die als gewollte Provokation verstanden und weltweit mit tätiger Entrüstung beantwortet wurden. Und natürlich sind einzelne Ereignisse wie die Mohammed-Karikaturen oder die Umtriebe des Pastor Jones nur Katalysatoren für das Unbehagen, das sich über lange Zeit in der islamischen Welt gegen «den Westen» aufgebaut hat.

Im Westen beherrscht dagegen seit dem 11. September 2001 das Feindbild eines aggressiven Terrorismus, der im Namen Allahs rücksichtslos agiert, die Sicht auf den gesamten islamischen Kulturkreis. Eine der Ersten, die den Kulturkampf gegen den Islam in Europa ausriefen, war Oriana Fallaci (1929–2006). Die Schriftstellerin erlebte den Terroranschlag auf das World Trade Center in ihrer New Yorker Wohnung aus der Nähe. Ihrem Zorn verlieh sie Ausdruck in einem Pamphlet, niedergeschrieben im September 2001 unter dem unmittelbaren Schock der Ereignisse und gesättigt von den Erfahrungen ihres Lebens als Kriegsberichterstatterin, als Journalistin, die orientalische Potentaten interviewt und Länder islamischer Kultur bereist hatte. Oriana Fallaci wütete gegen die Linke, gegen westliche

Dekadenz, gegen das in Brüssel repräsentierte Europa. Sie verstand ihren Text als Predigt, als Verteidigung traditioneller Werte, unter denen Patriotismus und Abneigung gegen Fremdes (verkörpert durch den Islam) hohen Rang haben.

Der furiose Empörungsschrei der Italienerin war für die Szene der Islamfeinde stilbildend mit Denkfiguren, Wortprägungen und Hasstiraden. Mit ihrem Essay «Die Wut und der Stolz» gewann Oriana Fallaci erheblichen Einfluss als Islamkritikerin.[10] Einer ihrer Epigonen, Udo Ulfkotte, huldigte ihr im Motto eines seiner Bücher: «Europa ist nicht mehr Europa, es ist ‹Eurabien›, eine Kolonie des Islam, wo die islamische Invasion nicht nur physisch voranschreitet, sondern auch auf geistiger und kultureller Ebene.»[11]

Oriana Fallaci hat einen Hassgesang angestimmt, der von der Verachtung der Muslime lebt. Die «Söhne Allahs», wie sie Muslime beharrlich nennt, würden «anstatt zur Verbesserung der Menschheit beizutragen, ihre Zeit damit verbringen, mit dem Hintern in der Luft fünfmal am Tag zu beten».[12] Vielleicht hat sich auch Ralph Giordano bei der Lektüre zu seinen beleidigenden Äußerungen gegen die Religion des Islam inspirieren lassen. Auch andere Spuren der «brutalen Aufrichtigkeit» Fallacis erkennt man wieder, wenn sie «die Imame» als geistige Oberhäupter des Terrorismus einschätzt oder wenn sie das Aussterben der Europäer beklagt: «Die Italiener bekommen keine Kinder mehr, diese Dummköpfe. Die übrigen Europäer auch nicht. Unsere ‹ausländischen Arbeiter› dagegen vermehren sich wie die Ratten. Mindestens die Hälfte aller moslemischen Frauen, die man auf der Straße sieht, sind von Kinderhorden umgeben und schwanger.»[13] Und richtungsweisend war Fallaci auch mit der Überzeugung, der islamistische Extremismus der Gegenwart sei «nur der jüngste Ausdruck einer Realität, die seit eintausendvierhundert Jahren existiert. Einer Realität, vor der der Westen unerklärlicherweise die Augen verschließt.»[14]

Frau Fallaci hat solche Deutungen der modernen Weltkonflikte nicht erfunden, aber sie hat ihnen, politisch entschieden positioniert, wortmächtig Ausdruck verliehen und durch ihre Prominenz als Publizistin und durch die Authentizität ihrer Erfahrungen solche Wirkung verschafft, dass man ihr Traktat nicht als Hassgeschrei einer traumatisierten Patriotin, die in einer globalisierten Welt den Nationalkulturen des alten Europa nachtrauert, abtun kann. Oriana Fallaci hat ein Manifest der Islamfeindschaft in die Welt gesetzt, das der Meinung vieler entspricht.

Die Bedrohungsängste haben seit dem 11. September 2001 einen Kristallisationspunkt. Beispiele für den Missbrauch der islamischen Religion durch eine Minderheit von Radikalen und Extremisten ereignen sich weiterhin täglich. Das erleichtert den Demagogen, für die die Parole vom «Kampf der Kulturen» attraktiver ist als der Dialog mit den Vertretern einer anderen Kultur, das Geschäft. Für sie bilden alle Muslime ein Kollektiv des Bösen und müssen deshalb – im Namen des Abendlandes, des Christentums, der europäischen Kultur – bekämpft werden.

Die Hinweise auf die Rückständigkeit traditioneller islamischer Gesellschaften, auf dort geübte oder vermutete fremdartige Sitten und Gebräuche, auf Despotie, Diktatur und angebliche Unfähigkeit zur Demokratie münden im Verdikt über die Religion, die nach der Überzeugung der Islamfeinde nichts anderes ist als eine politische Handlungsanweisung zur Erringung der Herrschaft über die Welt. Seit dem 11. September 2001 stehen alle Muslime unter dem Generalverdacht des Terrorismus oder der Beihilfe dazu oder mindestens der Bereitschaft zur Gewalt. Auch semantische Auswirkungen hatte der Anschlag in New York. Sprach man davor von Türken oder Arabern, so werden seitdem die Migranten über ihre Religion oder den Kulturkreis, aus dem sie kommen, als Muslime bezeichnet. Und damit sind sie pauschal definiert, d. h. als Gruppe mit bestimmten Eigenschaften ausgestattet. Dazu gehört auch die weitverbreitete Skepsis hinsichtlich ihrer Akkulturationsbereitschaft.

Kein Unberufener, vielmehr der Innenminister der Bundesrepublik Deutschland, Hans-Peter Friedrich, hat die Feststellung des Bundespräsidenten Wulff dementiert, der Islam gehöre zu Deutschland. Angesichts der vier Millionen in Deutschland lebenden Muslime war das keine aus der Luft gegriffene Behauptung, vielmehr eine Andeutung ihrer Bürgerrechte. Der Minister interpretierte einige Zeit später auch eine Studie über das Verhalten junger Muslime, die sein Haus in Auftrag gegeben hatte, etwas willkürlich. Die Studie zeichnete ein ziemlich positives Bild der Entwicklung, erkannte eine problematische Einstellung zur Demokratie lediglich bei zwei bis drei Prozent der jungen Muslime und führte Tendenzen zur Abkapselung auf Diskriminierungserfahrungen zurück.[15] Der Minister griff sich lediglich die negativen Resultate der Studie heraus und geißelte in der «Bild»-Zeitung die mutmaßlichen Feinde von Demokratie und Freiheit. Das brachte ihm nicht nur die Kritik von Experten ein, sondern auch das Stirnrunzeln der Antidiskriminierungsbeauftragten der Bundesregierung, die es befremdlich fand, dass sich Minister Friedrich nur auf die Minderheit unter den Befragten konzentrierte, die sein düsteres Bild bestätigten. Die Antidiskriminierungsbeauftragte sagte wörtlich, es sei «ein Rückschlag für jede Antidiskriminierungsarbeit, wenn man Migranten ausschließlich auf ihre Religion oder Gewaltbereitschaft reduziert».[16]

Die Muslime treten in Deutschland ganz unterschiedlich organisiert in Erscheinung. Die Strukturen der Repräsentation des Islam sind nicht zu vergleichen mit den Strukturen christlicher Konfessionen. Schließlich gibt es auch keine einheitliche Lehre und keine Instanz, die Glaubensinhalte und Lehrmeinungen verbindlich festlegt. Die größte Vereinigung ist der Dachverband Türkisch-Islamische Union der Anstalt für Religion (Diyanet Işleri Türk Islam Birliği, abgekürzt DITIB), der in Köln residiert. DITIB repräsentiert die staatliche Religionsbehörde der Türkei, d. h. das verfassungsmäßige Organ, das der dortigen Trennung von Staat und Religion dient. Der Zentralrat der Muslime in Deutschland vertritt muslimische Spitzenverbände unterschiedlicher religiöser Observanz und nationaler Herkunft. Im Gegensatz zu diesen politisch neutralen Organisationen ist die «Islamische Gemeinschaft Milli Görüş» eine türkisch-nationalistische und islamistische Bewegung, die die Türkei zum islamischen Staat umgestalten möchte, in ganz Europa aktiv ist und auch in der Bundesrepublik mit Argwohn beobachtet wird.

Der Verband der islamischen Kulturzentren (Islam Kültür Merkezleri Birliği, IKMB) ist türkisch dominiert, die Muslimbrüder mit ihrem arabischen Hintergrund sind mit dem Islamischen Zentrum München vertreten, das Islamische Zentrum Hamburg wird dagegen vom Iran gefördert. Zur Vielfalt des Islam in Deutschland, der sich außer nach den Herkunftsregionen seiner Angehörigen noch in Schiiten und Sunniten gliedert, gehören kleinere Gruppen und Sekten sowie die Aleviten, zu denen etwa ein Fünftel der in Deutschland lebenden Türken zu rechnen ist. Aleviten unterscheiden sich von anderen Muslimen äußerlich vor allem dadurch, dass sie die von der Scharia vorgeschriebenen Rituale wie das fünfmalige tägliche Gebet nicht kennen, daher keine Moscheen unterhalten.[17]

Von Sunniten und Schiiten werden die Aleviten deshalb nicht als Muslime anerkannt, obwohl ihre zentralen Glaubensinhalte islamisch sind. Entgegen dem pauschalen Verdikt der Muslimfeinde, nach dem «der Islam» eine gefährliche Einheit mit einer geschlossenen Ideologie und darauf basierender aggressiver Zielsetzung, nämlich der «Islamisierung Europas», darstellt, ist die Welt der Muslime durch ihren Formenreichtum charakterisiert. Das bringt für Mehrheitsgesellschaft und Regierung Schwierigkeiten mit sich. Unter anderem die, autorisierte Ansprech- und Verhandlungspartner zu finden, mit denen besser als mit den örtlichen Moscheevereinen Lehrinhalte für die Ausbildung von Imamen und den islamischen Religionsunterricht in der Grundschule festgelegt werden können.

Die 2006 vom Bundesinnenministerium einberufene und moderierte «Deutsche Islamkonferenz» versucht, den berechtigten Interessen der Mehrheitsgesellschaft wie denen der muslimischen Minderheit in Deutschland Raum zu schaffen. Die Schwierigkeiten sind unübersehbar: Die Einladungspolitik der Regierung einerseits und intransigente Standpunkte der Interessenvertretungen andererseits bilden zusätzliche Steine auf dem schwierigen Weg zur Integration.

Der Alltag in vielen Ländern des islamischen Kulturkreises ist von Armut und Arbeitslosigkeit gezeichnet. Bildungsdefizite und soziale Ungerechtigkeiten kommen dazu. Das ist aber nicht Ausfluss der Religion oder Resultat kulturimmanenter Verweigerung jeglichen Fortschritts. Gegen feudale Strukturen empören sich arabische Muslime im Aufbruch in die Moderne und in der Hoffnung auf eine gerechtere Welt. Wem dieser Prozess zu lange dauert oder wem er zu spät in Gang kam, der muss sich fragen lassen, wie lange die Konfessionen des Christentums brauchten, um die Probleme der modernen Welt zu realisieren und Lösungen zu akzeptieren.

Ist denn der arabische Frühling nur eine Legende? Werden den gestürzten Diktatoren in Tunesien, Libyen oder Ägypten nun die radikalen Islamisten folgen und neue Schreckensherrschaften errichten, in denen Minderheiten wie Christen, kritische Intellektuelle oder Gruppen wie Frauen oder Unfromme unterdrückt oder verfolgt werden? Muss Israel fürchten, dass die mühsam bewahrte Stabilität der Beziehungen zu Ägypten verloren geht, dass der 1979 geschlossene Friede von Camp David von Kairo gekündigt wird? Schwierige Fragen, auf die simple Antworten nicht möglich sind. Aber der Sturz der Diktatoren durch die Erhebung der arabischen Völker ist ebenso Wirklichkeit wie der Freiheitskampf in Syrien. Freilich wäre es naiv zu glauben, dem Untergang diktatorischer Gewaltregime müsste die lupenreine Demokratie nach westlichem Wertekanon unmittelbar folgen. Wie lang war denn der

Weg in Deutschland vom Obrigkeitsstaat zur Demokratie? Wie lange brauchte die Emanzipation der Frauen in Europa, und wann wird sie vollendet sein?

Dem Sturz Mubaraks in Ägypten im Februar 2011 folgte patriotischer Jubel, in den der Westen einstimmte. Aber es war doch auch einst der Westen gewesen, der ihn unterstützt hatte, weil er Islamisten einkerkerte und Frieden mit Israel hielt. Dass Islamisten jetzt, nach der Niederlage des Regimes, das sie verfolgte und zu Märtyrern machte, zur Macht streben, dass sie schon deshalb populär sind, weil man sie im Westen fürchtet und stigmatisiert, das ist kein Wunder. Denn Boykott und Verteufelung, gegen sie gerichtet, waren Triebkräfte ihres Erfolgs.

Terror unter Missbrauch des Namens Allah ist und bleibt kriminell, das steht nicht zur Diskussion. Aber damit ist nicht der politische Islam insgesamt und von vornherein zu verdammen. Wie viel haben wohl angstgesteuerte Eiferer in Europa und den USA, die den Islam pauschal diffamieren, zur Radikalisierung der Islamisten beigetragen? Das neue Selbstbewusstsein der Ägypter reagiert auf Bevormundung nicht weniger empfindlich als auf westliche Arroganz. Der Tod ägyptischer Polizisten bei einem Grenzzwischenfall mit Israel, die Verweigerung einer angemessenen Geste der Entschuldigung durch die israelische Regierung waren Anlass für einen Sturm entfesselter Fanatiker auf die israelische Botschaft in Kairo. Das traurige Ereignis zeigt, wie leicht sich durch Parolen gefährliche Zorneswallungen mobilisieren lassen, von Aufgebrachten, die zum Mob werden.

Die israelische Reaktion auf den barbarischen Akt war bewundernswert moderat, aber sie wird den tief sitzenden und verbreiteten Hass gegen Juden und den jüdischen Staat in der arabischen Welt nicht lindern. Ältere Feindbilder sind durch die Eskalation des Nahostkonflikts in Jahrzehnten verstärkt und immer wieder neu instrumentalisiert worden; die Kriege gegen Israel haben auf der arabischen Seite im Verhältnis zu ihrem Misserfolg die Militanz gesteigert, und schließlich wird die Abneigung gegen Israel und «die Juden» durch die israelische Politik gegenüber den Palästinensern und jüdische Ressentiments gegen Araber bzw. Muslime schlechthin stimuliert. Viele muslimische Meinungsführer verbreiten, auch unter dem Mantel von Gelehrsamkeit und Frömmigkeit, mit Verschwörungstheorien und absurden Feindbildern Ressentiments gegen «die Juden» als verhasstes Kollektiv. Medien in der arabischen Region und darüber hinaus sorgen mit Eifer für Resonanz und Nachhaltigkeit. Dass Taxifahrer in Kairo mit dem Fahrgast über die «Protokolle der Weisen von Zion» diskutieren und zutiefst überzeugt sind, dass «die Juden», verkörpert durch Israel, Feinde schlechthin sind, ist eine Tatsache. Dass den Juden Stellvertreterfunktionen zugeschoben werden, ist eine Erkenntnis, die hilfreich wäre, wenn sie akzeptiert würde. Aus ähnlichem Grund sind die Kopten als Minderheit in Ägypten in Bedrängnis. Sie müssen die Rolle des inneren Feindes spielen, nicht weil sie Christen sind, sondern weil Minderheiten dann in Anspruch genommen werden, wenn die Mehrheit irgendwelche «Anderen», die als «Fremde» definiert werden, als Schuldige braucht.

Es ist falsch, politische Probleme auf die Religion (und deren Missbrauch) zu reduzieren. Der Westen wird sich mit dem politischen Islam arrangieren müssen, wenn er, wie in Tunesien durch einwandfreie Wahl legitimiert, als bestimmende Kraft auftritt. Damit – das heißt durch Akzeptanz und im Dialog – verbindet sich die Hoffnung, dass dessen Radikalisierung vermieden wird, denn die Stigmatisierung von Schurkenstaaten löst keine Probleme, sondern vergrößert sie nur.

Im westlichen Europa dient das Feindbild Islam der Stigmatisierung einer Minderheit von Muslimen, die als Bürger oder Gäste in der Gesellschaft Rechte haben. Sie sind nicht als Usurpatoren gekommen, und sie verstehen sich nicht als Feinde. Unter Hinweis auf Terrorakte fanatischer Islamisten, die durch den Missbrauch der Religion im Gegensatz zur

Mehrheit der Muslime stehen, durch Verallgemeinerung von Verbrechen, die in Afghanistan oder im Iran ihren Ursprung haben, sollen muslimische Bürger in Mitteleuropa ausgegrenzt werden, indem man sie unter Generalverdacht stellt und ihre Religion diskriminiert.

Die Wirkungen solcher Ressentiments hat eine Langzeitstudie über gruppenbezogene Menschenfeindlichkeit vor Augen geführt. Fast die Hälfte der befragten deutschen Bürger glaubt, dass zu viele Ausländer in Deutschland leben, jeder Fünfte ist dafür, die Zuwanderung von Muslimen zu unterbinden, ein Drittel glaubt an «natürliche Unterschiede» zwischen Menschen schwarzer und weißer Hautfarbe, vertritt damit wohl die Überzeugung unterschiedlicher Wertigkeit. Zwar hat die Überzeugungskraft rechtspopulistischer Demagogen nachgelassen (für knapp zehn Prozent der Bürger sind sie allerdings noch attraktiv), aber die Entsolidarisierung der Gesellschaft schreitet voran. Aus Angst, den eigenen Status zu verlieren, werden Menschengruppen abgewertet. Vor allem Langzeitarbeitslose und Obdachlose werden verachtet, und die Bereitschaft zum Protest und zur Gewalt hat zugenommen. 19 Prozent der Bevölkerung sind der Meinung, «wenn sich andere bei uns breitmachen, muss man ihnen unter Umständen unter Anwendung von Gewalt zeigen, wer Herr im Hause ist».[18]

Optimistisch an der Diagnose der deutschen Gesellschaft im ersten Jahrzehnt des 21. Jahrhunderts stimmt allenfalls der Rückgang von Antisemitismus und Homophobie. Anlass zu Pessimismus bieten aber die Veränderungen in den Trägerschichten ausgrenzender menschenfeindlicher Einstellungen. Es sind die besseren Stände, die mittleren und höheren Schichten, die Tugenden des Bürgers wie Toleranz und Solidarität zugunsten des eigenen Fortkommens oder des Statuserhalts wegen frohgemut den Abschied geben. Wilhelm Heitmeyer fasste den Befund anlässlich der Vorstellung der Studie zusammen: «Diese rohe Bürgerlichkeit lässt sich in ihrer Selbstgewissheit nicht stören: Die Würde bestimmter Menschen und die Gleichwertigkeit von Gruppen sind antastbar.»[19]

Das macht die Situation gefährlich, dieser Trend zum Vorrang ökonomischen Nutzens und sozialen Erfolgs, der Ausgrenzung und Diskriminierung von Gruppen für selbstverständlich hält. Das vergiftet nicht nur das gesellschaftliche Klima, sondern bedroht die Demokratie. Unter dem Vorwand der Verteidigung von abendländischen Werten gegen Feinde aus dem Morgenland, gegen Überfremdung durch vermeintliche Aggressoren, die angeblich auf Gebot ihrer Religion gegen Europa kämpfen, schlagen Muslimfeinde mit populistischen Parolen Brücken vom rechten Rand zum Extremismus. Die Sarrazin-Debatte war das Menetekel.

2.
Vorurteile und Feindbilder. Die Instrumentalisierung von Ressentiments

Versteht man Vorurteile als Zuschreibung von Eigenschaften, die unsere Wahrnehmung und unser Verständnis von Individuen, Personengruppen, Ethnien, Nationen bestimmen – als «geschäftstüchtige Juden», «diebische Zigeuner», «eroberungssüchtige Muslime», «unzuverlässige Levantiner», «kriminelle Albaner» usw. –, so muss man nach den Bausteinen suchen, um Funktion und Wirkung der Ressentiments zu verstehen. Es sind Stereotype, die geläufige Vorstellungen von Personen, Kollektiven oder auch Sachverhalten und Dingen fixieren.[1]

Stereotype, zu Formeln erstarrte Beschreibungen, besser: Zuschreibungen, erlauben rasche und nicht reflektierte Einordnung und Erklärung, sie sind in der Regel langzeitig tradiert. Das Stereotyp entzieht sich analytischem Zugriff, denn es tritt an Stelle der Realität, wird nicht hinterfragt und braucht keine Begründung. Der Angehörige einer bestimmten Ethnie, Religion, Kultur oder Nation ist deshalb durch stereotype Klischees ein für alle Mal als listig oder verschlagen, als faul oder strebsam, als emotional ungestüm oder kalt berechnend, als übertüchtig oder unbrauchbar charakterisiert. Natürlich gibt es auch positive stereotype Bilder wie z. B. die «schöne Jüdin» oder den «edlen Magyaren». Funktion und Wirkung von Vorurteilen sind unabhängig von der positiven oder negativen Belegung. Die pejorativen, d. h. herabsetzenden Stereotype überwiegen in der gesellschaftlichen Realität, dementsprechend sind Vorurteile in der Regel an unangenehmen Eigenschaften verankert und entfalten vor allem negative Wirkung.

Vorurteile spielen im privaten Alltag wie im öffentlichen Leben die Rolle von Kristallisationskernen für individuelle und kollektive Ängste, Frustrationen und Aggressionen. Vorurteile verdichten sich zu Feindbildern, die als Bestandteile politischer Ideologien instrumentalisiert werden. Das negative Fremdbild steht am Anfang feindseliger Handlungen, die als individuelles fremdenfeindliches Delikt, als gemeinsamer Angriff gegen stigmatisierte Minderheiten, als kollektive Raserei gegen Fremde bis hin zum organisierten und geplanten Völkermord zum Ausdruck kommt.

Diese Funktionen und Wirkungen können an historischen und aktuellen Beispielen verdeutlicht werden. Fremdenfeindliche Konstrukte aus tradierten Vorurteilen und instrumentalisierten Feindbildern – Antibolschewismus, «russische Barbarei», gefährliche Rückständigkeit – gehörten beim deutschen Überfall auf die Sowjetunion 1941 zur emotionalen Ausrüstung wie im Kalten Krieg nach 1945 zum geistigen Waffenarsenal, sie bildeten als Reflex auf die deutsche Aggression auch einen wesentlichen Hintergrund bei der Vertreibung der Deutschen aus den Ostgebieten und benachbarten Siedlungsräumen am Ende des Zweiten Weltkrieges. Alte und neue antisemitische Stereotype, die die Ausgrenzung und Vernichtung von Menschen vorbereiteten und ermöglichten – die semantische Grundlegung des Völkermords an den europäischen Juden erfolgte durch Begriffsbildungen wie «Lösung der Judenfrage» und «Endlösung» –, gehören ebenso zum Themenfeld der Vorurteilsforschung wie literarische Traditionen und Denkstrukturen der Verweigerung gegenüber Angehörigen fremder Kulturen wie z. B. Muslimen, Afrikanern, Roma, Asylbewerbern usw.[2]

Ressentiments sind gefährlich, weil sie als Vorurteil beginnen mit der Tendenz, im Hass gegen stigmatisierte Individuen, gegen Gruppen, ethnische, religiöse oder nationale Gemeinschaften zu kulminieren – in einem Hass, der sich dann gewaltsam entlädt. Ressentiments schaffen der Mehrheit, die sie lebt und agiert, das Gefühl der Zusammengehörigkeit und Überlegenheit auf Kosten von Minderheiten, die definiert, diskriminiert, ausgegrenzt und verfolgt werden. Die Ausgrenzung stiftet Gemeinschaftsgefühl und bietet außerdem schlichte Welterklärung in einem System von Gut und Böse, in dem beliebige Minderheiten – z. B. Juden, Migranten, Muslime, «Zigeuner», Ausländer schlechthin – für Missstände, vermeintliche und wirkliche Bedrohungen, Mangel, Fehlentwicklungen verantwortlich gemacht werden. Ausgelöst wird das Bedürfnis nach Ausgrenzung einer Minderheit häufig durch Existenz- und Bedrohungsängste in der Mehrheit. Auf der Suche nach Ursachen für soziale Missstände, wirtschaftliche Probleme, Identitätskrisen sind «Schuldige» willkommen, die vermeintlich Arbeitsplätze wegnehmen, durch ihre Andersartigkeit Überfremdung herbeiführen, nach Dominanz streben, Heimatgefühle zerstören, unliebsame Sitten und Bräuche einführen wollen. Gegen die empfundene Gefahr wird Abwehr organisiert.

Die Ausgrenzung von Minderheiten erfolgt durch Vorurteile und über Feindbilder. Im 19. Jahrhundert entstand der «moderne Antisemitismus» als Ideologie; er wurde verbreitet in Traktaten und Schriften, in denen stereotyp argumentiert wurde, dass Juden Fremde seien, deren Ansprüche auf Herrschaft und Dominanz abgewehrt werden müssten. Wilhelm Marr, einer der Begründer des Rassenantisemitismus, behauptete: «Ein Volk von geborenen Kaufleuten unter uns, die Juden, hat eine Aristokratie, die des Geldes, geschaffen, welche alles zermalmt von oben her, aber, zugleich auch eine kaufmännische Pöbelherrschaft, welche durch Schacher und Wucher von unten herauf die Gesellschaft zerfrißt und zersetzt. Zwischen der semitischen Oligarchie und der dito Ochlokratie [Pöbelherrschaft] wird die Gesellschaft zerrieben wie Korn zwischen zwei Mühlsteinen.»[3] Das war um das Jahr 1880. In unseren Tagen behauptet ein Feind des Islam, der von Interessenten als Experte gehandelt wird, der Publizist Hans-Peter Raddatz:

«Ein Christ missbraucht seine Religion, wenn er Gewalt anwendet, und ein Muslim missbraucht seine Religion ebenso, wenn er Gewalt nicht anwendet.»[4] Er unterstellt damit, Muslime seien durch Gebote ihrer Religion zu Bösem verpflichtet. Ähnlich trieben einst die Propagandisten des Antisemitismus Hetze unter Berufung auf den jüdischen Talmud. In beiden Fällen werden stereotype Bilder, die falsch, aber eingängig sind, instrumentalisiert.

Eine Neuauflage des alten Vorurteils gegen eine andere Gruppe ist die Warnung vor Eroberung und Dominanz. Gegen die Juden hatte es einst geheißen: «Die Juden bilden unter dem Deckmantel der ‹Religion› in Wahrheit eine politische, sociale und geschäftliche Genossenschaft, die, im heimlichen Einverständnis unter sich, auf die Ausbeutung und Unterjochung der nichtjüdischen Völker hinarbeitet.» Das stand im weitverbreiteten «Antisemiten-Katechismus» des Theodor Fritsch (1852–1933), der auch das folgende Klischee bediente: «Durch seine besonderen Sitten-Gesetze (Talmud und Schulchan aruch) betrachtet sich der Jude als außerhalb aller übrigen Gesetzes-Vorschriften stehend und hält sich berechtigt, alle Landesgesetze zu übertreten – aber immer auf eine solche Art, daß ihm dieser Mißbrauch nicht nachgewiesen werden kann.»[5] Der Antisemit Fritsch war einer der Ahnherren der nationalsozialistischen Ideologie. Gegen Muslime klingt es heute ähnlich, wenn Raddatz mit dem Anspruch des Sachverständigen behauptet, «der Islam» folge einer «eingewachsenen Tendenz zu einer ganz natürlichen und historisch vielfach bestätigten Dominanz», die sich in einer «fortschreitenden Landnahme durch mehrheitlich türkische Muslime» zeige, deren Bastionen in Deutschland in «hochmotivierten, untereinander vernetzten Ghetto-Komplexen mit einer entsprechend flexiblen Schlagkraft» sichtbar seien.[6] Oder wenn in einem Internetforum gepöbelt wird: «Ich bin weder rechts noch links, habe auch nichts gegen Ausländer. Ich habe aber etwas dagegen, wenn bildungsferne muslimische Einwanderer unsere Kultur zerstören und uns mit ihrem irrwitzigen Aberglauben das Leben vermiesen wollen. Ich habe etwas dagegen, dass immer mehr integrationsunwillige Muslime bestimmen wollen, wo es lang zu gehen hat.»[7]

Die als negativ empfundene Eigenart der «Anderen», kulturell, ethnisch, religiös oder wie auch immer definiert, dient der Hebung des eigenen Selbstbewusstseins und fixiert es durch die Gewissheit, dass die Anderen nicht integrationsfähig oder assimilationsbereit oder von ihrer Konstitution her kriminell, asozial und aggressiv sind bis hin zu Verschwörungsphantasien, in denen eine Minderheit nach Dominanz über die Mehrheit strebt. In der Geschichte der Judenfeindschaft ist diese stereotype Vermutung seit Jahrhunderten verbreitet und wird immer wieder reproduziert, nach der «die Juden» zu viel Einfluss in der Finanzwelt oder in der Kultur oder in den Medien oder sonst wo, wahrscheinlich sogar in allen Bereichen von Staat und Gesellschaft hätten und dass sie diesen Einfluss zum Schaden der Mehrheit, aber zum eigenen Nutzen unablässig ausübten. Diese in der durch Bildungsgrad, politische Position, Herkunft und Sozialisation oder von anderen Faktoren bestimmte Vermutung findet sich immer wieder in den Ergebnissen von Meinungsumfragen und gehört zum Grundbestand antisemitischer Einstellungen.[8]

Sinti und Roma sind Objekte anderer Vorurteile, nach denen sie z. B. den Eigentumsbegriff der Mehrheit nicht teilen würden, sexuell zügellos seien, aus angeborenem Freiheitsdurst nicht sesshaft zu machen seien, als Konfliktlösung nur Gewalt akzeptierten, nicht an die Lebensformen der Mehrheitsgesellschaft zu gewöhnen seien. Die ausgrenzenden Vorurteile bestimmen die Lebenswelt der davon Betroffenen. So wird den «Zigeunern» nachgesagt, sie lehnten bürgerliche Wohnformen ab, weil sie lieber nomadisieren würden, tatsächlich steht am Anfang aber die Verweigerung der Wohnung, die Sinti und Roma zur Nichtsesshaftigkeit zwingt. Das gilt dann wiederum als konstitutives Merkmal der Gruppe und wird ihr als wesenseigen vorgehalten.

In der Literatur werden die Roma als kindhaftes Volk gezeichnet, das die Errungenschaften moderner Zivilisation nicht begreift und deshalb hartnäckig ablehnt. Die «Zigeuner», so die öffentliche Meinung der Mehrheit, verweigern sich ihrer Integration in die Gesellschaft, in der sie leben, und machen sich dadurch einerseits schuldig, andererseits sind sie dadurch auf exotische Weise attraktiv. Die Skala reicht von der lockenden und lasziven jungen bis zur hexenartigen, wahrsagenden alten Zigeunerin. Die Bilder vom kindlich unbeschwerten Naturvolk, von den dem Augenblick hingegebenen Naiven, die in einer Gegenwelt zum Fortschritt und zur Zivilisation glücklich leben, finden wir als Klischee formuliert z. B. bei Hermann Hesse in ‹Narziß und Goldmund›: «Keinem Menschen gehorsam, abhängig nur von Wetter und Jahreszeit, kein Ziel vor sich, kein Dach über sich, nichts besitzend und allen Zufällen offen, führen die Heimatlosen ihr kindliches und tapferes, ihr ärmliches und starkes Leben. Sie sind die Söhne Adams, des aus dem Paradies Vertriebenen, und sind die Brüder der Tiere, der unschuldigen. Aus der Hand des Himmels nehmen sie Stunde um Stunde, was ihnen gegeben wird: Sonne, Regen, Nebel, Schnee, Wärme und Kälte, Wohlsein und Not, es gibt für sie keine Zeit, keine Geschichte, kein Streben und nicht jenen seltsamen Götzen der Entwicklung und des Fortschritts, an den die Hausbesitzer so verzweifelt glauben. Ein Vagabund kann zart oder roh sein, kunstfertig oder tölpisch, tapfer oder ängstlich, immer aber ist er im Herzen ein Kind, immer lebt er am ersten Tage, vor Anfang aller Weltgeschichte, immer wird sein Leben von wenigen einfachen Trieben und Nöten geleitet.»[9]

Solche Metaphern sind willkommene Instrumente der Ausgrenzung: Das Vorurteil vom kindhaften Naturvolk rechtfertigt dessen Ausschluss aus der Gesellschaft der Mehrheit, rechtfertigt scheinbar Bevormundung, Abneigung und Verfolgung, weil die konstruierten Bilder von der Minderheit sich selbst bestätigende Kraft und Wirkung haben. Vorstellungen über die Lebensweise der «Zigeuner» sind längst in die Konsumwelt eingedrungen und bestimmen mit Attributen wie rassig, feurig, pikant das Bild der Minderheit.[10]

Stereotypen in der Wahrnehmung von Minderheiten dienen der Selbstvergewisserung der Mehrheit und der Fortdauer des prekären sozialen Status der jeweiligen Minorität. Sozialpsychologisch sind die Existenz von Vorurteilen und ihre Attraktivität leicht zu erklären, das darin gestaute Konfliktpotenzial ist jedoch erheblich und bedeutet für das Zusammenleben der Menschen in einer komplexen Gesellschaft eine latente Bedrohung. Historische und aktuelle Beispiele der Entladung von Feindbildern durch gewaltsamen Protest, durch Bürgerkrieg, Pogrom, Massaker bis hin zum Völkermord gibt es in großer Zahl. Zu beweisen, welchen sozialen Sprengstoff Vorurteile darstellen, ist leider nicht schwierig. Daher muss Aufklärung Vorurteile entkräften und Feindbilder zerstören. Das kann nur durch Argumente geschehen, die nachvollziehbar sind, die den Nebel der Mythen, in denen Ressentiments gedeihen, auflösen und der Vernunft den Weg frei machen. Verbote helfen so wenig wie Tabuisierung oder moralische Appelle.

Bloßer Abscheu vor fremdenfeindlichen Einstellungen wie Judenfeindschaft, Hass gegen Muslime oder Antiziganismus und der gute Wille, die Ressentiments zu bekämpfen und aufzulösen, sind aber nicht hinlänglich taugliche Instrumente zur Behandlung des Übels. Vor allem muss die Einsicht vermittelt werden, dass es sich bei politischen, sozialen, kulturellen, religiösen Vorurteilen nicht um den Reflex der Mehrheit auf Charaktereigenschaften, Bestrebungen, Handlungen der jeweiligen Minderheit handelt, sondern um die Konstruktion von Feindbildern, die mit der Realität wenig oder nichts zu tun haben. Die Mehrheit hat bestimmte Interessen, Ängste und Wünsche, die auf «die Muslime» oder «die Asozialen», «die Türken» usw. projiziert werden und die ihren Sinn darin haben, das Gemeinschaftsgefühl der Mehrheit zu stärken durch Ausgrenzung der Minderheit. Die Angehörigen der Minderheit müssen dazu als mit schlechten Eigenschaften ausgestattet und stigmatisiert werden. Zum Beweis, dass ein Kollektiv insgesamt bestimmte negative Eigenschaften hat, genügt Demagogen und denen, die ihnen folgen, der Hinweis auf einen Vertreter, der als typisch in Anspruch genommen wird. Dass alle Iren rote Haare haben, ist ein Beispiel für die Wahrnehmung einer Gruppe, dass «die Bayern» stets Lederhosen tragen, Watschentänze und ähnliches Brauchtum üben und am liebsten raufen, wenn sie Bier getrunken haben, ein anderes. Ein drittes Bild, weit verbreitet und tief eingelassen in das Bewusstsein der Angehörigen der Mehrheit, ist die Kriminalität «der Zigeuner», die angeblich nicht assimilierbar sind und, wie neuerdings die Muslime, vermeintlich gefährliche Fremdkörper in unserer Gesellschaft bilden.

Solche Konstrukte, die auch als harmlose Bilder auftreten können, wie der romantische Traum vom freien Leben der Roma mit ihren stolzen Männern und lockenden Frauen, sind gefährlich. «Die Franzosen» oder «die Russen» waren in der deutschen Sichtweise jahrhundertelang durch schlechte Eigenschaften charakterisiert, die sie zum kollektiven Erbfeind westlich des Rheins bzw. östlich der Habsburgermonarchie machten. Nach zwei Weltkriegen konnten immerhin einige Feindbilder überwunden werden, erhebliche Anstrengungen waren dazu notwendig, und ihr Erfolg war in hohem Maß das Ergebnis politischer Bildung. In der Praxis bedeutet die zur Überwindung von Vorurteilen und Auflösung von Feindbildern notwendige Anstrengung zähe Kleinarbeit, die mit präzisen Informationen und rationalen Argumenten Aufklärung leistet gegen Trugbilder, Mythen und Illusionen.

Einstellungen gegenüber und Reaktionen auf Minderheiten folgen Regeln, die von der Vorurteilsforschung dargestellt worden sind. Sie sind durch die Analyse des Mehrheitsverhaltens gegenüber so unterschiedlichen Gruppen wie Juden, Sinti und Roma, Homosexuellen, Asylbewerbern erkannt und auf Motive und Ursachen zurückgeführt worden. Ausgangspunkt der Konstruktion eines Feindbildes ist oftmals verbreitetes Unbehagen über eine aktuelle Situation. Dieses löst Identitätsdebatten aus, wie in den 70er Jahren des 19. Jahrhunderts, als sich nach dem Gründerkrach der moderne Antisemitismus definierte und formierte. Die Nachwendekrise der 90er Jahre des 20. Jahrhunderts war ebenfalls Anlass für eine deutsche Identitätsdebatte. Sie hatte längst begonnen, war in der alten Bundesrepublik über die Themen «kein Einwanderungsland», «das Boot ist voll» und das Erfordernis einer «Leitkultur» angesichts eines bescheidenen Multikulturalismus geführt worden und hatte nach der Wende neue Themen wie den Diskurs über «Stolz, deutsch zu sein» gefunden. Die schwierige und unübersichtliche wirtschaftliche Situation mit ihren Folgen für viele Bürger löste Existenzängste aus. Bedrohungsszenarien bekamen Konjunktur, Migranten wurden wieder einmal zur Erklärung sozialen Ungemachs missbraucht und als Gefahr wahrgenommen. Politisch artikuliert wurden Probleme mit den Neubürgern und ihretwegen, die seit den 1950er Jahren als «Gastarbeiter» ins Land gerufen worden waren, nicht nur von Rechtsextremen auf Stimmenfang, sondern auch von Vertretern der demokratischen Volksparteien wie dem damaligen hessischen Ministerpräsidenten Roland Koch, der einen Wahlkampf mit ausländerfeindlichen Tönen orchestrierte.

Die Inszenierung einer xenophoben Stimmung setzt allerdings anknüpfungsfähige Bilder voraus. Das sind stereotype Vorstellungen von Feinden außerhalb der Nation oder von feindseligen Minoritäten in der eigenen Gesellschaft. Juden mussten diese Rolle jahrhundertelang spielen als Brunnenvergifter, Ritualmörder, Frevler am Christentum, als Wucherer, als Inkarnationen des Kapitalismus und als Erfinder des Kommunismus. Wie unsinnig die Anschuldigungen waren, spielte keine Rolle. Man wollte sie glauben, und damit wurden sie «wahr». Stereotype Vorstellungen gründen auf Überlieferung. Die Feindbilder von Juden hatten eine lange Tradition, deshalb mussten sie scheinbar nicht hinterfragt werden; der Glaube an das, was auch die Großeltern und deren Vorfahren geglaubt hatten, besitzt genügend Beweiskraft, wenn man glauben will. Ideologie braucht also Stereotype, auf die deshalb verwiesen werden kann, weil sie seit Langem fraglos existieren.

Ideologen, d. h. Propagandisten bestimmter politischer, sozialer, kultureller Interessen, erzeugen die Beweise für die Sachverhalte, Gefahren, Entwicklungen, die sie beschwören, vor allem dadurch, dass sie sich äußern und das Problem, das ihnen am Herzen liegt, detailliert beschreiben. Sie schaffen durch ihre Beschäftigung mit dem jeweiligen Komplex, z. B. dem Islam, zunächst die Notwendigkeit, ihn zu problematisieren. Dann erbringen sie Beweise, auf die weitere sich berufen können, durch ihre Behauptungen und dadurch, dass sie deshalb Expertenstatus bekommen. Der Expertenstatus wird zuerkannt, wenn man sich zu einem Thema regelmäßig äußert und Gehör findet. Expertise, d. h. wirkliche Sachkenntnis, ist nicht zwingend die Voraussetzung dafür.

In einem weiteren Schritt der Verfestigung des Vorurteils wird die öffentliche Bedeutung des Themas durch Zeugen bestätigt. Zeugen bekennen ihre eigene Erfahrung, berichten von eigenem Leid oder eigenem Triumph und sind damit authentisch. Sie sind deshalb freilich nicht automatisch repräsentativ. Aber dieser Eindruck, dass Authentizität allgemeingültig ist, stellt sich genauso zwangsläufig ein wie der Glaube an das Expertentum dessen, der vier oder fünf Bücher zu einem Thema geschrieben hat. Die Verallgemeinerung der Zeugenaussage geschieht dadurch, dass der Zeugenstand medial bedeutsam ist: Wenn jemand regelmäßig in Talkshows, im Fernsehen, als Studiogast im Rundfunk, als Interviewpartner oder mit Artikeln in Printmedien erscheint, gilt sein Zeugnis als wichtig und verbindlich. Daran haben die Medien ihr Publikum seit Langem gewöhnt, ebenso daran, dass die Grenzen zwischen (persönlicher) Meinung und (nachprüfbarer, gesicherter) Nachricht so durchlässig geworden sind, dass das eine vom anderen nicht mehr ohne Anstrengung unterschieden werden kann.

Ein letzter Schritt auf dem Weg vom Vorurteil zur scheinbar gesicherten Erkenntnis ist die Meinungsäußerung prominenter Personen, die öffentliches Ansehen genießen und deshalb nach ihrer Meinung zu bestimmten Sachverhalten gefragt werden. Die Meinungsführer ergreifen Partei und äußern sich zu einem Problem. Ihre allgemeine Bedeutung macht die Äußerung zum wichtigen Beleg in der Sache, um die gestritten wird. Das mit den beschriebenen Mitteln erzeugte gemeinsame Interesse, das gemeinsam gefühlte Unbehagen, die gemeinsam empfundene Bedrohung ist leicht organisierbar. Das geschieht längst nicht mehr nur in den Formen einer Bewegung oder Partei. Kampagnenfähig sind auch Internetforen und Weblogs, und sie sind höchst wirksam.

3.
Islamophobie, Islamkritik oder Muslimfeindschaft?

Für die verbreiteten Ressentiments gegen den Islam und gegen Bürger, die Muslime sind oder als Muslime wahrgenommen werden, gibt es keinen allgemein akzeptierten Begriff. Akteure des Diskurses, die sich als Islamkritiker verstehen und so bezeichnen, verwahren sich erbittert gegen den Terminus «Islamophobie», da sie die Diagnose ihrer Überzeugungen als wahnhaft ablehnen und die von ihnen beschworenen Gefahren nicht als Ausfluss von Hysterie oder Fanatismus und schon gar nicht als Phobie gewertet wissen möchten. Durch den Begriff Phobie, der krankhafte Angstzustände bezeichnet, fühlen sie sich stigmatisiert, da sie darauf beharren, dass die Gefahren, vor denen sie warnen, in der Realität existieren. Sie beanspruchen Glauben und Gefolgschaft und definieren jeden als Feind, der ihrer Weltsicht widerspricht oder Trugbilder entlarvt, die der Phantasie ihrer Vordenker entsprungen sind.

Der Begriff «Islamophobie» ist in den Sozialwissenschaften «tendenziell etabliert», wenngleich keinesfalls exakt definiert und damit anerkannt.[1] Das Bielefelder Institut für Konflikt- und Gewaltforschung benützte in den ersten acht Bänden seiner Langzeitstudie zur gruppenbezogenen Menschenfeindlichkeit den Terminus zur Kennzeichnung ablehnender Einstellungen gegenüber Muslimen wie gegenüber dem Islam als Religion bzw. als kulturelles und soziales Referenzsystem.[2] In den letzten beiden Bänden, in denen die empirischen Analysen zur gruppenbezogenen Menschenfeindlichkeit publiziert sind, wurde der Begriff Islamfeindlichkeit verwendet, der zwar den Einwänden gegen den Terminus «Islamophobie» Rechnung trägt, aber an definitorischer Schärfe keinen Gewinn bringt. In der wissenschaftlichen Literatur scheint sich «Islamfeindlichkeit» trotz der dem Begriff innewohnenden Unschärfe durchzusetzen.[3] Immerhin ist der Terminus präziser als die Bezeichnung «Antisemitismus», die von der Konstruktion her falsch ist, im engeren Sinne nur einen Teilbereich der Judenfeindschaft, nämlich den rassistischen, umfasst, aber längst als Oberbegriff für alle Formen und Erscheinungen weltweit verwendet wird und am Anfang aller Vorurteilsforschung steht.

Die Formulierung «Islamkritik» schillert durch ihre verschiedenen Bedeutungen und ist dadurch diskreditiert, dass sie von Interessenten zur Tarnung muslimfeindlicher Ressentiments oder islamfeindlicher Einstellungen gebraucht wird. Die Skala dessen, was unter «Islamkritik» verstanden werden kann, reicht von der Distanzierung, die persönliche Erfahrung in der Sozialisation in muslimischer Lebenswelt zur Ursache hat und sich in der anklagenden Attitüde des «Ex-Muslimen» oder der «Ex-Muslima» gegen «den Islam» Luft verschafft, bis zum blinden Hass rechtsextremer Demagogen über alle Schattierungen, die von publizistischen Spießträgern und Herolden des Angstgeschreis ins Bild gebracht werden.[4]

Erkenntnisse der Vorurteilsforschung, wie strukturelle und argumentative Analogien zwischen Muslimfeindschaft und Judenfeindschaft, werden von den «Islamkritikern» als angeblich nicht legitim bekämpft. Der Kampf wird ad hominem, nicht durch Sachargumente geführt und ohne Skrupel: Wer unerwünschte Überzeugungen und Einsichten äußert, soll mundtot gemacht und in seiner Glaubwürdigkeit und moralisch als Person vernichtet werden. Man könnte schon diese Taktik als krankhaft bezeichnen, möglicherweise sind die Aktivisten der Muslimfeindschaft sich dessen auch bewusst und verfallen deshalb reflexhaft in Raserei, wenn sie den Terminus «Islamophobie» vernehmen.

«Islamkritik» ist aber auch deshalb zur Bezeichnung der Muslimfeindschaft nicht zutreffend, weil es dazu einer Kompetenz bedarf, die zwar Islamwissenschaftler haben, die sich mit Religion, Kultur, Lebensformen usw. des Islam beschäftigen, oder Gläubige, die Inhalte ihres Glaubens und ihrer Lebenswelt hinterfragen, nicht aber die Pamphletisten, die den Untergang des Abendlandes fürchten und deshalb gegen Muslime agitieren, indem sie populäre Vorurteile beschwören und in beleidigender Form verbreiten. Der Begriff Islamophobie bezeichnet dagegen mittlerweile allgemein verständlich einen Sachverhalt und wird schwerlich aus dem politischen Vokabular und allgemeinen Sprachgebrauch wieder zu tilgen sein. Gleichwohl wird er in der Auseinandersetzung besser vermieden, um nicht Kräfte durch fruchtlose Debatten auf Nebenschauplätzen zu vergeuden.

Zu definieren ist das aktuelle Phänomen Islamfeindschaft als Ressentiment gegen eine Minderheit von Bürgern bzw. in unserer Gesellschaft lebender Menschen, die mit religiösen, kulturellen und politischen Argumenten diskriminiert und ausgegrenzt werden. Es geht nicht um die Terrorakte radikaler Islamisten oder um Modernisierungsdefizite in islamischen Staaten oder Gesellschaften. Gegenstand sind Ressentiments gegen Muslime in unserer Gesellschaft, die diskriminiert werden, weil sie Muslime sind. Gegen sie werden Feindbilder konstruiert, die in den Komplex gruppenbezogener Menschenfeindlichkeit gehören und deshalb aus der Perspektive der Vorurteilsforschung zu betrachten sind. Das Paradigma des Antisemitismus kann zur Erklärung des Gruppenverhaltens gegenüber Muslimen gute Dienste leisten. Die wütend vorgebrachte Abwehrreaktion, damit setze man Juden und Muslime gleich, marginalisiere den Holocaust und verrate Israel, beweist nur ebenso starke Emotionen wie dahinter zurückstehende intellektuelle Fähigkeiten.

Eine interessante Variation zum Thema «Es gibt keine Islamophobie» äußert sich in der These, der Attentäter von Oslo, Anders Behring Breivik, der am 22.Juli 2011 77 Menschen im ideologischen Wahn mordete, habe aus Neid auf den Islam gehandelt. Der Begriff «Islamophobie» sei erfunden worden, um diesen Neid als ein Derivat des Antisemitismus unkenntlich zu machen. Scharfsinnig folgert der Verfechter dieser These: «Beneidet wird nämlich, dass der Islam verwirklicht, wozu man selbst nicht imstande ist oder woran man relativ erfolgreich gehindert wird; dass diese Religion gemeinschaftsbildend im politischen Sinn ist; dass der gläubige Muslim seinen Status als Überflüssiger auf dem Arbeitsmarkt nicht nur so gut erträgt, sondern daraus Stolz und Würde, und in Gestalt des dschihadistischen Kollektivs, Kampfgeist gegen einen Feind gewinnt, den man als Hirngespinst mit den Dschihadisten durchaus gemeinsam hat, nämlich die isoliert betrachtete, abstrakte Seite des Kapitals, in dieser oder anderer Form auf die Juden projiziert, die alle Gemeinschaften zersetzten.»

Das ist nicht leicht zu verstehen. Wer die Gesetze der Logik auf diese Folgerungen anwendet, muss scheitern. Verständlich wird nicht der Text, wohl aber die Absicht, die hinter ihm steht, wenn man den Anspruch sieht, der erhoben wird: Es darf keine Phänomenologie des Vorurteils geben, die Juden einbezieht. Für diese Opfergruppe wird Alleinstellung reklamiert. Man könnte dem Autor vielleicht noch darin folgen, dass im kruden Weltbild des Attentäters von Oslo neben Muslimhass auch Antisemitismus herrscht, auch wenn er (wie andere Islamfeinde) vehement Partei für Israel ergreift. Aber die Logik ist nicht nachvollziehbar, dass jeder, der von Islamophobie spreche, nichts anderes im Sinn habe, als Antisemitismus zu verschleiern: «Es gibt keine Islamophobie. Es gibt Antisemiten, die entweder links oder rechts stehen, die für oder gegen den Islam sind. Und was bleibt, ist der Kampf gegen den Antisemitismus. Er schließt umso mehr die radikale Kritik des Islam ein, als dessen politische Theologie von den Antisemiten anderer Religionen und Parteien beneidet wird.»[5] Nach dieser Theorie existiert also nur Antisemitismus, und um ihn zu bekämpfen, muss der Islam diskriminiert werden. Gegen die Vermutung, dass zu den Triebkräften dieses Deutungsanspruchs Opferkonkurrenz gehören könnte, würde sich der Autor des zitierten Artikels wohl empört verwahren. Dass dem einen Übel, der Feindschaft gegen Juden, so energisch zu wehren ist wie dem anderen, nämlich der Feindschaft gegen Muslime oder dem Hass auf Sinti und Roma, als eine Grundforderung demokratischer Verfasstheit – das ist so selbstverständlich wie anscheinend schwer zu verstehen.

Die Tatsache, dass Judenfeindschaft und Hass auf Israel unter Muslimen weit verbreitet sind, verführt dazu, Antisemitismus als eine genuine Komponente des Islam zu verstehen und Judenfeindschaft als ein Phänomen neu zu interpretieren, das vor allem, wenn nicht überwiegend als Aggression gegen Israel und als feindselige Attitüde aller Angehörigen des Islam gegenüber Juden in Erscheinung tritt. Aus diesem Deutungsanspruch resultiert der Schulterschluss von Muslimfeinden entgegengesetzter politischer Coleur. So entdeckten rechtsradikale Demagogen wie linksradikale Aktivisten ihre Liebe zu Israel. Wenn eine Abordnung rechter Populisten Israel besucht und dessen Regierung zur Härte im Besatzungsgebiet gegenüber Palästinensern auffordert und wenn die zur Schau getragene judenfreundliche Haltung antidemokratischer Linker als Camouflage dient, dann wünscht man dem Land seriösere Freunde. Die Gleichsetzung von Antisemitismus mit Ressentiments gegen Israel ist aber auch eine unzulässige Reduktion, die nur die Selbstzufriedenen in der trügerischen Gewissheit bestärkt, dass Antisemitismus in der eigenen Gesellschaft überwunden wäre.

Islamfeindliche Gesinnung, durch Ideologien stimuliert, von Aktivisten mit Vehemenz agiert, ist eine Haltung unbedingter Ablehnung, die aus Emotionen des Unbehagens und der Unsicherheit entsteht und genährt wird. Wurzeln sind mangelndes Selbstbewusstsein und Ängste, die scheinbar rationalisiert werden. In der Steigerung zur kollektiven Obsession wird Islamfeindschaft zur gruppenbezogenen Menschenfeindlichkeit. Solche Gesinnung ist immun gegen Wissenschaft, die Ressentiments zu erklären und zu verstehen versucht und sie mit rationalen Methoden – Analyse, Vergleich, Interpretation der Auslösefaktoren, Bedingungen und Wirkungen – in soziale, historische und psychologische Kontexte einzuordnen unternimmt.

Die furiose und in der Regel diffamierende Abwehr einer rationalen Beurteilung von beängstigenden gesellschaftlichen Phänomenen und Entwicklungen hat eine lange, aber wenig ruhmreiche Tradition der Ausgrenzung von Fremden zugunsten der Verherrlichung des Eigenen. Manichäische Welterklärungen durch Schuldzuweisung an eine Minderheit sind ohne Schwierigkeit nachvollziehbar und viel weniger mühsam als die differenzierende Auseinandersetzung mit eigenen Vorurteilen. Objektivität und Rationalität sind gegenüber psychologischen Befindlichkeiten oft machtlos. Völlig chancenlos ist die Vernunft, wenn man sich für das Prinzip des Generalverdachts und damit gegen rationales Problembewusstsein entschieden hat, das die Ursachen des Unbehagens über eine Gruppe von Anderen wenigstens zu ergründen versucht.

Ein Beispiel sind die Reaktionen auf die Verteilung von Koranexemplaren in deutschen Großstädten Ostern 2012 durch Salafisten. Die Angehörigen der fundamentalistischen muslimischen Sekte erstreben ein Leben wie zu Zeiten des Propheten Mohammed, zeigen sich auch in ihrem Äußeren als rückwärtsgewandt. Unter den Salafisten gibt es auch einige, möglicherweise viele, die radikale islamistische Ziele verfechten. Die Salafisten stehen deshalb unter entsprechender Beobachtung. Die Mehrheit der deutschen Muslime hält deutliche Distanz zu ihnen. Die Mehrheit der autochthonen Deutschen ist voll Argwohn und Misstrauen. Das Verteilen kostenloser Bücher durch traditionell gekleidete Muslime verstößt jedoch weder gegen die Verfassung der Bundesrepublik Deutschland noch gegen ein Gesetz. Trotzdem erregte die Aktion Unruhe und Befremden bei Behörden und im Publikum und provozierte die Frage nach der Absicht, nach Hintergründen und Finanzierung.[6] Das Feindbild Muslim wurde bei allen bekräftigt, zu deren Weltbild das Ressentiment gehört, und möglicherweise bei anderen neu konstituiert, die über die Aktion Unbehagen empfanden, das durch die Behandlung in den Medien verstärkt wurde.

Die Definition einer Gruppe über ihre Herkunft, kulturelle Tradition, Religion, ökonomische Situation usw. als «anders», d. h. «fremd» und deshalb «feindlich», vereinfacht den Umgang mit ihr, der dann auf Ablehnung reduziert werden kann. Gleichzeitig stärkt dieses Verhalten das Selbstbewusstsein der Mehrheit, die die Minderheit ausgrenzt. Im primitivsten Falle verdichtet sich das Unbehagen zu Hass auf die «feindliche» Gruppe. Bösartige Gesinnung entlädt sich in Attacken, für die ein Fall als Exempel steht, der sich im nordrhein-westfälischen Lünen im Januar 2012 ereignete. Anonyme Täter, die von der Polizei der rechtsextremen Szene zugerechnet werden, beschmierten die Wohnungstür einer aus der Türkei stammenden Familie mit Schweinefett. In die Schuhe der Familienmitglieder war Schweinefleisch gestopft, ein Hakenkreuz war an die Tür gemalt, und Parolen waren zu lesen wie «Schick die Türken in die Hölle» und «Scheiß auf Allah».[7] Natürlich wird sich keine Verbindung nachweisen lassen zwischen den primitiven Tätern von Lünen und den intellektuellen Ideologen der Muslimfeindschaft bzw. deren Sprachrohren, die Texte mit pauschalen Ressentiments und mehr oder weniger deutlichen Handlungsanweisungen verfassen und verbreiten. Aber wer hat dann die unflätige Beleidigung angestiftet, wenn nicht letztlich diejenigen, die Hass gegen die Minderheit predigen?

Natürlich gibt es Probleme im Umgang mit Muslimen, und selbstverständlich ist eine seriöse Auseinandersetzung mit dem Islam notwendig. Dazu bedarf es einiger – selbstverständlicher – Voraussetzungen. Unvoreingenommenheit, Unterscheidungsvermögen zwischen religionsimmanenter und ethnischer Kultur und Tradition, Bereitschaft, Kenntnis über den Islam zu erwerben, Akzeptanz der Zuwanderer als gleichberechtigte Menschen und der Dialog mit ihnen auf Augenhöhe sind solche Voraussetzungen. Damit wäre der notwendige Abstand zu gewinnen von der pauschalen Zurückweisung, die auf Unkenntnis oder böswilligen Behauptungen gründet. In weiteren Schritten der Auseinandersetzung ist dann von sichererem Grund aus, als ihn die Kombination von Abneigung und Unwissen bietet, zu beurteilen, was im Lichte demokratischer Werte zu kritisieren ist und welcher Reformbedarf herrscht.

Maßstab der Rückständigkeiten, die sich in islamischen Gesellschaften leicht ausmachen lassen, darf nicht allein der kürzlich und mühsam genug errungene zivilisatorische Standard der Mehrheitsgesellschaft sein. Im Auge behalten sollte jeder, der die Rolle der Geschlechter im Islam kritisch betrachtet oder den Ehrenkodex in muslimischen Familien oder das Problem der Konfliktlösung im Alltag durch Gewalt anstelle des Strebens nach Konsens durch Verständigung und Ausgleich, welche Wege zurückgelegt werden mussten, bis Kinder in deutschen Schulen nicht mehr geschlagen und in deutschen Familien geprügelt werden durften. Auch das Thema Zwangsheirat ist ein Problem, das in traditionell strukturierten Gesellschaften, egal, welcher Religion oder Kultur, vorkommt; da es auf der Agenda der deutschen Islamkonferenz steht, wird es von vielen als nur dem Islam eigentümlich wahrgenommen und bekämpft. Die Betrachtung und jeder Erklärungsversuch des Phänomens «Islamkritik» bzw. Muslimfeindschaft muss also die xenophoben und rassistischen Aspekte mit in den Blick nehmen, die zu den Ressentiments gegen Muslime gehören. Zu beachten ist zum einen, dass ethnische Eigenarten von religiösen zu unterscheiden sind und dass Individuen nicht monokausal nur durch ihre Herkunft, Religion oder eine andere Eigenschaft definiert werden können. Es sei denn, man zielte auf Ausgrenzung durch Definition; dieser Vorwurf ist den Akteuren der «islamkritischen» Szene allerdings zu machen.

Die ausschließlich negative Charakterisierung der Angehörigen einer Minderheit mit dem Etikett «Muslime» benutzt die Religionszugehörigkeit – ohne Differenzierung, ob die Religion praktiziert wird oder allenfalls zum kulturellen Hintergrund der Person gehört – zur Stigmatisierung und folgt damit den historischen Mustern der Judenfeindschaft. Angesichts der aktuellen Koranschelte, die von Exegeten dubioser Qualifikation geübt wird, um zu beweisen, dass die Nichtswürdigkeit der Muslime und deren Unverträglichkeit mit der Gesellschaft aufgeklärter Europäer aus ihrer Religion resultieren, könnte man an den Antijudaismus katholischer Bettelmönche im Mittelalter erinnern. Die Ablehnung der Juden war damals theologisch durch ihre Resistenz gegen die Taufe, d. h. die Bekehrung, begründet. Demnach war das Judentum keine biblische, sondern eine nachbiblische Religion, weil der Talmud als Lehrgebäude nach der Bibel entstanden war. Die christliche Wahrheit, deren Mission Gebot der Kirche ist, sollte durch die Vernichtung des Talmud gefördert werden. Zwangstaufen waren ein anderes Mittel gegen das Judentum. Groteske Beschuldigungen wie das angebliche Brunnenvergiften durch die Juden als Ursache der Pest, der Gottesmordvorwurf und die vom Mittelalter bis in die Neuzeit grassierenden Ritualmordlegenden beruhten auf dieser Feindschaft, die stets religiös begründet wurde. Um 1240 eiferte Nicolaus Donin, ein zum Christentum konvertierter Jude, in Paris gegen die Juden. Er behauptete einen Zusammenhang angeblicher jüdischer Ritualmorde mit Geboten des Talmud. Papst Gregor IX. verfügte daraufhin die Beschlagnahme jüdischer Schriften. Dominikaner und Franziskaner sorgten dafür, dass nach einer Disputation, die eine Zeremonie der Ächtung und Verurteilung war, 1242 der Talmud in Paris auf dem Scheiterhaufen landete. Bücherverbrennungen dienen als Rituale stellvertretender Segregation und Verachtung Unerwünschter. Aber es hat nie einen jüdischen Ritualmord gegeben. Hass gegen Muslime instrumentalisiert heute auf gleiche Weise deren Religion und missbraucht den Koran, wie einst Judenfeinde den Talmud verteufelten.

Die pauschale Ablehnung des Islam wird aber nicht nur durch die Stigmatisierung des Individuums über seine Religion oder Kultur praktiziert – wofür in der Verbindung mit ethnischen Ressentiments der Begriff Kulturrassismus in Gebrauch ist.[8] Die Gleichsetzung des Islam als Ganzem mit Fanatikern, die Religion zur Durchsetzung extremistischer Ziele mit terroristischen Methoden missbrauchen, ist ein anderes Mittel. Jeder Muslim wird verdächtigt, Sympathisant oder Unterstützer von radikalen Vereinigungen zu sein. Zu diesen zählen die Muslimbrüder ebenso wie die bösartigen Gewalttäter von Al-Qaida und die militanten Gegner Israels, die in der palästinensischen Hamas und der mit ihr konkurrierenden Fatah, in der libanesischen Hizbollah und in der in Jordanien entstandenen Hizb al-Tahrir al islami organisiert sind.[9] Die Vielfalt des Islam und die Friedfertigkeit der Mehrheit der Muslime wird durch eine pauschalisierende «Islamkritik» negiert – das ist ihr erstes Anliegen und die Verhinderung der Integration ihr Ziel. Werkzeuge dazu sind die fremdenfeindlichen und kulturrassistischen Konstrukte der Muslimfeindschaft. Sie sind eine Gefahr für die demokratische Gesellschaft, weil sie den Dialog und die Notwendigkeit des Interessenausgleichs ablehnen und die wichtigste demokratische Tugend, die Toleranz, verdammen.

4. Traditionen des Feindbildes Islam

Wenn eine Umfrage ergibt, dass 80 Prozent der Deutschen den Islam als «fanatische und gewalttätige Religion» sehen,[1] dann beruht diese Erkenntnis nicht auf der Beschäftigung mit dessen Inhalten und Lehrmeinungen, nicht auf Kenntnis von Koran und Sunna, nicht auf dem Studium von Geschichte und Kultur des Islam. Die Umfrage spiegelt vielmehr Angst und Abneigung, stimuliert durch Ressentiments, deren Tradition weit zurückreicht. Die stereotype Wahrnehmung der anderen Kultur gründet sich auf überlieferte Konnotationen und Assoziationen, die im aktuellen Diskurs über den Islam Kerne der Argumentation bilden und nicht mehr hinterfragt werden müssen, weil sie Bestandteil überlieferten und deshalb selbstverständlichen «Wissens» sind.

Feindschaft gegen den Islam argumentiert seit dem Mittelalter mit schlichten Thesen der Abwehr. Durch Polemik gegen den Koran werden islamische Religion und Kultur als inhuman denunziert und durch fremdenfeindliche und kulturrassistische Postulate den Muslimen generell negative Eigenschaften zugesprochen. Der aktuelle islamkritische Diskurs hat erhebliche xenophobe Züge, bedient Überfremdungsängste, argumentiert durchgängig mit religiösen Vorbehalten, die auch in den säkularisierten Gesellschaften Europas mit großem Ernst vorgetragen und nachempfunden werden. Die Vorstellungen von muslimischer Despotie (beginnend in der Familie), Gewaltbereitschaft, Bildungsunlust reichen weit zurück. Sie werden bekräftigt durch Verweise auf den aktuellen Terrorismus radikaler Islamisten, auf Christenverfolgung in islamischen Ländern, auf die Talibanherrschaft in Afghanistan zwischen 1996 und 2001 und ihre Folgen sowie auf das Unrechtsregime im Iran, das durch Terror im Inneren und Drohungen nach außen diskreditiert ist.

Die Strategie des islamfeindlichen Diskurses zielt dahin, den «Islam» als Einheit erscheinen zu lassen. Als typisch für den Islam wird islamistischer Terror erkannt. Das entspräche der Stigmatisierung aller Italiener als Mafiosi oder aller Polen als Autodiebe. Zur Bekräftigung solcher negativen Zuschreibungen dienen Überlieferungen, die als historische Erfahrung fungieren. Für das monströse Islambild, das Muslimfeinde propagieren, lassen sich die Traditionen der westlichen Wahrnehmung des Islam instrumentalisieren. Die Unterscheidung des Fremden vom Eigenen erfolgt im gesellschaftlichen Diskurs als Vergleich von Werten, der im moralisch begründeten Urteil gipfelt. Andere Kulturen werden am eigenen Wertekanon gemessen und als unverständlich exotisch, als bedrohlich oder auch in idealer Verklärung gesehen. Die einzelnen Sichtweisen müssen sich nicht zwingend wechselseitig ausschließen. Die Kultur der Franzosen galt in Deutschland als vorbildlich und stilbildend, auch wenn die deutsch-französische Erbfeindschaft ein politisch-militärisches Dogma war. Die islamische Welt als rückständig und barbarisch zu verachten war trotz der Orientbegeisterung, die sich aus ästhetischen Gründen in der Literatur, Musik und Architektur im 18. und 19. Jahrhundert in Mitteleuropa verbreitete, über lange Zeit die gängige Betrachtungsweise.

Das Bild des islamischen Orients war auf abendländischer Seite gleichermaßen von missionarischem Sendungsbewusstsein wie von Bedrohungsängsten bestimmt. Die europäische Erfahrung des Mit- und Gegeneinanders von Islam und Christentum reicht in die maurische Zeit der muslimischen Herrschaft auf der Iberischen Halbinsel zurück. Sie wird zwar gepriesen als Zeit der kulturellen Blüte des Islam in Andalusien und touristisch vermarktet, aber doch vor allem als eine 700-jährige Fremdherrschaft gesehen. Die maurische Ära wurde von der christlichen Ideologie der spanischen Reconquista nachträglich als unzulässige Usurpation verdammt. Im 18. Jahrhundert wandelte sich das Weltbild der Europäer auch insofern, als außereuropäische Staaten nicht mehr als gleichrangig und gleichwertig empfunden wurden. Mit dem kolonialen Unternehmen der Europäer verband sich jetzt die Vorstellung der eigenen überlegenen Kultur. Das daraus resultierende politische Handeln mit seinen Folgen muss hier nicht beschrieben werden, und es soll auch nicht als Anlass muslimischer Ressentiments thematisiert werden. Aber dass der Kolonialismus, der erst nach dem Zweiten Weltkrieg durch blutige Befreiungskriege endete, mentale Spuren hinterlassen hat in vielen muslimischen Gesellschaften und dass er deren Wahrnehmung des Westens prägte, ist evident.

Im 19. Jahrhundert entstanden zwei neue Wissenschaftsdisziplinen aus dem Fach Orientalistik, die Islamwissenschaft und die Judaistik.[2] Die paradigmatische Funktion der beiden Wissenschaftsdisziplinen wurde im Diskurs um die Emanzipation der Juden und um das Bild des Orients politisch relevant, auch wenn sie erst im 20. Jahrhundert akademischen Status erhielten. Im Orientalismus und Antisemitismus des 19. Jahrhunderts entwickelten sich stereotype Feindbilder, die als vermeintlich dualer Gegensatz von «Semiten» und «Ariern» historisch wirkungsmächtig wurden.

Vor diesem Hintergrund wurde im 19. Jahrhundert die Debatte über die Emanzipation der Juden, d. h. die rechtliche und soziale Gleichstellung der Bürger, geführt. Die Gegner der Emanzipation grenzten die Juden als Fremde aus, sie argumentierten traditionalistisch mit der Kultur und Religion und modernisierten die Abwehr mit der Begründung ihrer «rassischen» Fremdheit. Im Identitäts- und Integrationsdiskurs der Gegenwart, in dessen Mittelpunkt die Muslime stehen, bildet die Fremdheit aus kulturellen und religiösen Gründen das Hauptargument der Ausgrenzung.

Die Perspektive auf «Andere» oder «Fremde» hat sich im Lauf der Geschichte ganz offensichtlich verengt.

Reisende, Diplomaten, Händler, Gelehrte setzten sich im Mittelalter mit der Eigenart der Anderen auseinander und dokumentierten ihre Beobachtungen und Eindrücke. Im 13. Jahrhundert berichtete der Venezianer Marco Polo über seine Reiseerfahrung, im 14. Jahrhundert war es ein islamischer Rechtsgelehrter aus Marokko, Ibn Battuta. Vor diesen beiden, den berühmtesten Forschungsreisenden des späten Mittelalters, waren es der Straßburger Kleriker Burchard, der 1175 von Kaiser Friedrich I. auf diplomatische Mission zu Sultan Saladin nach Ägypten geschickt worden war, und Ibn Dschubair gewesen, der Sekretär des maurischen Gouverneurs von Granada, der 1183 seine Hadsch nach Mekka begann, die ihn in Kontakt zu Christen im Mittelmeerraum brachte. Die Berichte der mittelalterlichen Reisenden haben die Bilder der jeweils anderen Kultur nachhaltig geprägt. Burchard fasste den Eindruck seiner Reise in die muslimische Welt als christlich-religiöses Ressentiment zusammen: «Sie leben und herrschen mit dem Teufel von Ewigkeit zu Ewigkeit. Amen.»[3] Ibn Dschubair zog aus der Beobachtung muslimisch-christlichen Zusammenlebens eher ein zurückhaltendes Resumee. Von vielem, was er an christlichem Ritual und christlicher Haltung sah, war er angetan, aber sein Weltbild blieb ebenso wie das seines christlichen Pendants Burchard hermetisch. Die andere Kultur war ihm, auch wenn er Positives in ihr fand, vor allem Versuchung, der zu widerstehen Gebot sei.

Am wirkungsmächtigsten für das abendländische Bild des Islam wurden die Kreuzzüge. Am 27. November 1095 rief Papst Urban II. in Clermont die katholische Christenheit zum Heiligen Krieg gegen die türkischen Seldschuken, die fast ganz Kleinasien unter ihre Herrschaft gebracht hatten und die Pilgerwege nach Jerusalem behinderten. Palästina, das «Heilige Land», gehörte seit dem 7. Jahrhundert zum islamischen Kulturkreis, die Herrschaft der abbasidischen Kalifen duldete aber christliche Wallfahrer aus dem Westen, und Papst Urban II. hatte nicht nur religiöse Gründe, als er den ersten Kreuzzug propagierte. Politisch erhoffte er sich mit der Befreiung des «Heiligen Landes» durch abendländische Heere die Dominanz über die Ostkirche bei den stagnierenden Unionsverhandlungen mit Byzanz.

Heilige Kriege werden für eine religiöse Idee, als Erfüllung göttlichen Gebots, zur Verteidigung der richtigen Observanz im Glauben oder zur Verteidigung bzw. Rückeroberung heiliger Stätten geführt. Der Kreuzzug, den Urban II. 1095 ausrief, der erste von sieben «Heiligen Kriegen» der lateinischen Christenheit gegen den Islam, wurde begründet mit dem Schmerz über die Herrschaft der Ungläubigen: «Palästina und Jerusalem sind in den Händen der Feinde!», rief der Papst einer riesigen Menschenmenge zu, die sich beim Konzil von Clermont in wachsende religiöse Erregung steigerte: «Und diese Stadt, die Heimat Jesu Christi, die Wiege unseres Heils, ist nicht mehr teilhaft der Erlösung! In dem Tempel, aus welchem Christus die Kaufleute vertrieb, damit das Heiligtum nicht verunreinigt würde, wird jetzt des Teufels Lehre öffentlich verkündet.»[4]

Der Appell, Jerusalem und das «Heilige Land» im Namen Gottes für die Christenheit zurückzuerobern und die morgenländischen Christen von der Unterdrückung durch Muslime zu befreien, machte den Kreuzzugsgedanken zu einer breiten Bewegung des Hochmittelalters, die bis ins 13. Jahrhundert vielfältige Wirkungen hatte. Eine erste Folge waren die Pogrome gegen Juden 1096 in Süddeutschland und am Mittel- und Niederrhein, begangen von fanatischen Massen, die sich im Gefolge der Ritterheere, geführt von Predigern und Heilskündern, auf den Weg gemacht hatten, um ihre elende soziale Situation unter der Kreuzzugsidee zu verbessern. Dazu brauchte es Feinde und Feindbilder. Die Juden in Worms, Speyer, Mainz und an anderen Orten waren bequeme Opfer: Sie waren «Ungläubige», sie waren leichter erreichbar als die Muslime in Palästina, und ihr Hab und Gut lockte außerdem.

Die katastrophalen Misserfolge der Heiligen Kriege beeinträchtigten die Kreuzzugsideologie wenig. Sie blühte erneut in der Renaissance und hatte einen Höhepunkt unter dem Pontifikat Pius II. (1458–1464), der sich als wortgewaltiger Propagandist des Heiligen Krieges politisch und literarisch hervortat.[5]

Kurz vor Beginn seines Pontifikats ereignete sich auch die als politische und kulturelle Katastrophe empfundene Eroberung des «zweiten Rom» durch ein muslimisches Heer am 29. Mai 1453. Der Fall von Byzanz wurde zum Kulturschock für das Abendland und zum nachhaltigen Bedrohungsszenario. Unzählige Traktate beschworen die Türkengefahr und beförderten so negative Assoziationen mit dem Islam. Aber auch die jahrhundertelangen Auseinandersetzungen des Hauses Habsburg mit dem Osmanischen Reich werden von der Geschichtsschreibung als «Türkengefahr» überliefert, als religiös motivierter Ansturm auf das Abendland. Es waren aber dynastische, d. h. politische Feindschaften und Kriege, die zwischen Wien und Istanbul ausgetragen wurden nach den damals üblichen Usancen zur Ausdehnung des Herrschaftsgebiets europäischer Staaten. Diese Kriege wurden zur gleichen Zeit geführt, als europäische Mächte mit religiöser Begründung und im Bewusstsein überlegener Kultur auf die Neue Welt ausgriffen, auf Amerika und auf Asien, später auch auf Afrika, um die neu entdeckten Gebiete zu annektieren und zu europäisieren.

Nach dem Verlust Ungarns an die Osmanen in der Schlacht von Mohács 1526 machten die Habsburger dynastische Besitztitel auf das Land geltend, die von den Türken mit der ersten Belagerung Wiens 1529 bestritten wurden. Die Beziehungen europäischer Herrscher und Staaten mit dem Osmanischen Reich standen nicht nur unter dem Gesichtspunkt christliche Werte versus muslimische Bedrohung. 1535 verbündete sich der französische König Franz I. mit dem Sultan gegen die Habsburger. Und keineswegs war «der Islam» zu Beginn der europäischen Neuzeit ein geschlossenes, von einer einheitlichen religiösen Idee bestimmtes Herrschaftssystem. Drei ganz unterschiedliche Großreiche, im türkisch-arabischen Raum, in Persien und Indien, agierten als politische Gegenspieler oder Verbündete europäischer Mächte.

Der Türkenkrieg von 1682 bis 1699 war ein Koalitionskrieg, den Kaiser Leopold I. zusammen mit den deutschen Fürsten, mit Polen und zuletzt mit Russland gegen die Osmanen führte. Verlierer war der Sultan. Der politische Niedergang des Osmanischen Reiches war damit eingeleitet. In der Historiographie und ihrer populären Rezeption sind die militärischen Auseinandersetzungen aber ganz und gar zum Religionskrieg, zur Verteidigung des christlichen Abendlandes gegen unchristliche Aggression, stilisiert worden.

Die Wirkungen der Belagerungen Wiens 1529 und 1683 waren für die Europäer traumatisch. Die Bedrohung durch «die Türken» hatte mit dem Vordringen vor die Tore der Residenz des Habsburgerstaats einen noch über Jahrhunderte wirksamen Kristallisationspunkt. Ein Artikel in der NPD-Gazette «Deutsche Stimme» aus dem Jahr 2010, in dem unter erheblichem Aufwand an Kraftausdrücken, statistischer Rabulistik und Angstmache Islamhetze betrieben wird – der Titel ist zugleich die Botschaft: «Niemals deutsches Land in Moslemhand» –, schließt mit der Feststellung: «In Mitteleuropa ist der Islam eine fremdkörperhafte Aggressionsreligion, der nicht mit falscher Toleranz begegnet werden darf. Die Siege über die Türken vor Wien 1529 und 1683 dürfen nicht umsonst gewesen sein.»[6]

Der Charakter der Muslimfeindschaft als Phobie wird deutlich, wenn man ältere Beispiele für die Ablehnung des Islam betrachtet. So wurde die im 7. Jahrhundert neu entstandene Religion im lateinischen Abendland zunächst als Sekte der verhassten Ostkirche wahrgenommen und ihr Prophet Mohammed nach Kräften delegitimiert, als Monster, Bandit und Gewalttäter, als Abkömmling eines heidnischen Vaters und einer jüdischen Mutter. Das war die Sicht des wirkungsstarken italienischen Jesuiten Horatio Tursellini, der 1595 ein Lehrbuch der Geschichte publizierte, in dem er Mohammed theologisch mit Martin Luther gleichsetzte: Beide waren ihm Häretiker, und ihr jeweiliger ethnischer Hintergrund erschien ihm irgendwie zusammenhängend. «Türken» wie «Deutsche» bildeten in seiner Weltsicht gleichermaßen einen Wurzelgrund der Ketzerei. Der Prophet Mohammed wurde von Tursellini zum Vorläufer des Reformators Martin Luther stilisiert. Die Topoi zwielichtiger Herkunft und mentaler Unzuverlässigkeit blieben bis hin zur Epilepsievermutung beliebte Methoden der Diffamierung des Religionsstifters und damit der islamischen Religion bis in unsere Tage.[7] In einer französischen Ausgabe des Tursellini-Buches von 1708 findet sich eine Ergänzung, die als Schmähung des Religionsstifters zum verächtlichen Topos der Islamfeindschaft wurde: «Zuerst tat er, als ob er ein Prophet wäre. Sobald er sich jedoch an die Spitze einer Truppe Banditen gestellt hatte, gründete er jene bösartige Gewalt-Religion und führte sie zuerst in Arabien ein.»[8]

Die Verunglimpfung des Propheten dauert bis in die Gegenwart. Die Obfrau und Spitzenkandidatin der Freiheitlichen Partei Österreichs, Susanne Winter, rekurrierte beim Neujahrsempfang der FPÖ 2008 auf die mittelalterlichen Stereotype: Er habe den Koran in epileptischen Anfällen geschrieben, die göttlichen Offenbarungen seien halluziniert, die Anhänger des Islam folgten also der Irrlehre eines Besessenen.

Die «von einem Vereine katholischer Gelehrten» bearbeitete «Allgemeine Realencyclopädie», die in zwölf Bänden als «Conversationslexicon für das katholische Deutschland» in Regensburg zwischen 1846 und 1850 erschien, fasste gängige Vorstellungen über den Islam im Artikel «Mahomedanismus» zusammen: «So wie aber die schnelle und weite Ausbreitung des Mahomedanismus sich durch Anwendung der Waffengewalt und die außerordentliche Gunst der Verhältnisse sehr leicht erklärt, so enthielt auch die Religion Mahomeds durchaus kein Element in sich, um die Völker zu irgend einer neuen und höheren Entwickelung zu treiben. Die Verfassung blieb nach wie vor Despotie; das Ziel des Volkes sinnlicher Genuß in träger Hingabe, sobald die Aufregung des Körpers vorüber war; aller höheren Bildung war sogar direkt durch den Koran der Weg abgeschnitten. Als dennoch unter dem Khalifate der Abbasiden, welche die Omaijaden verdrängen, allmählig unter den Arabern ein Streben nach höherer geistiger Bildung sich regte, da mußte dieß eigentlich hinter dem Rücken des Korans geschehen, und auch so kam man nicht viel weiter, als daß man die Griechen und namentlich den Aristoteles übersetzte und erklärte. Nur in der Baukunst entwickelten die Mahomedaner etwas einigermaßen Neues, obwohl auch hier die Art der Moscheen, welche allein den Anforderungen der Kunst in Etwas entsprechen können, eine Nachahmung byzantinischer Kirchen sind. Bei allem dem kann man doch nicht läugnen, daß auch der Mahomedanismus ein Mittel ist in der Hand Gottes, um die Völker des Orientes, welche das Christenthum noch nicht zu tragen vermochten, bis zu jenem Zeitpunkte vor gänzlichem Versinken zu bewahren, wo es ihnen zum zweiten Male gebracht werden wird.»

Die Argumentation wurzelte im fundamentalen Selbstbewusstsein der katholischen Konfession, deren Gewissheit, im Besitz der allein selig machenden Gnade zu sein, unerschütterbar ist. Zugleich wurden die Stereotypen der Rückständigkeit – Despotie, Gewalt, Bildungsferne, Unfähigkeit zu Kunst und Wissenschaft – als dem Islam systemimmanent mit Koranschelte unterfüttert und fortgeschrieben.

Die Kreuzzüge und damit die negative Wahrnehmung des islamischen Orients blieben mindestens bis zum 19. Jahrhundert als Meistererzählung über Bedrohung und Rettung des Abendlandes präsent.[9] Ein Islambild, das von kultureller und politischer Rückständigkeit, verbunden mit moralischer und intellektueller Inferiorität der «Orientalen», geprägt ist, vermitteln auch die bis in die Gegenwart viel gelesenen Romane Karl Mays. In den Figuren des Helden Kara ben Nemsi und seines arabischen Dieners Hadschi Halef Omar ist die Überlegenheit des Okzidents über den Orient vorgegeben. Der Erzähler vervollständigt in den sechs Bänden seines Orientzyklus, der von 1881 bis 1888 entstanden ist, das Bild durch kolonialistisches Überlegenheitsdenken, Koranpolemik und Rassismus. Die anhaltende Wirkungsmacht Karl Mays für das deutsche Islambild ist nicht zu unterschätzen.[10]

«Türken» waren im Hohen Mittelalter zu emblematischen Feinden des Abendlandes geworden. Sie spielten diese Rolle auch im verschwörungstheoretischen Kontext der Judenfeindschaft. So war 1321 in Südfrankreich der Vorwurf der Brunnenvergiftung an die Juden mit der Beschuldigung verknüpft, Muslime hätten sie dazu angestiftet. In der Reformationszeit gehörte zu den gängigen Anklagen gegen Juden, den Legenden von Ritualmord, Hostienfrevel und Brunnenvergiftung, auch die Vorstellung, sie seien mit dem Teufel im Bund und paktierten heimlich mit den Türken. «Die Türkengefahr» bildete seit dem Fall Konstantinopels einen Topos, der dank des neuen Mediums Buchdruck omnipräsent war.[11] Das Bild von der Türkengefahr war anschlussfähig. Die Belagerungen Wiens nährten die historischen Ängste der Europäer mit nachhaltigen Folgen: Die populistische «Islamkritik» arbeitet heute mit den gleichen Mitteln, wenn sie Hass gegen die fremde Kultur predigt und Intoleranz propagiert.

Das am hartnäckigsten verbreitete Vorurteil gegen den Islam, die Ununterscheidbarkeit von Religion und Politik, hat in den historischen Stereotypen vom Sturm auf das Abendland mit dem Ziel der Islamisierung seine Wurzel. Der Wiener Islamwissenschaftler Bert G. Fragner macht auf ein weiteres Missverständnis aufmerksam, nämlich auf den Glauben, islamische Religion und Kultur seien nicht zu trennen. Er sieht das als Wiederholung des eigentlichen Kardinalfehlers von Samuel Huntington, des amerikanischen Politologen, der das Denkgebäude vom «Kampf der Kulturen» errichtet hat. Dessen Verengung des Kulturbegriffs auf Religion habe, so

Fragner, dazu geführt, dass Gebräuche regionaler Kultur wie die Beschneidung von Frauen in Afrika oder die Ehrenmorde im Mittelmeerraum als zwingende Gebote der Religion verstanden werden, die sie nicht sind. Regionale kulturelle Praktiken sind nicht an die Religionsausübung geknüpft, erscheinen aber als von der Religion diktierter Brauch. Die Koinzidenz verabscheuungswürdiger archaischer Rituale mit der im Gebiet herrschenden Religion wird von Muslimfeinden ausschließlich als Argument gegen die Religion benutzt, obwohl sie weder Ehrenmorde noch die Verstümmelung von Frauen vorschreibt. Ein Vergleich macht den Denkfehler deutlich: «Auch die Camorra mag sich als mit Gottes Segen ausgestattet einbilden, aber das organisierte Verbrechen kann ja wohl nicht als eine aus der Katholischen Theologie zwingend ableitbare Erscheinung beschrieben werden.»[12]

Gespräch mit Lydia Nofal: Wir brauchen einen Bewusstseinswandel

Lydia Nofal hat in Berlin Politikwissenschaft studiert und nach Tätigkeiten im Bereich Antirassismus und Menschenrechte 2002 mit einigen Freunden den Verein Inssan (das arabische Wort bedeutet Mensch) gegründet, der sich für die Integration von Muslimen einsetzt. Seit Sommer 2010 koordiniert sie das «Netzwerk gegen Diskriminierung von Muslimen», das als Kooperationsprojekt von Inssan und dem «Antidiskriminierungsnetzwerk des Türkischen Bundes in Berlin-Brandenburg» (ADNB des TBB) aktiv ist.

Lydia Nofal ist katholisch erzogen und aufgewachsen, vor 20 Jahren konvertierte sie zum Islam, nicht wegen ihres Mannes, der arabischer Herkunft ist, sondern aus Überzeugung.

Sie arbeiten in einem Projekt gegen Diskriminierung von Muslimen. Wie sieht das aus?
Das Projekt ist ein Gemeinschaftsprojekt von Inssan und dem Antidiskriminierungsnetzwerk Berlin des Türkischen Bundes. Es geht darum, dass wir einerseits Empowerment anbieten, andererseits eben auch in die Gesellschaft hineinwirken und für das Problem sensibilisieren. Wir kooperieren sehr eng auch mit der muslimischen Community im Rahmen dieses Projektes.

Und wer finanziert das?
Finanziert wird es zur Hälfte vom Integrationsbeauftragten des Senats von Berlin und zur Hälfte von der Open Society Foundation.

Sie haben wahrscheinlich viel Geld, das vermuten zumindest die Islamkritiker.
Wir haben als Verein so gut wie gar kein Geld, wir haben unsere kleinen Mitgliedsbeiträge und Minispenden, max. 20 Euro im Monat, also, das ist die höchste Summe, die pro Monat von einer einzelnen Person geleistet wird zurzeit, aber durch die Zahl der Leute kommt ein kleines bisschen zusammen, aber wir sind ein armer Verein, für das Projekt bekommt man ein bisschen, so dass wir zwei halbe Stellen haben, aber das ist natürlich nicht viel.

Seit wann gibt es den Verein?
Seit 2002.

Und wie lange wird es ihn noch geben?
Oh, noch sehr lange.

Wird es ihn noch lange brauchen?
Ja, sehr lange.

Jammern und fordern sind zwei Begriffe, die Muslimfeinde als charakteristisch für die Minderheit ausgeben. Was bewegt die Menschen wirklich, die zu Ihnen, zu Ihrem Verein mit der Bitte um Hilfe kommen?
Dazu muss ich vielleicht etwas mehr sagen zu unserem Verein und zu dem Projekt. Die Leute kommen normalerweise nicht zu uns, sondern wir gehen zu ihnen. Wir gehen in die Moschee und machen dort Veranstaltungen. Wir erzählen ihnen, in Deutschland ist Diskriminierung nicht erlaubt, das ist nicht normal, und ihr könnt etwas dagegen tun. Wir versuchen Empowerment anzubieten, und das funktioniert auch sehr gut, und dann haben die Leute die Möglichkeit, professionelle Beratung in Anspruch zu nehmen, Antidiskriminierungsberatung durch das Antidiskriminierungsnetzwerk. Das ist das Konzept. Wir haben bei uns keine Sprechstunden, sondern wir reden vor Ort mit den Menschen.

Bedeutet das, dass man auch zu den Menschen gehen muss, weil die vielleicht Diskriminierung so verinnerlicht haben in unserer Gesellschaft, dass sie gar nicht kämen, wenn man sie nicht ermuntern würde?
Ja, das ist tatsächlich so. Diskriminierung wird als etwas völlig Normales wahrgenommen, das gehört zum Alltag, das ist Teil des Lebens in dieser Gesellschaft. Dass man etwas dagegen tun könnte, das ist den meisten Leuten nicht bewusst. Da muss man wirklich viel Überzeugungsarbeit leisten, wobei die junge Generation schon sehr viel weiter ist als die alte.

Wie sieht denn alltägliche Diskriminierung aus?
Wir haben Fragebögen verteilt an die Teilnehmer der Veranstaltungen, und da sollten sie einen Diskriminierungsfall, den sie erlebt haben, schildern. Wir bekamen rund 300 Fragebögen zurück, und da hat sich gezeigt, dass es ganz viele Probleme im Bereich des Bildungssektors gibt, was uns ein bisschen überrascht hat. Fast ein Drittel der Meldungen kam aus den Berliner Schulen. Es wurde berichtet über Lehrer, die sich gegenüber den Schülern islamophob äußern, die Schüler diskriminieren. Das ist ein ganz großes Problem. Ein anderes Problem ist der Bereich Arbeitsmarkt, vor allem wenn es um den Zugang zum Arbeitsmarkt geht. Frauen werden nicht eingestellt, weil sie ein Kopftuch tragen. Diese Diskriminierung ist für Arbeitgeber wie für die betroffenen Frauen auch etwas Normales, so dass diese völlig überrascht sind, wenn sie in einer Veranstaltung hören, das darf man gar nicht, eine Frau ablehnen aufgrund ihres Kopftuchs. Und in der Öffentlichkeit gibt es natürlich auch Diskriminierung. Das war der dritte Bereich, wo wir eine ziemlich hohe Zahl an Meldungen hatten, über 20 Prozent. Ein typischer Fall ist folgender: Eine junge Frau mit Kopftuch sitzt in der U-Bahn, und dann kommt ein älterer Mann und sagt irgendetwas Beleidigendes zu ihr, etwa «islamische Schlampe», «Kopftuchmafia», «Talibanbraut», «Al-Qaida-Anhängerin». Oder: «Verschwindet in euer Land, ihr Miststücke ...», «Ihr

wollt Europa mit Muslimen füllen, den Islam verbreiten, aber der Islam wird Europa niemals erobern, dies solltet ihr wissen.» Oder: «Was ist das für ein Leben für die Frauen, die Kopftuch tragen, sie haben keine Freiheit und sind eingeschlossen.» Oder: «Du und dein Mistvolk.» Anspucken kommt auch vor oder dass der Hund von der Leine gelassen wird, um sie zu erschrecken. Es ist typisch, dass eben ältere Männer auf jüngere Frauen losgehen. Sie nennen sie «Kopftuch tragende Dumme». Häufig wird die Ablehnung durch Anstarren mit missbilligendem Blick gezeigt. Gegenüber jungen Männern heißt es: «Terrorist», «Kanake» und «Immer diese Araber, die respektlos sind. Sie müssen Respekt lernen von uns» oder «Ihr lebt in unserem Land» oder «Verpissst euch, ihr Kanaken» oder «Ihr scheißt in der Hölle.»

In der Presse liest man es ja umgekehrt, etwa in der «Bild»-Zeitung, in der eine Schülerin beklagt, dass muslimische Machos die christliche Minderheit in bestimmten Schulen diskriminieren und Herrschaft ausüben. Nachrichten über Diskriminierung muslimischer Schülerinnen und Schüler findet man seltener.

Das kommt *so* oft vor, dass es für die Betroffenen etwas Normales ist, dass es einen eher wundert, wenn jemand nichts zu berichten hat. Wenn wir dann nachfragen, stellen wir oft fest, dass die Leute das bewusst einfach auch verdrängen. Dass jemand keine Diskriminierung erlebt, ist eher die Ausnahme. Das Normale ist, dass man solche Erfahrungen gemacht hat. Was wir bei den Schulen auch feststellen, ist, dass die Mädchen betroffen sind, dass man ihnen unterstellt, sie würden gezwungen, das Kopftuch zu tragen, sie dürften das Kopftuch nicht im Sportunterricht tragen etc. Aber es kommt auch vor, dass die Jungen Probleme haben, gerade wenn sie äußerlich als Muslime erkennbar sind. Wenn man mit einer Gruppe von salafistischen Jugendlichen spricht, erfährt man viel über Diskriminierung. Sie sind äußerlich erkennbar als Muslime und werden als die neuen Bösen wahrgenommen. Den Salafisten wird Demokratiefeindlichkeit unterstellt, dass sie Mädchen in der Schule unter Druck setzen, weil sie kein Kopftuch tragen, dass sie Gewalt ausüben und androhen. Wir hatten einen Fall, in dem einem Jungen unterstellt wurde, Mädchen unter Druck zu setzen – ohne dass auch nur das kleinste Indiz von den Lehrern vorgebracht werden konnte. Trotzdem wurde dem Jungen mit einem Schulverweis gedroht. Die Jugendlichen reagieren sehr verunsichert darauf. Die wissen gar nicht, wie sie damit umgehen sollen.

Die Diskriminierung durch Lehrer ist ja ein Phänomen, das dem Publikum überhaupt nicht bekannt ist. In der Öffentlichkeit werden eigentlich nur aufsässige junge Männer wahrgenommen, die sich nicht für den Unterricht interessieren, die nicht lernen wollen, die keine Disziplin halten können, die sich nur unanständig betragen. Sie geben ein anderes Bild. Haben Sie noch ein Beispiel für diskriminierte männliche Jugendliche in der Schule?

Also, ich kenne das nur so, dass man ihnen Gewaltaffinität unterstellt und dass man ihnen unterstellt, dass sie frauenfeindlich seien. Beispiel: Irgendein Schüler äußert einen frechen Spruch gegenüber einer Lehrerin. Welcher Schüler das ist, weiß man gar nicht, es wird aber unterstellt, dass es ein türkischstämmiger Jugendlicher sei, weil da unter anderen auch mehrere türkischstämmige Jugendliche anwesend waren. Dann kommt ein anderer Lehrer, der das mitbekommen hat, in die Klasse und erzählt den Schülern: «Ihr müsst unsere Frauen respektieren, wir leben hier in Deutschland, und bei uns werden Frauen respektiert. Und ihr müsst euch an unsere Werte halten und an unsere Gesellschaftsnormen.» Er hält dann die ganze Stunde lang eine Predigt. Das sind so Geschichten aus dem Schulalltag. Es war vielleicht noch nicht mal ein türkischstämmiger Schüler. Außerdem war es ein ganz normales pubertäres Verhalten, absolut pubertär und absolut normal, so was machen männliche Jugendliche, das hat mit der Herkunft nichts zu tun, das hat mit der religiösen Identität der Schüler überhaupt nichts zu tun, aber der Lehrer kam dann und immer gleich so: Ihr respektiert unsere Frauen nicht, und ihr müsst unsere Kultur achten und, und, und. Dadurch hat sich auch bei den Schülern eine neue Identität entwickelt. Die Schülerin, die diesen Vorfall berichtete, hat sich, bevor sie aufs Gymnasium kam, nicht als Araberin gesehen, sondern als Deutsche. Durch die ständigen Predigten der Lehrer fühlt sie sich jetzt als Araberin. Das fand ich ganz erstaunlich, denn ihre Mutter ist Deutsche, ihr Vater ist Araber. Und die türkischstämmigen Kinder in der dritten Generation haben auch eine solche Identität entwickelt aufgrund ähnlicher Erfahrungen.

Welche Integrationsangebote und -hilfen wünschen Sie sich?
Was wir brauchen, ist ein Bewusstseinswandel in der Gesellschaft. Dazu gehört, dass man sieht, Rassismus ist ja erst einmal auch was Normales, er gehört halt auch zur Gesellschaft dazu, und wenn ich jemandem erkläre, das ist rassistisches Verhalten, dann ist er eben nicht gleich ein Nazi, das ist immer die Angst bei vielen Leuten, und deswegen sind sie nicht in der Lage, die Probleme wahrzunehmen und anzuerkennen. Wenn ich aber Probleme nicht anerkenne, dann kann ich sie auch nicht lösen. Vorurteile gibt es, und ich muss mich damit auseinandersetzen, ich muss wahrnehmen und lernen, damit umzugehen und mich ein Stück weit zu öffnen. Es fehlt noch immer die notwendige Sensibilität in der Bildungspolitik und bei den Behörden, aber zum Beispiel auch bei den zahlreichen Stiftungen, die sich der Förderung des Bildungserfolgs von Migrantenkindern verschrieben haben, für das Problem der Diskriminierung an den Schulen und deren Folgen – schlechtere Notengebung, Entmutigung der Schüler und daraus folgender geringerer Schulerfolg. Aufgrund der mangelnden Sensibilität fehlt es auch an Bereitschaft, präventiv damit

umzugehen, das heißt u. a. Integration des Themas Diskriminierung in die Lehrerbildung einschließlich der Entwicklung von Kompetenzen zum Umgang mit Diskriminierung und Kompetenzen zum frühzeitigen Erkennen von Diskriminierung, Aufstellung von Regeln zum Beschwerdeweg, Maßnahmen bei Diskriminierung, eine unabhängige Beschwerdestelle usw.

Viele, auch Kritiker von Thilo Sarrazin, sagen, sein Buch habe doch immerhin das Verdienst, dass eine Integrationsdebatte in Gang gekommen sei. Was halten Sie davon?
Da wird mir ein bisschen übel. Da ist ja einfach nur ...

Sie müssen jetzt nicht das Buch bewerten. Hat es denn für die Integrationsdebatte etwas gebracht?
Nein, das hat uns einen enormen Schaden zugefügt und weit zurückgeworfen, weil es natürlich auch bei unseren Veranstaltungen immer wieder Thema war. Thilo Sarrazins Buch oder Äußerungen von Angela Merkel oder von anderen Politikern werden in der Community ganz genau wahrgenommen. Es wissen alle, was diese Leute gesagt haben, auch wenn sie sonst wenig mitkriegen von dieser Gesellschaft. Sie sind tief verletzt, sie fühlen sich ausgeschlossen und angegriffen und nicht anerkannt, und das ist für unsere Bemühungen natürlich absolut schädlich. Ich habe auch manchmal mitbekommen, dass im Anschluss an unsere Veranstaltungen Leute versucht haben, das Wort zu ergreifen. Ältere Männer haben dann erklärt, wir werden angegriffen als Muslime, wir werden nicht respektiert, unsere Religion wird nicht respektiert hier in Deutschland und in Afghanistan und im Irak und wo auch immer – der Westen bekämpft den Islam. Dann sitzen diese jungen Leute um sie herum und lauschen ihnen, und was sie sagen, klingt erst mal für die Jungs alles ganz logisch. Und dass so etwas passiert, dass solche Leute das Wort ergreifen, das ist dann eine Folge

von solchen Äußerungen. Man muss aber auch sagen, nicht nur wir, sondern auch die Moscheen selber gehen massiv dagegen vor und versuchen ein differenziertes Bild zu vermitteln, zu zeigen, es ist eben nicht nur so, sondern es gibt auch anderes in dieser Gesellschaft.

Stehen Sie als muslimische Frau in Deutschland in einem Zwei-Fronten-Krieg, abgelehnt als Muslima durch die Mehrheit der Deutschen und diskriminiert als Frau in der muslimischen Gemeinschaft?
Ich kämpfe zwar manchmal gegen in meinen Augen sehr konservative Leute in der Community, aber ich glaube nicht, dass ich diskriminiert werde aufgrund meiner Herkunft oder weil ich eine Frau bin. Aber das hat wohl auch damit zu tun, dass ich sehr stark und sehr selbstbewusst auftrete. Probleme habe ich nicht, weil ich eine Frau bin, sondern es gibt grundsätzlich in der Community Leute, gegen die man einen Kampf führt, weil sie sehr konservativ, rückwärtsgerichtet und heimatorientiert sind, was sehr schwer ist. Und gleichzeitig kriegt man von dieser Gesellschaft Knüppel zwischen die Beine geworfen. Es ist anstrengend.

Wie dankbar müssen denn muslimische Frauen dafür sein, dass Vorkämpferinnen der deutschen Frauenbewegung, Alice Schwarzer und andere Damen, sich so energisch um die Rechte der muslimischen Frauen kümmern?
Na, herzlichen Dank. Dies schadet uns als muslimischen Frauen massiv. Die muslimischen Frauen, die selbstbewusst für ihre Rechte eintreten, werden von der nichtmuslimischen Gesellschaft gar nicht wahrgenommen und gar nicht ernst genommen als Frauen, die für ihre Rechte kämpfen. Wenn man gleichzeitig religiös ist, dann ist man automatisch unterdrückt, oder man ist eine Islamistin. Aber dass man religiös ist und für die eigenen Rechte eintritt, wird nicht gesehen.

Religiös und emanzipiert?
Das wäre ein Widerspruch für Leute wie Alice Schwarzer, aber das gibt es natürlich ganz, ganz häufig. Die jungen Frauen mit Kopftuch, die jetzt an die Unis streben, die sind sehr stark und sehr selbstbewusst und kämpfen für ihre Rechte, natürlich auch innerhalb der eigenen Familien und der eigenen Strukturen, aber sie kriegen keinerlei Unterstützung von der deutschen Frauenbewegung, sondern ganz im Gegenteil, sie werden angegriffen, als Islamistinnen wahrgenommen oder als unterdrückte Frauen. Als selbstbewusste Frauen mit ihren Positionen werden sie nicht wahrgenommen, finden sie überhaupt kein Gehör.

Das Gespräch fand am 9. Februar 2012 statt.

5. Die Ideologisierung der Islamfeindschaft

Verschwörungsphantasien

Udo Ulfkotte hat ein amtliches Attest, dass er nicht islamophob ist. Das Landgericht Berlin entsprach vor einigen Jahren der Klage des rührigen Autors und verurteilte den Islamwissenschaftler Henner Kirchner (Universität Gießen) zur Zahlung eines Schmerzensgeldes, weil Kirchner das 2003 erschienene Buch Ulfkottes «Der Krieg in unseren Städten» gewürdigt und «als ein islamophobes Äquivalent zu dem antisemitischen Hetzstück» eingeschätzt hatte, das unter dem Titel «Die Protokolle der Weisen von Zion» seit mehr als einhundert Jahren den Prototyp judenfeindlicher Schmähungen darstellt. Der Islamwissenschaftler hatte weitere Gründe angeführt, die ihn zum Urteil bewogen, Ulfkottes Wirken sei Volksverhetzung. Das Gericht folgte aber den Einwendungen Ulfkottes, und die seriöse Islamwissenschaft zog den Kürzeren.[1]

Ein früheres Buch Ulfkottes trägt den Titel «So lügen Journalisten». Für dieses Thema wird ihm im Gegensatz zu seinen orientalistischen Bemühungen niemand die Kompetenz bestreiten. Für das Feld, auf dem er am liebsten ackert, gilt das nicht: Der von einer andächtigen Gemeinde bewunderte Autor und Vortragsredner, der rastlos die Gefahren beschwört, die Europa durch den Islam drohen, hat zwar eine blühende Phantasie, aber nicht die Sachkunde des Islamwissenschaftlers. Bei ihm, wie bei vielen Scharfmachern und Brunnenvergiftern dieser Szene, ist fraglich, ob die Kenntnis orientalischer Sprachen wissenschaftlichen Standards entspricht.

Nach eigenen Angaben hat Ulfkotte Rechtswissenschaft und Politik studiert und in Freiburg promoviert. Im Klappentext seines Buches «SOS Abendland» werden als Studienfächer «Kriminologie, Islamkunde und Politik» genannt. Der Sicherheitsfachmann befindet sich laut Werbetext als Aufklärer in großer Gefahr: «Viele muslimische Mitbürger haben zur Ermordung von Ulfkotte und seiner Familie aufgerufen, die nun in einem christlichen Bergdorf lebt.» Die Formulierung «muslimische Mitbürger» ist in zweifacher Weise erstaunlich, denn Gegenstand der Schriftstellerei Ulfkottes sind gefährliche Islamisten, und Morddrohungen gehören nicht zu den Aktivitäten friedlicher «Mitbürger».

Udo Ulfkotte war von 1986 bis Ende 2003 Redakteur der «Frankfurter Allgemeinen Zeitung». Er arbeitete für die FAZ im Nahen Osten und kultivierte dabei seine Abneigung gegen den Islam. Ursprünglich war er auf die Themen Sicherheitsmanagement und Abwehr von Wirtschaftsspionage spezialisiert, hatte eine Zeit lang einen Lehrauftrag für Sicherheitsmanagement an der Universität Lüneburg und unterrichtet in den USA gelegentlich im Fachgebiet «Konkurrenzbeobachtung». Der rührige Mann berät Wirtschaftsunternehmen und Fernsehanstalten, war Geburtshelfer des Magazins «Park Avenue» und zeigt sich auf seiner Homepage im besten Licht, nämlich «im Gespräch mit einem Politiker», in staatsmännischer Pose am Rednerpult und im Porträt mit gewinnendem Lächeln.

Für Ulfkottes Buch «SOS Abendland» wurde aufwendig geworben: Eine ganzseitige farbige Anzeige wurde in einem Fernsehmagazin geschaltet, das vielen Tageszeitungen beiliegt, eine ähnliche Seite erschien in der Mitgliederzeitschrift des ADAC.[2] Der Werbetext stimuliert das verbreitete Bedürfnis nach schlichten Welterklärungen und mobilisiert Feindbilder mit suggestiven Fragen:

«Wissen Sie, in welchem europäischen Land

- Die wachsende Zahl von Vergewaltigungen durch Mitbürger aus dem islamischen Kulturkreis mit dem ‹Klimawandel› begründet wird?

– Muslime in arabischer Sprache darüber aufgeklärt werden, dass die Einheimischen nicht Menschen zweiter Klasse sind, sondern auch Menschenrechte haben?
– 70 Prozent der inhaftierten Straftäter Muslime sind?»

Die Ankündigung in dem Inserat ist Verheißung und Drohung zugleich: «In diesem Buch lesen Sie die Chronologie der Ausbreitung des Islam in Europa. Hier erfahren Sie, was Ihnen die deutschen Massenmedien darüber verschweigen. Fakten, die Ihnen den Atem stocken lassen – in einer Fülle, die erdrückend ist. Was schon lange prophezeit wurde, scheint nun Realität zu werden: Der Untergang des Abendlands!»[3]

Solche Fragen stehen als «Multikulturelles Quiz» auch am Anfang des Buches. Die Fragen, zu denen Multiple-Choice-Antworten angeboten werden, die genauso schlicht wie infam konstruiert sind, greifen Ahnungen und Vermutungen auf oder wecken sie, lassen sie als konkret und realistisch erscheinen, suggerieren Sachwissen über vermeintliche Tatsachen und versprechen Aufklärung. Geboten wird eine Scheinrealität, wahrgenommen durch die Brille hasserfüllter Ideologie. Vier Beispiele aus dem Quiz, das insgesamt 24 Feindbilder bedient. Sie sollen den Leser einstimmen, entlarven dem kritischen Auge aber sogleich die ebenso schlichte wie unsinnige (und deshalb wirkungsvolle) Machart des ganzen Buches:

«Frage 15: In welchem Land kandidiert eine islamische Partei für die Regierung, deren Kandidaten sich nur in Moscheen präsentieren, nicht die Landessprache sprechen wollen und keine Interviews geben?

a. Niederlande b. Frankreich c. Belgien d. Norwegen.

Frage 17: In welchem europäischen Land hat im Dezember 2006 zum ersten Mal eine vollverschleierte Muslima in einem bekannten Privatsender eine alternative – islamische – Weihnachtsansprache an die Bevölkerung verlesen dürfen; eine Frau, die Christen als ‹Ratten› bezeichnete, die Umwandlung von Gaststätten in Moscheen forderte und öffentliche Musikdarbietungen verbieten lassen möchte?

a. Italien b. Frankreich c. Großbritannien d. Schweden.

Frage 22: In welchem Land hat der Erzbischof öffentlich die Einführung von Teilen der Scharia gefordert, um Spannungen zwischen den Bevölkerungsgruppen abzubauen?

a. Niederlande b. Großbritannien c. Frankreich d. Spanien.

Frage 24: In welchem Land hat eine bekannte Bankengruppe die Sparschweine aus dem Verkehr gezogen, weil diese angeblich nicht länger in eine multikulturelle Umgebung passen und junge Muslime beleidigen könnten?

a. Schweiz b. Norwegen c. Niederlande d. Deutschland.»[4]

Die Diktion Ulfkottes ist belehrend und beschwörend, er biedert sich «beim lieben Leser» mit Ankündigungen an, dass man über die nun folgenden Enthüllungen furchtbar erschrecken werde, er appelliert an den Leser als im Einklang mit dem Autor stehende Verkörperung des Guten, und er richtet Postulate an die Leser als Handelnde. Im Epilog des Buches werden sie aufgerufen, Leserbriefe zu schreiben, Zeitungen das Abonnement zu kündigen, wenn sie nicht die Observanz Ulfkottes üben und entsprechend berichten. Politikern soll die Ulfkotte-Gemeinde mit Wahlboykott drohen, «wenn sie nicht endlich aufstehen und handeln».[5] Schließlich wird die Mitgliedschaft in der Bürgerbewegung Pax Europa dringend angeraten, ein Verlangen, das in den späteren Auflagen des Buches nach 2008 nicht mehr erscheint.

Als Fazit seiner Schreckensmeldungen formuliert Ulfkotte einen Katalog von Handlungsempfehlungen mit 28 Positionen. Dazu gehört die Absage an Toleranz. Es dürfe in Europa keine Sonderrechte für Muslime geben. Ebenso müsse der «staatlich geförderte Unterschichten-Import» aus muslimischen Ländern beendet werden, den es ebenso wenig gibt. Mit Rückkehrprämien sollten dagegen ausgewanderte Europäer wieder in die Heimat gelockt werden. Der Bundesregierung rät Ulfkotte, alle Islamkonferenzen abzubrechen, da es ja auch keine Hinduismus-Gespräche und Ähnliches gebe. Zudem wünscht sich Ulfkotte ein strafbewehrtes Verbot der Verherrlichung Mohammeds und die Indizierung des Korans und anderer religiöser muslimischer Schriften. Die Schließung bestimmter Moscheen und das Verbot von islamischen Kulturvereinen, die Umwidmung dieser Gebäude in «Gedenkstätten für die Opfer der Islam-Ideologie» sind weitere Vorschläge, zu denen sich die Forderung nach der Schließung aller Koranschulen in Europa fügt wie der Vorschlag nach einer Erziehungsdiktatur für Muslime. Dazu solle der Einsatz von «Islamobilen» dienen. Diese darf man sich als umgerüstete Busse vorstellen, wie sie Stadtbüchereien benutzen. Das «Islamobil» würde vor Einkaufszentren, Moscheen, Schulen, auf zentralen Plätzen halten. Ausstellungen über die Schrecken der «Islam-Ideologie» sollen dort gezeigt und Mitglieder des «Zentralrats der Ex-Muslime» auf ein Publikum treffen, dem sie «aus eigener Anschauung über die kulturelle Verarmung unter dem Banner des Islam» die Augen öffnen würden.[6]

Dass die meisten dieser Empfehlungen und Forderungen nicht verfassungskonform sind, muss nicht betont werden. Weitere Vorschläge Ulfkottes lauten «Verbot der Stoffkäfig-Haltung von Frauen», Entzug der Sozialhilfe für muslimische Bürger, Aberkennung der Staatsbürgerschaft bei Unwürdigkeit, Einführung des Straftatbestands «Inländerfeindlichkeit», Abschaffung des Wahlrechts für Nicht-EU-Bürger, das angeblich zunehmend in Europa eingeführt werde.[7] Er plädiert für die «Abschiebung all jener Imame aus Europa in ihren Heimat-Kulturkreis, die öffentlich die Vergewaltigung oder Unterdrückung unverschleierter Frauen gerechtfertigt haben», sowie für die «Ausweisung aller Scharia-Richter aus Europa». Der Forderungen sind noch viele mehr. Mit der letzten erklimmt der Autor transzendentale Höhen: «Nur Menschen, die sich der Werte unseres westlichen Kulturkreises bewusst sind, können diesen gegen den Tsunami der Islamisierung verteidigen.»[8]

Ulfkotte reiht Meldungen über angebliche Vorfälle, die als Tatsachen dargeboten und als solche aufgenommen werden sollen, zu einem Szenario des Untergangs der christlichen Zivilisation. Es hat viele Facetten, die der Autor in endzeitlichem Pessimismus in der apodiktischen Prosa des Boulevardjournalismus kolportiert: «Europa wird mehr und mehr zu einer arabischen Kolonie verkommen. Die europäische Einwanderungspolitik und die Propaganda der Regierungen, den Islam als ‹Bereicherung› zu empfinden, haben eine neue Generation von Menschen hervorgebracht, die tief gespalten ist – aus den Erzählungen der Älteren kennt man noch die Zeiten, in denen es Inländerkriminalität und Hass auf Christen nicht gegeben hat. Die Bürger sehen, wie um jede neue Moschee, die sie nach dem Willen der Politik demütig begrüßen müssen, neue islamische Ghettos entstehen, in denen die europäische Kultur verdrängt wird. Wie viele kleine Frankenstein-Monster breiten sich diese islamischen Ghettos überall in Europa aus. Ghettos, in denen Polizei, Notärzte, Krankenwagen und Feuerwehr nur noch Zutritt haben, wenn es die Mitbürger wohlwollend gestatten. In Europa wächst eine Generation junger Muslime heran, die uns nicht nur Probleme, sondern schwerste Sorgen bereiten wird.»[9]

Auf der politischen Bühne irrlichtert Ulfkotte nicht nur als Stichwortgeber und Gast in Talkshows. 2006 war er Mitgründer der rechtspopulistischen Bewegung «Pax Europa». Im Dezember 2008 verließ er die Vereinigung wegen ihres «zunehmend extremistischen Kurses», nachdem er vergeblich die Abwahl des Vorstands verlangt hatte. Grund des Austritts waren Zeichnungen, die von Pax Europa ins Netz gestellt worden waren, Zeichnungen im «Stürmer»-Stil, um Muslime zu beleidigen. Sie zeigen Schweine, Pädophile und Terroristen als Konnotation zum Islam. Das plötzliche Zartgefühl Ulfkottes erklärt sich aus der Sorge vor rechtsextremer Unterwanderung und deren ihn stigmatisierenden Folgen. In Bremen unterstützte er bei den Bürgerschaftswahlen 2007 die Wählergruppe

«Bürger in Wut», der er auch beitrat. Für die Wahlen in Hamburg ließ er sich 2008 auf Platz 2 der Liste der Deutschen Zentrumspartei (der christlich orientierten Kleinpartei, die sich in der Nachfolge des historischen Zentrums sieht) aufstellen, ohne aber aktiv zu werden.

Ulfkottes Prosa gehört zur Textsorte der erregten Suada, die Gefahren beschwört, um aufzuwiegeln, um Unruhe zu stiften. Sie lebt von sendungsbewusster Empörung, Polemik und Inkriminierung von Gesinnung. Als Quellen dienen vage Hinweise oder auch nur Behauptungen, oft Zitate, die nicht überprüfbar sind. Nach dieser Methode wird im Buch «Heiliger Krieg in Europa» die bevorstehende «muslimische Weltrevolution» in düsteren Farben an die Wand gemalt.[10] Im Mittelpunkt steht der «zentrale Geheimbund, der mit grenzenlosem Hass und einer langfristigen Strategie die europäische Kultur zu zerstören sucht».[11]

Ulfkotte hat den gefährlichen Geheimbund in der Muslimbruderschaft ausgemacht, deren Hauptbetätigungsfeld seiner Überzeugung nach religiöse Indoktrination und Kriminalität bilden. Geheimpläne faszinieren ein bestimmtes Publikum. Nach der Logik, den Umständen ihrer Enthüllung, nach Urhebern und deren Seriosität wird nicht gefragt. Die Enthüllung ist der konstitutive Akt, und darin ist Ulfkotte, der sich gerne auf Geheimdienste als Quellen seines Wissens beruft, ein Virtuose. Dass über seine aufsehenerregende Entdeckung in den Medien nicht berichtet wird, dient dem Enthüller und seinen Lesern allenfalls als Beweis, dass die Medien entweder zum Komplott gehören oder dumm und ahnungslos sind. So bestätigt sich die Sache von selbst. Bei Ulfkotte ist es ein Geheimplan der Muslimbruderschaft zur Eroberung der Welt durch Muslime, der im November 2001 bei einer Hausdurchsuchung in der Schweiz gefunden worden sein soll.[12] Die Quellenangabe ist wie das meiste in Ulfkottes Berichterstattung wenig präzise, umso mehr Mühe gibt er sich bei der Interpretation seiner Sensationsmeldungen.

Das gilt auch für die folgende Probe von Ulfkottes Recherchetechnik: In einer Teestube in Berlin-Kreuzberg traf der Autor in den frühen Morgenstunden einen anonymen Funktionär der Muslimbruderschaft, der nicht nur «einer der größten Rauschgiftpaten im Umkreis der Bundeshauptstadt sein soll, sondern auch einer der Hintermänner des Rotlichtmilieus». Er und die anderen in der Teestube versammelten Gangster verprassen aber das mit ihrer kriminellen Energie erwirtschaftete Geld nicht persönlich, sie alimentieren – nach der Recherche Ulfkottes – vielmehr die Terrorgruppen Hamas und Al Qaida: wochenlang, bekennt der Ermittler Ulfkotte, habe er im Winter 2005/06 in Berlin «Waffenhändler, Autoschieber, Menschenhändler und Rauschgiftbosse besucht. Die meisten von ihnen waren Muslime.» Und sie hätten ihm gegenüber freimütig bekannt, dass ihre Machenschaften dem Sieg des Islam dienten.[13]

Beweiskraft bei der Inszenierung des Schreckens haben neben den nächtlichen Recherchen im kriminellen Milieu auch Informationen wie «eine in verschiedenen Internetforen kursierende Mail».[14] Denunziation erfolgt wirksam und ohne Gefahr für den Denunzianten mithilfe von Zitaten. Mit dieser Methode werden «prominente deutsche Referenten», darunter Bundestagsvizepräsident Wolfgang Thierse, Professor Udo Steinbach, Professor Hans Küng und Peter Scholl-Latour zu Knechten des Bösen oder zu ahnungslosen dummen Gutmenschen stilisiert, weil sie an einer Konferenz der Islamic Educational, Scientific and Cultural Organisation (ISESCO) teilgenommen haben.[15] Es ist übrigens keine Spezialität von Ulfkotte allein, solche Zusammenhänge zu konstruieren. Die muslimfeindliche Szene lebt davon, Gegner deswegen zu stigmatisieren, weil sie Veranstaltungen besucht, Interviews gegeben oder Artikel geschrieben haben in Zusammenhängen, die Muslimfeinden nicht gefallen und sie deshalb zu brandmarken. Es geht dabei nicht um Inhalte, sondern um das Ausleben von Lagermentalität.

Die Verbreitung der Mutmaßungen Ulfkottes über den «Heiligen Krieg in Europa» wurden dem Eichborn-Verlag durch das Berliner Landgericht auf Antrag der Islamischen Föderation verboten.[16] Erstaunlich ist, dass das absurde Geraune mit der Simulation von Quellenangaben mit dem Vorwort eines Wissenschaftlers geziert wird, in dem es heißt, Udo Ulfkotte informiere «sachkundig und sehr richtig». Erstaunlich ist auch, dass diesem Gelehrten, Professor Bassam Tibi, ein ausgeprägtes Bedürfnis nach Reputation nachgesagt wird, das mit solcher Agitationsschriftstellerei aber schwer vereinbar erscheint.

Ulfkotte publiziert seine Bücher vor allem im Kopp-Verlag. Der hat seinen Sitz in Rottenburg am Neckar und ist in erster Linie Esoterikern und Liebhabern von Verschwörungsphantasien, Anhängern rechter Geschichtsklitterung (die z. B. Deutschlands Unschuld am Zweiten Weltkrieg beschwören) und Querfront-Leuten (die das Bündnis von rechts- und linksradikalen Systemgegnern und Globalisierungsfeinden propagieren) bekannt. Das Verlagsprogramm ermöglicht fließende Übergänge zu rechtsextremer Ideologie. Starautoren sind Erich von Däniken und Jan Udo Holey (alias «Jan van Helsing»). Auf der Info-Seite des Verlags im Netz sind neben Ulfkotte Gerhard Wisnewski und Jürgen Elsässer aktiv – Autoren, die bei ihrem besonderen Publikum beliebt, aber unter seriösen Menschen eher unbekannt sind.[17]

Sinnstiftung mit wissenschaftlichem Anspruch

Im Gegensatz zu anderen Dilettanten, die unter dem Beifall williger Gefolgschaft die Gefahren des Islam beschwören, hat Hans-Peter Raddatz (Jahrgang 1941) wirklich Orientalistik studiert. Allerdings hat er sich dann praktischen Dingen zugewandt. Seit 1967 war er für Banken und Konzerne in Nahost und den USA tätig, ehe er sich als Unternehmer in der

Softwarebranche selbstständig machte. Er gilt als der erbittertste Islamkritiker in Deutschland, obwohl er seine feindseligen Abhandlungen nur nebenbei verfasst. Es handelt sich bei seinen Schriften nicht um wissenschaftlich fundierte Aufklärung, sondern um Agitation. Im November 2001 erschien sein erstes Buch zum Thema,[18] das Timing war exzellent, zwei Monate nach den Anschlägen in New York und Washington[19] war seine Darstellung der Gefahren des Islam in den Buchhandlungen, und er startete damit eine Karriere als Islamexperte, als einer von vielen, die nach dem 11. September 2001 den plötzlichen Bedarf eines großen Publikums zu bedienen wussten.

Die akademische Islamwissenschaft steht seiner Botschaft, die idealtypisch die Besorgnisse und Warnungen selbst ernannter Islamkritiker spiegelt, überwiegend skeptisch gegenüber. Seriöse Orientalisten verweisen darauf, dass es sich bei den Äußerungen des agilen Publizisten Raddatz um Gesinnung handelt, nicht um beweisbare Wissenschaft. Für den öffentlichen Bedarf an schlüssigen und eindimensionalen Erklärungen sind solche Einwände aber unerheblich. Immerhin hat Raddatz einst im Fach Orientalistik promoviert und kann darauf pochen, dass er das Handwerk des Wissenschaftlers einmal erlernt hat, auch wenn er es seit der Dissertation und einem daraus hervorgegangenen Handbuchartikel nie mehr ausgeübt hat. Für die Szene der Muslimfeinde macht ihn die Inszenierung als Wissenschaftler attraktiv, verleiht sie doch den Äußerungen des Autors Raddatz die Aura der Unfehlbarkeit. Seine Anhänger berufen sich darauf. Damit, hoffen sie, verliert sich das Odium des Sektierertums, das der «Islamkritik» anhaftet, und die Auftritte ihres Idols in den Medien scheinen ihnen Recht zu geben.

Auch Raddatz kommt bei seinen Welterklärungen nicht ohne Verschwörungstheorien aus. Er fabuliert von einem Komplott, an dem die Muslimbruderschaft, die Freimaurer, katholischer Klerus bis hinauf in den Vatikan und die Mafia beteiligt seien, angeführt in den USA von der Familie Rockefeller und in Europa von den Rothschilds. Worum es bei der Weltverschwörung geht, wird in den Ausführungen des Hans-Peter Raddatz nicht ganz deutlich, irgendwie um Macht und Geld. Ausführendes Organ der von ihm geschilderten Ränke ist eine Gruppierung, die er «Euromob» nennt. Sie hat Kontakte zur Mafia, zu Geheimdiensten und Zugriff auf die Geldquellen der Europäischen Union.[20]

Zur Stilisierung des Missionars Raddatz, der unangenehme Wahrheiten kündet und dafür an Leib und Leben bedroht ist, kam eine Verwünschung gelegen, die im «Muslim-Markt», einer als fundamentalistisch und islamistisch eingestuften, weitverbreiteten Internet-Publikation, gegen ihn zu lesen war. Das war im September 2005. Die Verwünschung lautete: «Wenn Herr Raddatz ein Hassprediger und Lügner ist, dann möge der allmächtige Schöpfer ihn für seine Verbrechen bestrafen und diejenigen, die trotz mehrfacher Hinweise auf die verbreiteten Unwahrheiten von Raddatz immer noch bestehen, auch.»[21]

Raddatz las das als Mordaufruf, verlangte und erhielt Personenschutz und genoss die Aufmerksamkeit. Das ARD-Magazin «Report Mainz» skandalisierte nach schlichter Recherche (Treffen mit Raddatz an geheimem Ort, O-Ton zweier mit Raddatz sympathisierender Islamwissenschaftler) den Fall als «erste Morddrohung von fanatischen Islamisten» in Deutschland. Die CDU-Abgeordnete Kristina Köhler (die nachmalige Bundesfamilienministerin Kristina Schröder) eilte zu Hilfe, pries den «kritischen Islamwissenschaftler» Raddatz und forderte Solidarität mit ihm. Das Landeskriminalamt Wiesbaden konnte aber ebenso wenig wie das Oberlandesgericht Oldenburg in letzter Instanz und ebenso wenig wie die tatsächlich kompetenten Islamwissenschaftler, die die Verwünschung in amtlichem Auftrag begutachteten, eine Morddrohung erkennen. Aber Raddatz war längst als bedrohter Held inthronisiert. Die vernichtenden Urteile renommierter Experten ändern an der öffentlichen Wahrnehmung nichts. Udo Steinbach, langjähriger Chef des Deutschen Orient-Instituts, äußerte sich zur

Methode des populären Demagogen Raddatz: «Er sucht sich das heraus, was an Militanz im Islam *auch* vorhanden ist und stellt dies als *den* Islam heraus.» Steinbach sieht Raddatz als islamfeindlich an. Der Kulturanthropologe und Migrationsforscher Werner Schiffauer wirft diesem vor, er werde der Komplexität des Islam nicht gerecht, da er zu ungenau arbeite, er begreift ihn als Autor, der auf die Dramatisierung der Situation setze.[22]

Kritisch und ausführlich hat sich der Theologe Christian W. Troll SJ mit den Thesen von Hans-Peter Raddatz auseinandergesetzt und im Einzelnen nachgewiesen, dass die Stollen, die Raddatz durch die Geistesgeschichte treibt, um seine Überzeugungen zu beweisen, zweck- und interessengebundene Bemühungen sind. Sie sind kurzschlüssig, wenn Raddatz etwa vom «diametralen Antagonismus zwischen der sakralen Langzeitidentität des Islam und der profanen Kurzzeitidentität des Westens» spricht und sich damit in Gegensatz bringt zu der von ihm selbst konstatierten «‹konzertierten, dialogischen Gedankenfabrikation› von Kirche, Politik und Wissenschaft, die, alle drei zusammengenommen als die – seiner Ansicht nach – dominante ‹Leitkultur›, ‹keinen Zweifel daran läßt, daß es sich trotz aller möglichen Bedenken beim Islam um eine tolerante Religion handelt, deren Selbstdarstellung ungeprüft zu akzeptierenden Wahrheitsanspruch besitzt›. Dem Leser wird bei solch zugespitzten, kategorisch formulierten und nicht selten auch polemisch verzerrenden Formulierungen die Neigung des Autors zu grober Vereinfachung und unqualifizierter Pauschalisierung kaum verborgen bleiben.»[23]

Raddatz beschwört fundamentale Werte des Westens, die er bedroht oder verloren sieht wegen des Islam als einer angeblich aggressiven Ideologie, auf die der Westen mit Unterwerfung und Preisgabe der eigenen Werte antworte. Raddatz formuliert aus dieser Erkenntnis heraus im sakralen Bereich rabiate Absagen an jeden Dialog der Religionen und im säkularen politischen Bereich an die Idee der Toleranz. Seit dem

Zweiten Vatikanischen Konzil in den 1960er Jahren ist die Notwendigkeit des Dialogs mit anderen Religionen auch Lehrmeinung der katholischen Kirche; die protestantischen Kirchen praktizieren ihn schon wesentlich länger. Auf dem politischen Feld sind Toleranz und Kompromissfähigkeit die wesentlichen Grundvoraussetzungen von Demokratie. Was bedeutet also Raddatz' Postulat?

Raddatz sieht den Islam als politisches System mit einer «latent angelegten Machtpsyche», basierend «auf dem tausendjährigen Herrschaftsanspruch einer elitären Ich-Identität, deren Anspruch sich in der kollektiven Unterwerfung bzw. Islamisierung von Kulturen und Denkalternativen ausdrückte». Das klingt beeindruckend gelehrt, bleibt aber Behauptung ohne Beweis. Wissenschaftlichkeit simuliert Raddatz mit der Sprache seines eigentlichen Kompetenzbereichs, der betriebswirtschaftlichen Systemanalyse. Die von ihm behauptete «Expansion des Islam» erwartet er in der Nachfolge Samuel Huntingtons als Kulturkonflikt im Stil eines Umweltkonflikts: «So wie im Umweltkonflikt die Negativfolgen mit der gleichen Kompetenz repariert werden, die sie verursacht hat, wird die Verbindung zum rationalen Kulturinteresse und zur Vermeidung des möglichen Kulturkonflikts ebenfalls über die Kompetenz der gesellschaftlich-pluralen Einzelgebiete hergestellt werden müssen, aus denen sich nicht zuletzt auch Wirtschaft und verbundene Sektoren rekrutieren.»[24] Als Vordenker der Islamfeindschaft positionierte sich Raddatz frühzeitig. Den Deutungsanspruch hat er mit weiteren Büchern in rascher Folge ausgebaut.[25]

Die Formeln, auf die Raddatz sein negatives Islambild gebracht hat, haben im Diskurs der Muslimfeinde längst den Charakter dogmatischer Wahrheiten. Seiner Autorität folgend, beteten so viele, deren Ängste durch seine Ressentiments angeregt waren, seine griffigen Verurteilungen des Islam und der Muslime so lange nach, bis sie als gültiges Allgemeinwissen reproduziert werden konnten. Schließlich erweiterte Raddatz noch einmal sein Spektrum und erschloss sich eine neue Gefolgschaft, als er eine «islamische Renaissance des Antisemitismus» konstruierte.[26] Dem Befund, dass Antisemitismus wie auch generell Rassismus dem Islam ursprünglich wesensfremd war und als Import aus Europa Eingang in muslimische Gesellschaften fand, setzt Raddatz unter dem Beifall derer, die dem Islam aus politischen Gründen eine implizite, d. h. wesenseigene und von allem Anfang an inhärente Judenfeindschaft zuschreiben wollen, die These vom immanenten Antisemitismus des Islam entgegen. Das entspricht nicht der historischen Wahrheit – das auszusprechen verharmlost die vehemente Judenfeindschaft und den Hass auf Israel, die im arabischen Raum grassieren, in keiner Weise. Das Konstrukt einer Judenfeindschaft von allem Anfang an kann genutzt werden, um die grundlegende Verwerflichkeit des Islam zu untermauern.

Über den Nebenschauplatz Nahostkonflikt – denn die Tatsache der politisch motivierten Judenfeindschaft als Erscheinung des Konflikts, als Manifestation des Hasses auf Israel kann ja von niemandem bezweifelt werden – suchen die Muslimfeinde Anschluss an den historisch-politischen Mainstream, nachdem seit der Katastrophe des Holocaust Antisemitismus in jeder Form als größtes Übel geächtet ist. Raddatz biedert sich damit nicht nur der demokratischen Mitte an, sondern auch einer diffusen Gruppe von Aktivisten, die Deutungshoheit über das Phänomen Antisemitismus begehren, das sie ausschließlich als Israelfeindschaft neu definieren wollen. Diese heterogene Gruppierung, die von linksradikalen Israelfreunden zu rechtspopulistischen Muslimfeinden reicht, jüdische Aktivisten und Philosemiten einschließt und sich in Kampagnen artikuliert, hat keinen anderen gemeinsamen politischen Nenner als obsessiven Hass auf den Islam. Über dem Bekenntnis zu Israel finden sie nicht nur zueinander, sondern auch Anschluss an ein zentrales Dogma der politischen Kultur der Bundesrepublik Deutschland.

Raddatz' Instrumentalisierung des Antisemitismus stieß allerdings auch auf erhebliche Kritik. Rezensenten des Buches «Allah und die Juden» zeigten sich auch in Organen, die sich gerne als Forum für antiislamische Ressentiments öffnen, befremdet, nannten die Raddatz-Thesen verworren oder konfus, lehnten sie als «scheinakademisches Islam-Bashing» ab oder bezeichneten sie schlicht als «Zumutung».[27] Als Referent auf einer Veranstaltung von B'nai B'rith, die jüdische Jugendliche aus ganz Europa nach Frankfurt am Main führte, war Raddatz mit seiner These über den islamischen Judenhass seit Mohammed willkommen. Sein Vortrag über antiisraelische und antiamerikanische Tendenzen in der Politik, der die in der rechtsintellektuellen Szene üblichen Verschwörungsphantasien, Ausfälle und Obsessionen bot, wurde in der «Jüdischen Allgemeinen» jedoch kritisch annotiert. Dem Kritiker war unbehaglich, dass ein Autor der «Rechtsaußen-Postille Junge Freiheit» Präsenz auf jüdischen Veranstaltungen suche.[28] In der Regel sind Referenten, die die Gefahren des Islam in düsteren Farben malen und den Schrecken über die Feinde aus dem Morgenland beschwören, bei jüdischen Auditorien aber sehr willkommen. Matthias Küntzel etwa, der ohne Fachkompetenz – er ist weder Islamwissenschaftler, noch, so behauptete Katajun Amirpur in einer Auseinandersetzung mit ihm, beherrscht er die persische Sprache – den Iran erklärt, Ängste bedient und Panik schürt, ist ein gern gesehener Gast in jüdischen Gemeinden und auf ähnlichen Foren. Die Zustimmung, mit der seine Feindbilder von einem politisch emotionalisierten Publikum, das auf die Bedrohung Israels fixiert ist, dort aufgenommen werden, tröstet ihn wohl über den akademischen Misserfolg seiner Bücher, die unter Orientalisten Kopfschütteln und Mitleid erregen.

Hans-Peter Raddatz ist ohne Qualitätskontrolle dank seiner frühen Präsenz, als die islamfeindliche Konjunktur begann, längst etabliert. Nicht nur im «Deutschlandradio» verkündet er vor großem Publikum seine Thesen über den Islam als politische Ideologie, über die Scharia, die Nichtkompromissfähigkeit der Muslime und die Unvereinbarkeit von Demokratie und Islam.[29] Der Politikwissenschaftler Peter Widmann beschreibt den Stellenwert des populären und populistischen Islamfeindes zutreffend: «Dass sich Raddatz als prominenter und kompetenter Fachmann für ein breites Publikum inszenieren kann, steigert seine Bedeutung für die islamfeindliche Szene, verheißt er ihr doch den Ausbruch aus dem Milieu der Sektierer.»[30]

Die Verortung des Islam als totalitäres System

Auch Ernst Nolte, der sich als Geschichtsphilosoph mit Arbeiten zum Faschismus einen Namen gemacht hatte, der dann Mitte der 1980er Jahre mit Thesen über das Verhältnis von Nationalsozialismus und Kommunismus den Historikerstreit auslöste, in dem ihm die Relativierung der deutschen Verbrechen zum Vorwurf gemacht wurde, hat in einem Alterswerk den Islamismus als drittes Jahrhundertthema entdeckt.[31]

Noltes Buch ist eine gelehrte Abhandlung, die in gravitätischer Attitüde den Weg der islamischen Welt seit dem 19. Jahrhundert im Kontext der Weltpolitik aus hochkonservativer Perspektive schildert. Aus seiner Betrachtung zieht der Historiker den Schluss, dass trotz tief greifender Verschiedenheiten der Islamismus mit den beiden totalitären Ideologien Kommunismus und Faschismus grundlegende Gemeinsamkeiten aufweise, nämlich im «revolutionären Konservativismus – dem Willen, die Menschenwelt gerade durch einschneidende Änderungen vor einer fundamentalen Wandlung zu bewahren, für die es noch keinen angemessenen Namen gibt, es seien denn so vorläufige Bestimmungen wie ‹kapitalistische Globalisierung›, ‹identitätszerstörende Homogenisierung› oder ‹anthropozentrischer Säkularismus›.»[32]

Verdächtig an Noltes Beweisführung ist, dass er die Unterscheidung zwischen Islam und Islamismus im Ungefähren lässt, wenn er feststellt, dass den drei von ihm betrachteten Komplexen der Anspruch gemeinsam sei, die Welt als Ganzes zu gestalten. Als zweites Gemeinsames sieht Nolte «Ängste und Untergangsfurcht», die den Islamismus (oder meint er den Islam insgesamt?) zur aggressiven Verteidigung des Hergebrachten gegen die Errungenschaften der Moderne und die mit ihnen einhergehende Entwicklung trieben.

Erklärungsbedürftig bleibt auch für Nolte die wechselseitige Feindschaft der drei «radikalen Widerstandsbewegungen», aber er erkennt Übereinstimmungen und Teilidentitäten, die man ja finden muss, wenn man alle drei als ein totalitäres System beschreiben will. Ein Schlüsselereignis in Noltes Erklärungsmodell ist der «Zionismus als der räuberische Angriff auf ein Zentralland des Islam»,[33] der ohne den Imperialismus der Westmächte nicht möglich gewesen wäre und für Muslime traumatisierend gewesen sei. In der Bestimmung des Feindbildes als gemeinsamer Nenner wird Noltes Argumentation dann vollends diffus. So konstatiert er, dass die Vorwürfe gegen «die Zionisten» eine auffallende Ähnlichkeit mit den Anklagen gegen die NS-Massenmörder hatten, und folgert daraus, dass Antisemitismus (den er in Anführungszeichen setzt) einen «rationalen Kern» gehabt habe, und zwar von vielen Millionen Semiten (die nicht in Anführungszeichen stehen). Das legt die Vermutung nahe, dass er in rassistischen Kategorien denkt, denn mit «Semiten» meint er wohl Araber und unterstellt, einen uralten Irrtum reproduzierend, eine Ethnie von Semiten, die es nicht gibt.[34] Das Missverständnis beruht darauf, dass Philologen im 18. Jahrhundert die Sprachfamilie der Semiten bestimmt haben, zu der Araber und Äthiopier, Assyrer und Babylonier, Hebräer, Aramäer und andere gehören. Die Gruppe der Semiten wurde fälschlich als «Rasse» verstanden, und im Bemühen um die pseudowissenschaftliche Rationalisierung ihres Ressentiments haben Judenfeinde daraus den Begriff «Antisemitismus» konstruiert.

Noltes Denkgebäude ist errichtet auf der Suche nach Erklärungen für den Widerstand gegen einen gemeinsamen Feind, gegen den Kommunisten, Nationalisten und Islamisten kämpften bzw. kämpfen. Es darf bezweifelt werden, dass die Erwägungen, die mit Gelehrsamkeit vorgetragen und in umständlicher Diktion miteinander verwoben werden, hilfreich sind zur Erklärung aktueller Weltprobleme und ihrer politischen Wirkungen im Alltag. Noltes kompliziert und oft nebulös formulierte Deduktionen lassen sich nicht zu griffigen Parolen gegen Muslime formen, aber dass Islamismus oder Islam – er unterscheidet die Termini nicht mit der nötigen Schärfe – böse Erscheinungen sind, weil ein Zusammenhang mit den beiden mörderischen Ideologien Faschismus und Kommunismus konstruiert wird, das ist zur Bestätigung des Feindbilds Islam durchaus tauglich.

Als Kampfparole entstand vor relativ kurzer Zeit der neue Begriff Islamfaschismus (auch: Islamofaschismus), der Analogien zwischen dem extremen politischen Islamismus und den faschistischen Bewegungen im Europa des 20. Jahrhunderts sieht und Phänomene wie Antisemitismus, Xenophobie, Gewaltverherrlichung, Führerkult, Integralismus, Opferemotion benutzt, um Parallelen zwischen dem Islam und der Ideologie des Faschismus zu konstruieren. Der Begriff wird von arabischen und iranischen Intellektuellen ebenso benutzt wie von westlichen Publizisten. Kritiker bezeichnen den Terminus mit guten Argumenten als schief und historisch unrichtig, da dem Islam nationalistische Staatsideologie ebenso fremd ist wie völkischer Rassismus, der den historischen Faschismus charakterisiert. Die Anwendung des Begriffs auf islamische Gruppierungen wie Al-Qaida, Taliban, Muslimbruderschaft, Hamas oder Hisbollah folgt denunziatorischer Absicht, nicht dem Streben nach wissenschaftlich-systematischer Charakterisierung.[35]

Das «Institut für Staatspolitik», das sich auf dem Rittergut Schnellroda in Sachsen-Anhalt als Denkfabrik der «Neuen

Rechten» etabliert hat, beteiligt sich in ähnlicher Weise, nämlich in akademischer Manier, am Diskurs gegen den Islam. Die Zweimonatsschrift «Sezession», in der sich die Gedankenwelt der Neurechten publizistisch artikuliert, angeführt von Karlheinz Weißmann, widmete im Februar 2011 ein Heft dem Thema Islam.[36]

Die bekannten Stereotypen sind dort literarisch und intellektuell aufbereitet. Das Unternehmen gehört zum Umkreis der «Jungen Freiheit», die Denkanstöße stehen in der Tradition von Carl Schmitt und Ernst Jünger, Stichworte liefern Ernst Nolte und Thilo Sarrazin. Auftritte bei Veranstaltungen des «Instituts für Staatspolitik» hatten der ehemalige CDU-Bundestagsabgeordnete Martin Hohmann und der französische Vordenker der in die Jahre gekommenen dortigen «Neuen Rechten», Alain de Benoist. In der «Sezession», dem «Organ der rechtsalternativen Gegenöffentlichkeit», wird über Kopftuchmädchen, Lawrence von Arabien, den Islam als politisches Modell, über das Thema Islam und Christentum, über Orient und Okzident philosophiert. Das Räsonnement hat die Diktion eines um Salonfähigkeit ringenden Rechtspopulismus auf dem Niveau des mit den Zeitläuften hadernden Studienrats.

Statistik, Eugenik, social engineering

Der mit einer Dissertation zur Wissenschaftstheorie[37] promovierte Volkswirt Thilo Sarrazin (Jahrgang 1945) hatte ein bewegtes Berufsleben hinter sich, als er Bestsellerautor wurde. Nach einer Assistenz an der Universität Bonn war er wissenschaftlicher Mitarbeiter der Friedrich-Ebert-Stiftung, dann ab 1975 im öffentlichen Dienst als Referent im Bundesfinanzministerium, 1981 vorübergehend im Arbeitsministerium, dann wieder im Finanzministerium. Er war Bürochef der Minister Matthöfer und Lahnstein gewesen und bis 1990 zuständig für innerdeutsche Beziehungen, d. h. für die Vorbereitung der Währungs-, Wirtschafts- und Sozialunion mit der DDR. Anschließend war Sarrazin in der Treuhandanstalt tätig und dann 1991–1997 Staatssekretär im Finanzministerium Rheinland-Pfalz. Anschließend führte er die Geschäfte der Treuhandliegenschaftsgesellschaft, war dann in der Konzernspitze der Deutschen Bahn, bis er wegen Dauerstreits mit dem Vorstandsvorsitzenden Mehdorn im November 2001 entlassen wurde. 2002 bis Ende April 2009 war der überaus tüchtige Sozialdemokrat Finanzsenator in Berlin, dem folgte noch eine kurze Tätigkeit im Vorstand der Deutschen Bundesbank. Sie ließ ihm Muße zur Niederschrift seines Erfolgsbuches, das aber auch zu seiner Entlassung als Bundesbank-Vorstand mit Wirkung zum 1. Oktober 2010 führte, zum Parteiausschlussverfahren der SPD und zu heftigen Reaktionen in der Öffentlichkeit.

Thilo Sarrazin hat in hohem Maß die Gabe zu polarisieren. Seine Fachkompetenz, die ihn zum Spitzenbeamten und Politiker aufsteigen ließ, paart sich mit Eigenschaften, die ihm den Ruf einbrachten, schwierig, streitbar, intransigent, starrköpfig zu sein. Vor diesem Hintergrund ist seine Rolle im muslimfeindlichen Diskurs zu beurteilen. Sarrazin ist intelligenter als die meisten Ideologiefabrikanten, die unter dem Firmenschild «Islamkritik» Feindbilder konstruieren. Seine Argumentation benutzt andere Trassen.

Sarrazin war längst bekannt für seine Neigung, durch drastische Äußerungen in der Öffentlichkeit Porzellan zu zertrümmern und Bevölkerungsgruppen zu beleidigen. Das war ihm schon 2008 gegenüber Arbeitslosen und 2009 gegenüber Rentnern gelungen. Den einen hatte er zynische Spartipps gegeben, den anderen erklärt, dass eine Rentenerhöhung völlig unsinnig sei. Im September 2009 nahm er in einem Interview mit der Zeitschrift «Lettre International» arabische und türkische Migranten ins Visier und gab Folgendes zu Protokoll: «Die Türken erobern Deutschland genauso, wie die Kosovaren das Kosovo erobert haben: durch eine höhere Geburtenrate. [...]

Integration ist eine Leistung dessen, der sich integriert. Jemanden, der nichts tut, muss ich auch nicht anerkennen. Ich muss niemanden anerkennen, der vom Staat lebt, diesen Staat ablehnt, für die Ausbildung seiner Kinder nicht vernünftig sorgt und ständig neue kleine Kopftuchmädchen produziert. Das gilt für 70 Prozent der türkischen und 90 Prozent der arabischen Bevölkerung in Berlin.»[38]

Die Äußerungen Sarrazins, so präzise formuliert wie unwahr, lösten nicht nur Zustimmung aus wie vom ehemaligen Industrieverbandspräsidenten Hans-Olaf Henkel oder von der Islamkritikerin Necla Kelek, dem Publizisten Ralph Giordano sowie von Sprechern der NPD und der DVU. Beide rechtsextreme Parteien hefteten sich fortan beifallspendend und seine Thesen usurpierend an die Fersen des Sozialdemokraten Sarrazin, der aber Parteiordnungs- und -ausschlussverfahren in der Folgezeit überstand. Kritik kam aus dem Deutschen Bundestag, in der «Frankfurter Rundschau» wurde er hysterisch genannt und für verrückt erklärt, in der Wochenzeitung «Die Zeit» wurde seine Argumentation als «eugenisches Projekt» erkannt, weil es Assoziationen an rassenhygienisches Schrifttum älteren Datums weckte. Auf eine Rüge des Bundesbankchefs Axel Weber, der sich von den «diskriminierenden Äußerungen» entschieden distanzierte, gelobte Sarrazin Besserung, erklärte, er habe nicht die Absicht gehabt, einzelne Volksgruppen zu diskreditieren, und wolle in Zukunft mehr Zurückhaltung üben.

Er muss die Zurechtweisung als sehr kränkend empfunden haben und nutzte die Muße seines Amtes, um in einem umfassenden Werk mit dem Instrumentarium, mit dem er am liebsten und erfolgreichsten hantiert, der Statistik, zu beweisen, dass er Recht habe. Zu seiner Methode hatte er beim Parieren eines Angriffs ein aufschlussreiches Statement abgegeben. Der Chef des Berlin-Instituts für Bevölkerung und Entwicklung hatte erklärt, Sarrazins Behauptung, 70 Prozent der türkischstämmigen und 90 Prozent der arabischstämmigen Bevölkerung Berlins seien integrationsunwillig und integrationsunfähig, sei statistisch nicht belegbar. Sarrazin meinte darauf kühl, wenn man keine Zahl habe, müsse man eben «eine schöpfen, die in die richtige Richtung weist, und wenn sie keiner widerlegen kann, dann setze ich mich mit meiner Schätzung durch».[39]

Das war die Vorgeschichte des Buches «Deutschland schafft sich ab», das in der muslimfeindlichen Szene größte Wirkung entfaltete.

Thilo Sarrazin trägt in seinem Buch drei Hauptargumente vor. Er ist erstens von der Sorge geplagt, autochthone Deutsche bekämen nicht genug Kinder zur Bestandserhaltung. Begriffe wie «arteigen», «Rasse», «Volkstum» benutzt er nicht, aber sein Verständnis von Staat und Gesellschaft ist völkisch. Zweitens sieht er die Humankapitalausstattung Deutschlands in Gefahr, da sich durch unterschiedliches Reproduktionsverhalten die Lage dramatisch verschlechtere: Die Angehörigen der Intelligenz vermehrten sich zu wenig, das Prekariat reproduziere sich zu stark. Sarrazin diagnostiziert drittens die Zuwanderung von Unqualifizierten. Aus der Tatsache, dass sich die meisten Zuwanderer zum Islam bekennen, zieht er mehrere Schlüsse, und zwar zunächst den, dass die mangelnde Qualifikation Muslimen wesensimmanent sei, ferner glaubt er, dass Rückständigkeit und Bildungsverweigerung – entgegen dem tatsächlichen Befund von Migrationsforschung und Demographie – milieuunabhängige Konstanten seien, und er lässt schließlich die Tatsache außer Acht, dass Migranten mit der Integration in die Aufnahmegesellschaft neben anderen Eigenschaften auch deren Fortpflanzungsgewohnheiten übernehmen.

Sarrazin, der ohne fremdenfeindlichen Impetus auf ein soziales Problemfeld verweisen wollte, geriet durch die Ethnisierung des von ihm betrachteten Problems auf die abschüssige Bahn der Ressentiments gegen eine durch Religion und Kultur pauschal von außen definierte Bevölkerungsgruppe. Begeistert aufgenommen von «Islamkritikern», von geängstigten Normalbürgern und xenophoben Rechtsextremisten, wurde er Gefangener einer sozialdarwinistischen und völkischen Argumentation, in der Gene und Vererblichkeit eine verhängnisvolle Rolle spielen.

Sarrazin stützt seine Thesen über Muslime in Deutschland auf Statistiken, die er in großer Breite vorstellt, um daraus Schlüsse zu ziehen über Bildungsdefizite, Sprachkompetenz, Sozialverhalten, Ausbreitung einer Parallelgesellschaft aufgrund von Integrationsunfähigkeit und -unlust. Zahlen und Tabellen suggerieren Wissenschaftlichkeit, Empirie, Glaubwürdigkeit. Diese nimmt der Autor mit großem Selbstbewusstsein in Anspruch, und in Diskussionen umgibt er sich mit der Aura der Unfehlbarkeit.

Wenn das statistische Material, auf das sich Sarrazin beruft, aber nicht hieb- und stichfest ist, wenn ihm Fehler bei der Quellenlektüre nachgewiesen werden können, wenn er das Material in Richtung seiner Thesen formt und biegt, dann sind seine Schlussfolgerungen nicht valide. Zu diesem Ergebnis kommt eine Forschergruppe an der Humboldt-Universität Berlin, die Sarrazins Methoden und Ergebnisse akribisch geprüft und das Resultat in einem Dossier veröffentlicht hat.[40] Das Forscherteam, das über die Kompetenzen Sozial-, Politik-, Islamwissenschaft und Ethnologie verfügt,[41] kommt bei der kritischen Musterung der von Sarrazin angeführten Daten zu vernichtenden Ergebnissen: Sarrazins Statistiken spiegeln nicht die Realität, und die Methoden, mit denen er seine Thesen untermauert, entsprechen nicht dem Stand der Wissenschaft. Als Sozialwissenschaftler hat sich Sarrazin mit seinem Buch zwar als Dilettant erwiesen, der politischen Wirkung ist das freilich nicht abträglich, denn er bietet willkommene Antworten auf Fragen, die viele Bürger plagen. Das verbreitete Unbehagen an einer sich durch Zuwanderung verändernden Lebenswelt, beantwortet mit der Ethnisierung sozialer Probleme, die auch ohne Migranten existieren würden, lässt sich mit der Formel «Sarrazin ... und er hat doch recht!»

in gängige Chiffren prägen.[42] Die Bereitschaft, dem Autor zu glauben, weil er Ängste seines Publikums artikuliert, ist völlig unabhängig vom Wahrheitsgehalt seiner Ausführungen.

Die Debatte über Sarrazins Thesen, die mit dem Interview im Kulturmagazin «Lettre International» 2009 begonnen hatte und mit dem Vorabdruck des Kapitels «Zuwanderung und Integration» im «Spiegel» Ende August 2010 wieder in Fahrt kam,[43] war eine willkommene Gelegenheit, Emotionen wallen zu lassen. Die detaillierte Auseinandersetzung mit Sarrazins Tabellen und die Diskussion der Schlüsse, die er daraus zog, fand dagegen abseits der Öffentlichkeit statt. Dort bildeten sich rasch die beiden Parteien, die den Autor bedingungslos befürwortend bzw. ihn energisch ablehnend gegeneinander stritten. Der Vorwurf, den Sarrazin gegen seine Kritiker, zuerst gegen die Bundeskanzlerin, dann gegen Widersacher pauschal, erhob, lautete, sie hätten das Buch ja gar nicht gelesen, sondern seien gleich aus politischen Gründen über ihn hergefallen.

Ob man die 464 Seiten des Werkes tatsächlich gelesen haben muss, um zu einem Urteil zu kommen, steht dahin, da der Autor seine Überzeugungen ja längst öffentlich gemacht hatte und mit dem Buch lediglich Material nachschob, in der Absicht, empirisch zu untermauern, was er fühlt, glaubt und für richtig hält. Die Unterstellung, man kenne den Inhalt des Buches nicht, diente als Mantra gegen Kritiker, die mit dem Verdikt, sie hätten das Buch nicht gelesen oder, wenn doch, dann eben nicht verstanden, von der Debatte ausgeschlossen werden sollten. Sarrazin setzt in seinen publikumswirksamen Auftritten auf Akklamation und fertigt Nichtgläubige mit harscher Arroganz ab. «Er lässt sich auf nichts ein, was auch nur den leisesten Zweifel weckt an der Richtigkeit dessen, was er geschrieben hat, und ob man denn nicht wisse, dass bedeutende Wissenschaftler wie die beiden Entwicklungspsychologen und Intelligenzforscher Heiner Rindermann und Detlev Rost sein Buch nicht nur gelobt, sondern auch von Fehlern freigesprochen hätten?»[44]

Worum es dem ehemaligen Finanzsenator und Bundesbankvorstandsmitglied geht, hat er in schlichten sozialpolitischen Rezepten zusammengefasst: Weniger oder keine Sozialleistungen für Immigranten würden als Anreiz zur Arbeit die Integration von Migranten fördern. Und Deutschland dürfe als Einwanderungsland nur Hochqualifizierten offenstehen. Eine Gruppe ist Sarrazin aber ausdrücklich unerwünscht. Er verwendet beträchtliche Mühe darauf, mit Statistiken, Zitaten und Schaubildern den Beweis zu führen, dass Muslime als Einwanderer nutzlos und schädlich sind: «Eine Zuwanderungs- und Integrationsproblematik, die der Rede wert ist und sich nicht mit der Zeit automatisch erledigt, gibt es heute in Deutschland ausschließlich mit Migranten aus der Türkei, Afrika, Nah- und Mittelost, die zu mehr als 95 Prozent muslimischen Glaubens sind.»[45]

Mit solcher Stigmatisierung einer Bevölkerungsgruppe durch ihre Religion, mit scheinbar schlüssigen sozialstatistischen Argumenten fundamentiert,[46] konnte sich Sarrazin des Beifalls der Muslimfeinde sicher sein. Der Jubel über seine Thesen reichte bis in die Gefilde des Rechtsextremismus, und den Kritikern des zum Vordenker und Wahrheitskünder Erhobenen schlugen Verachtung und Häme entgegen. Des Gutmenschentums oder unangemessener Observanz einer (offensichtlich schädlichen) Political Correctness werden sie geziehen; wer Einwände gegen Sarrazins Weltsicht vorbringt, ist ein Moralprediger oder, ganz schlimm, ein Linker (das ist nicht als Aussage über Parteizugehörigkeit zu verstehen, vielmehr als vernichtendes Urteil aus reaktionärer Position gegen Träger missliebiger Meinungen). Der Publizist Ralph Giordano eilte Sarrazin formulierungsfreudig und meinungsstark zu Hilfe: «Thilo Sarrazins Buch ist ein Stoß mitten ins Herz der bundesdeutschen Political Correctness, ein Frontalangriff auf Deutschlands Multikulturalisten, xenophile Einäugige und Pauschalumarmer. Die vereinte Riege der Berufsempörer, Sozialromantiker und Beschwichtigungsapostel zerreißt ein

Buch in der Luft, das sie nicht gelesen hat (ausgenommen vielleicht jene stoßatmig erschnüffelten Passagen darin, die Sarrazin als Rassisten entlarven sollen – wenige Zeilen in einem Buch von fast 500 Seiten).»[47] Zwei Wochen später proklamierte Giordano zehn Thesen, warum Sarrazin recht habe. Im zehnten seiner Glaubenssätze verkündete er: «Solange Deutschlands Sozialromantiker, Gutmenschen vom Dienst, Pauschalumarmer und Beschwichtigungs-Apostel weiterhin so tun, als sei das Problem Migration/Integration eine multikulturelle Idylle mit kleinen Schönheitsfehlern, die durch sozialtherapeutische Maßnahmen behoben werden können – solange hat Thilo Sarrazin recht.»[48]

Auch der Chefredakteur der rechtslastigen «Jungen Freiheit» sah seinen Weizen blühen und vereinnahmte den Publizisten Sarrazin für seine Sache. Eine «beispiellose Hetz- und Treibjagd» sei ausgelöst worden, schrieb er im September 2010 und frohlockte, eine linksdominierte politische Klasse sei überraschend mit einer Volksmeinung konfrontiert, die normalerweise nur gefiltert zu Wort kommen dürfe. Das Plädoyer für Sarrazin bildete den Kern eines Werbebriefs, der zum Abonnement des Blattes aufforderte. Vier Ausgaben gratis, so wurde versprochen, würden «schlagartig vom politisch-korrekten Zeitgeist» befreien, und Schnellentschlossenen winkte als Begrüßungsgabe Sarrazins Werk.[49]

Sarrazins Buch wurde als Tabubruch und als mutige Darlegung neuer Erkenntnisse vermarktet, selbst viele Kritiker bescheinigten ihm, auch wenn seine Folgerungen abzulehnen seien, habe er doch das Verdienst, eine notwendige Integrationsdebatte angestoßen zu haben, die bislang nicht geführt worden sei. Nichts davon ist richtig. Weder ist ein Tabu gebrochen worden, unangenehme und daher unterdrückte Wahrheiten öffentlich bekannt zu haben, noch handelt es sich um wissenschaftlich haltbare neue Erkenntnisse. Und einen Integrationsdiskurs hat Sarrazin mit seinem politischen Traktat auch nicht angestoßen. Den gab es, als sein Buch im Spätsommer 2010 erschien, seit mindestens fünf Jahren. Der erste Integrationsgipfel der Bundesregierung fand im Jahr 2006 nach gründlicher Vorbereitung statt. Das war angesichts der gesellschaftlichen Probleme spät genug, aber jedenfalls kein Verdienst des Autors Sarrazin.

In zahlreichen öffentlichen Auftritten legte Sarrazin, meist unter dem Jubel verunsicherter und von Emotionen getriebener Bürger, nach, herrschte Kritiker an, sein Buch entweder nicht gelesen oder nicht verstanden zu haben, und verwies auf seine Statistiken als unumstößliche Beweise. Sarrazin ist gewiss kein Rassist, obwohl ihm gelegentlich seltsame Behauptungen entschlüpfen. Aber seine Argumentation ist völkisch und manchmal deutschnational im traditionellen Sinn, und seine Rezepte zur Lösung der von ihm empfundenen und diagnostizierten Probleme sind sozialdarwinistisch. Mit seinen beleidigenden Behauptungen über die muslimischen bzw. türkisch- und arabischstämmigen Bürger der Bundesrepublik Deutschland ist er jedenfalls der quotenstärkste Propagandist von Ressentiments gegen Zuwanderer und in Deutschland geborene Menschen mit Migrationshintergrund geworden. Rechtspopulisten und Rechtsextreme nehmen den Sozialdemokraten Sarrazin, den seine Partei aus taktischen Gründen nicht loswerden konnte und wollte, für ihre Propaganda in Anspruch. Auch wenn der NPD die Werbung mit Sarrazin-Sprüchen gerichtlich untersagt wurde, kann niemand rechtsextreme Agitatoren daran hindern, sich auf die Autorität des Buchautors Sarrazin zu berufen.

Frappierend am Erfolg des apodiktischen Buches ist sein Publikum: besitzendes, gebildetes Bürgertum, keineswegs die an den Reibeflächen der Integration lebenden Bewohner sozial prekärer Wohngegenden. Die Käufer von Sarrazins Buch sind weit überwiegend männlich, über 60-Jährige sind überproportional vertreten, sie haben höhere Bildung, höheres Einkommen, lieben häusliche Harmonie in sauberer Umgebung, sind an beruflichem Erfolg höchst interessiert, scheuen aber Risiken. Sie spiegeln damit ein wenig «die späte Berufung des Thilo Sarrazin selbst», der große Teile seines Berufslebens im gesicherten Beamtenstatus verbrachte, «bevor er in die risikoreiche Existenz des Volksdemagogen aufbrach».[50] Das ist ein Indiz für Probleme, die aus Verlust- und Überfremdungsängsten resultieren. Im 19. Jahrhundert wurden solche Ängste auf dem Rücken der jüdischen Minderheit ausgelebt: Angeführt vom prominenten Historiker Heinrich von Treitschke, der 1879 vor den aus dem Osten hereinflutenden Juden warnte und die demografische Katastrophe Deutschlands prophezeite, fanden Unterwanderungs- und Überwältigungsphantasien bereitwillige Propagandisten. Damals organisierten sie sich in Antisemitenparteien, machten viel Lärm, hatten politisch zunächst keinen Einfluss, lieferten in der historischen Konstellation nach dem Ersten Weltkrieg Hitler jedoch den Baustoff seiner Ideologie. 130 Jahre nach Treitschke sagt Sarrazin nun abermals die demographische Katastrophe Deutschlands voraus – lediglich die Angreifer sind andere.

Der Unmut über die Einwanderung von Muslimen, der so eruptiv an die Oberfläche drang, war lange vor Sarrazins Bekenntnisschrift verbreitet. Die Vorurteile und Vorbehalte in der Bevölkerung, die Ausfluss grundloser Bedrohungsängste und mangelnder Kenntnis sind, wurden schon in den 1980er Jahren und früher artikuliert: «Die Türken drohen uns, noch eine Million Türken nach Berlin zu holen, und dann wollen sie uns Deutsche aus Berlin jagen», hieß es in einer Zuschrift an das Büro der Ausländerbeauftragten in Bonn. Jemand anderes klagte, «wir finanzieren unsere eigene Überfremdung, wir wollen eine Volksabstimmung, ob Ausländer weiterhin Kindergeld bekommen sollen».[51] Das Begehren aus den 1980er Jahren ist jedenfalls ein Indiz gegen die Originalität des Sozialphilosophen Sarrazin.

Sarrazin hat sich von allem Anfang an, wohl von den Werbestrategen des Verlags bestärkt und gefördert, als Wahrheitskünder und Märtyrer stilisieren lassen. Eine begeisterte Schar von Anhängern fand sich in ihren Nöten und Ängsten verstanden. Intellektuelle Kritik hat in Glaubensdingen einen schweren Stand und wenig Aussicht, Gehör zu finden. So wurde die Causa Sarrazin zwangsläufig zum Politikum und sein Buch zum Vehikel, das Emotionen transportiert und polarisiert. Ein Kritiker hat es ganz früh, unmittelbar nach Erscheinen, auf den Punkt gebracht: «Das Problem ist die Grundeinstellung des Autors, die Pseudoobjektivität, der gnostische Selbsterlösungsglaube: Man muss nur die richtigen Schrauben drehen und Knöpfe drücken, und der Niedergang ist gestoppt.»[52] Die Integration von Migranten hat die von Sarrazin angestoßene Debatte nicht gefördert. Sie hat vielmehr eine Bevölkerungsgruppe beleidigt und die Muslimfeinde in ihren Vorurteilen und ihren haltlosen Mutmaßungen bestärkt.

Thilo Sarrazin genoss in der Debatte, die er anstieß, alle Vorteile des Demagogen gegenüber dem Experten. Er annektierte mit seinen Zahlen und Tabellen das Terrain und behielt es auch dann noch unter seiner Kontrolle, als sein Beweismaterial seriöser Kritik nicht standhielt. Denn durch seine Schlussfolgerungen hatte er zuerst jene Kritiker auf den Plan gerufen, die natürlich politische und moralische Argumente gegen ihn ins Treffen führten. Die Causa Sarrazin war von Anfang an ein Glaubenskrieg, in dem ihm aus unterschiedlichen Gründen prominente Meinungsführer zu Hilfe eilten, wie Arnulf Baring, der behauptete, in der Sache könne niemand Sarrazin widerlegen, aber auch Altkanzler Helmut Schmidt und viele andere, die zwar Sarrazins Dogmen verwarfen, ihm gleichwohl zugutehielten, die Quellen, auf die er sich berufe, seien in Ordnung, er ziehe nur die falschen Schlüsse daraus. Oder, als minimalste Reverenz, die Beteuerung, Sarrazin habe mit seinem Räsonnement gegen Migranten und Arbeitslose zwar unrecht, aber doch wenigstens das Verdienst, eine höchst notwendige Debatte über Integration angeschoben zu haben. Sarrazin hatte also das Gelände quasi im Handstreich erobert, und der Streit um seine Thesen entbrannte natürlicherweise, ehe seine Quellen auf den Prüfstand kamen. Wie bei früherer Gelegenheit, etwa der Goldhagen-Debatte (wo es um «die Deutschen» und den Holocaust ging), zu lernen war, reagiert das zustimmende Publikum emotional auf die vorgetragenen Thesen und stellt, ebenso wie die aus gegensätzlicher Position politisch oder ethisch argumentierenden Kritiker, die vorgetragenen Fakten, Daten, Zahlen nicht in Frage, sondern konzediert demjenigen, der wie Sarrazin Schlüsse aus dem präsentierten Material zieht, die notwendige fachliche Befähigung.

Wenn dann schließlich das Urteil der Wissenschaft – das gründliche Prüfung, die Zeit braucht, voraussetzt – vorliegt, ist die öffentliche Debatte bereits gelaufen, sind die Fronten gefestigt. Der Meinungsstreit, den Sarrazin entfachte, folgte diesem Modus. Dass das statistische Fundament, auf dem er sein Gedankengebäude errichtete, eigenwillig konstruiert und brüchig ist, wurde relativ früh nachgewiesen, aber nicht zur Kenntnis genommen und von jenen nicht geglaubt, denen Sarrazin aus dem Herzen gesprochen, deren Sorgen und Ängsten er Ausdruck verliehen hatte. In Glaubensdingen zählt Wissenschaft wenig. So wird auch die Falsifizierung der eugenischen und sozialdarwinistischen Feststellungen Sarrazins wenig an der Stimmung ändern, die er insbesondere gegen Muslime erzeugte.[53]

Appelle an das Volk

Das derzeitige Idol rechtspopulistischer Islamfeindschaft ist der Niederländer Geert Wilders. Experten nennen ihn einen Fremdenfeind oder Rassisten, eine politikwissenschaftliche Studie in den Niederlanden klassifizierte ihn als «neo-rechtsradikal», vor einem Amsterdamer Gericht musste er sich wegen des Vorwurfs verantworten, er rufe zum Hass gegen den Islam auf. Er wurde im Juni 2011 freigesprochen und feierte das als persönlichen Triumph und als Sieg der Meinungsfreiheit. Seine Anhänger verehren ihn, weil er im Fernsehen Aussprüche von sich gibt wie diesen: «Wenn Mohammed heute noch leben würde, könnte ich mir vorstellen, dass ich ihn als Extremisten geteert und gefedert aus dem Land jagen würde.» Den Koran vergleicht er gern mit Hitlers «Mein Kampf», und den «Tsunami der Islamisierung» möchte er stoppen.

Geert Wilders kam 1963 in Venlo, in der niederländischen Provinz Limburg, zur Welt; er wurde katholisch erzogen. Er arbeitete nach Schulbesuch und Militärdienst in einer Versicherungsgesellschaft, studierte nebenbei etwas Rechtswissenschaft und engagierte sich 1989 in der Volkspartij voor Vrijheid en Democracie (Volkspartei für Freiheit und Demokratie), für deren Parlamentsfraktion er von 1990 bis 1998 arbeitete. Dann wurde er selbst Abgeordneter in der zweiten Kammer. 2004 verließ er die Partei, 2006 gründete er seine Partij voor de Vrijheid, die bei den Parlamentswahlen im November 2006 5,9 Prozent der Stimmen und neun Sitze erhielt, 2010 errang die Wilders-Partei 16 Prozent der Stimmen und wurde drittstärkste Kraft im Parlament.

Geert Wilders etablierte sich mit dem fremden- und insbesondere islamfeindlichen Programm seiner rechtspopulistischen Partei als erfolgreichster Epigone der Islamfeinde Pim Fortuyn und Theo van Gogh. Dass der Politiker Fortuyn 2002 und der Filmemacher van Gogh 2004 von einem fanatisierten Muslim ermordet wurden, nutzt Wilders für den eigenen Nimbus des bedrohten Wahrheitskünders. Er nimmt für sich in Anspruch, das zu sagen, was das Volk denke und was die etablierte Politik in Den Haag nicht auszusprechen wage. Der Erfolg seiner Partei scheint ihm Recht zu geben, wenn er in der seit Langem aufgeheizten Diskussion über die fehlgeschlagene multikulturalistische Integrationspolitik der Niederlande grobschlächtig und eindimensional «den Islam» als negatives Thema besetzt: «Genug ist genug ... Ich habe genug vom Islam in den Niederlanden: keine weiteren Muslimimmigranten mehr. Ich habe genug von der Anbetung Allahs und Mohammeds in den Niederlanden: keine neuen Moscheen mehr. Ich habe genug vom Koran in den Niederlanden: verbietet dieses faschistische Buch.»[54] Das schrieb Wilders 2007 in einem Artikel, der sein politisches Glaubensbekenntnis bildet.

Die axiomatische Rhetorik ist symptomatisch für den Politikstil des Populisten Wilders. Statt differenzierter Argumentation wird ein Feindbild in unendlicher Wiederholung beschworen und damit das Problem benannt und eingegrenzt und auf ein einziges Feld reduziert. Der Islam sei an allem sozialen und politischen Ungemach der Niederlande schuld, lautet die Botschaft, die gerne von allen jenen vernommen wird, die nur manichäische Erklärungen und Problemlösungen verstehen. Das politische Weltbild Wilders' besteht aus Anleihen. So übernahm er von der italienischen Publizistin Oriana Fallaci die These, ein gemäßigter Islam existiere nicht, eine Unterscheidung zwischen dem terroristischen Islamismus extremer Fanatiker und der Religionsausübung friedlicher Muslime erübrige sich folglich: Islam und islamistischer Terrorismus seien identisch. Ebenso gehen Wilders' Bekenntnis zur Überlegenheit der christlich-abendländischen Kultur und seine Überzeugung, der Islam erstrebe die Beherrschung Europas durch aggressive Masseneinwanderung, auf Vordenker wie Fallaci zurück.[55] Unmittelbare Vorbilder, nicht zuletzt für die Taktik, Muslime zu beleidigen und dies als Kampf für die Meinungsfreiheit darzustellen, waren die niederländischen Islamfeinde Fortuyn und van Gogh.

Wilders' Wirkung und Erfolg beruhen auf seinem Auftreten und seiner Rhetorik, nicht auf Argumentation. Mit der monotonen Wiederholung einer einzigen Überzeugung, der vom Islam ausgehenden Gefahr für die Niederlande und Europa, bedient er die Ängste seiner Gemeinde.

Die Ethnisierung sozialer Probleme ist als leicht nachvollziehbare Erklärung willkommen, und die als Problemlösung vorgeschlagenen Politikkonzepte (law and order, Einwanderungsstopp, Rückführung von Migranten) treffen die Wünsche vieler. Das Charisma des Künders solcher Erlösungsbotschaft entspricht den Bedürfnissen einer bestimmten Schicht von Unzufriedenen, denen Selbstbehauptung angesichts imaginärer Gefahren oberstes Gebot ist, womit sie ihre Bedrohungs-, Überfremdungs- und Existenzängste ausagieren.

Wilders hat den Nachweis seiner Kompetenz in Sachen Islam selbst geschaffen in Gestalt eines Films mit dem Titel «Fitna». Das arabische Wort bedeutet Aufruhr, Zwietracht, auch Intrige sowie Versuchung, Verlockung, Betörung. Da kein Sender das im Umfang wie in der Aussage lakonische Elaborat (es dauert 15 Minuten) ausstrahlen wollte, stellte Wilders es Ende März 2008 ins Internet. Seine Anhänger berufen sich auf den «Dokumentarfilm», der freilich außer der Collage von seine Überzeugung stützendem Material nichts bietet, den man deshalb, je nach dem Grad der Zurückhaltung, die man üben will, als Agitation auf niederstem Niveau, als Propaganda oder als hasserfüllte Hetze klassifizieren kann.

Das Traktat folgt dem schlichten Muster der übergangslosen Reihung von Schreckensbildern, Nachrichten, Zeitungsseiten über Terrorszenen, Attentate, Drohungen, die mit Parolen unterlegt sind, um die Ziele des Islam zu belegen («What makes Allah happy?», «Jihad for the sake of Allah», «Be prepared for the real Holocaust», «God bless Hitler», «Islam will dominate the world», «Freedom go to hell»). Die Botschaft lautet, der Islam wolle die Welt beherrschen und sei seinem Ziel nahe. «Bewiesen» wird diese angebliche Absicht durch die üblichen Hinweise auf den Koran. Entsprechende Zitate (deren Richtigkeit und Wortlaut vom Betrachter nicht leicht zu verifizieren sind) dienen als Gliederungselemente. Illustriert werden die Koranverse durch Bilder vom Anschlag auf das New Yorker World Trade Center am 11. September 2001, unterlegt mit Schreien der Opfer, durch Fotos nach Selbstmordanschlägen, die zerfetzte Körper und zerstörte Autos zeigen, durch einen hasspredigenden Imam, der mit einem Säbel fuchtelt, um die

Notwendigkeit des Dschihad zu erläutern. Irans Präsident Ahmadinedschad wird als rhetorischer Fanatiker vorgeführt, das ebenfalls sattsam bekannte kleine Mädchen Basmalla, das für einen arabischen Fernsehsender antisemitischen Blödsinn plappert, erscheint auch in «Fitna».

Die fetzenhaften Statements, Zitate, Schlagworte sollen den Betrachter von der Gefährlichkeit des Islam überzeugen. Anstelle von Argumenten werden die jedem Stammtisch geläufigen Assoziationen geboten, nach denen der Islam kurz vor der Machtübernahme in den Niederlanden und in Europa stehe. Hinweise auf Ehrenmorde, Frauenbeschneidung und Strafen für untreue Frauen fehlen ebenso wenig wie die Statistiken, die beweisen sollen, wie rapide die muslimische Bevölkerung im christlichen Abendland zunimmt. Die Szenenfolge ist in der Machart dem übelsten nationalsozialistischen Agitationsfilm vergleichbar. Die Kompilationstechnik, die Wilders das Vorbild lieferte, diente seinerzeit dazu, um die Juden durch ihre Religion zu denunzieren: Suggestive Szenen wurden mit Appellen gegen die verhasste Minderheit geschickt verbunden, um so die Abscheu des Betrachters zu stimulieren. Sein Film endet mit der Feststellung, 1945 sei der Nationalsozialismus untergegangen, 1989 der Kommunismus zerstört worden, jetzt müsse dem Islam Einhalt geboten werden. Der Film beginnt mit dem Bild eines bärtigen Muslim mit Turban, in dem eine Bombe tickt. Das Bild, unterlegt vom Geräusch einer tickenden Uhr, erscheint am Ende des Films wieder, die Uhr läuft ab, die Katastrophe nimmt ihren Lauf.[56]

Die Wirkung des Populisten Wilders liegt in seiner Rhetorik. Er traktiert als seine Botschaft vor allem ein Thema, undifferenzierten Hass gegen den Islam, in eintöniger Wiederholung einiger weniger Phrasen. Seine Koranschelte bestreitet er durch den pauschalen Koranvergleich mit Adolf Hitlers «Mein Kampf» und durch Hinweise auf Verse, in denen seiner Überzeugung nach zur Gewalt aufgerufen wird, den Propheten Mohammed nennt er einen Mörder, der Islam ist für ihn «eine faschistische Ideologie für Terroristen». Der Nationalist Wilders polemisiert gegen Europa, er würde in den Niederlanden statt des Euro gerne den Gulden wieder haben und demonstriert wirkungsvoll seine Liebe zu Israel, das er seine zweite Heimat nennt, obgleich diese Neigung offensichtlich ausschließlich auf der Feindschaft gegen den Islam gründet, die auch viele rechte Israelis beseelt. Mit wenig Variation trägt Wilders seine Überzeugung mit der Miene des Biedermanns in grobschlächtiger und bösartiger Zuspitzung vor. Seine Demagogie besteht darin, dass er sich als Tabubrecher darstellt, der furchtlos sagt, was angeblich verboten ist, der damit erst für die Meinungsfreiheit und dann für die Freiheit überhaupt kämpft. Die Krone des Märtyrers setzt er sich selbst aufs Haupt, nachdem er politischen Eliten und Regierungen in Europa bescheinigt hat, dass sie feige sind und vor Islamisten in die Knie gehen.

Wilders macht ausdrücklich keinen Unterschied zwischen Islamisten und dem Islam. Dem Nachrichtenmagazin «Spiegel» sagte er im Interview: «Für mich ist der Islam eine Gesellschaftsvision, die vom Erbrecht bis zum Strafrecht alle zwischenmenschlichen Dinge regelt. Diese Ideologie ist eine Gefahr für unsere Werte. Ich hasse sie, ich hasse nicht die Muslime.»[57] Die feine Unterscheidung, die er zwischen der Religion trifft, die er hasst, und ihren Anhängern, die er angeblich nicht hasst, entbehrt jeder Logik. Solche Rabulistik des Demagogen beeindruckte nur das Amsterdamer Gericht, das ihn im Juni 2011 von der Anklage der Aufstachelung zum Hass gegen Muslime aus formalen Gründen freisprach. Der islamfeindliche Populist gefalle sich in der Rolle des Freiheitskämpfers, lautete ein Kommentar zum Urteil, das konstatierte, seine Äußerungen seien «grob und herabwürdigend» und an der Grenze des Erlaubten angesiedelt, aber «nicht gegen Muslime als Menschen gerichtet».[58]

Im Herbst 2010 war der viel beschäftigte Politiker nach Berlin geeilt, um dem Parteigründer René Stadtkewitz, ehemals

CDU-Abgeordneter im Berliner Landesparlament, im Wahlkampf beizustehen. Stadtkewitz bemühte sich erfolglos um den Wiedereinzug, nun an der Spitze der von ihm gegründeten, aber nur von wenigen zur Kenntnis genommenen islamfeindlichen Partei «Die Freiheit». Der Besuch der Veranstaltung am 2. Oktober 2010 ließ zu wünschen übrig, obwohl der Eintrittspreis zuletzt drastisch ermäßigt wurde. Die rhetorische Anstrengung des Niederländers wurde anschließend ins Internet gestellt und erlaubt den Nachvollzug seines politischen Programms. Im Selbstbewusstsein des eigenen Erfolgs als Dulder einer liberal-konservativen Minderheitsregierung erteilte er den «lieben Freunden» in Deutschland Ratschläge zur Identitätsfindung, beschwor sie, das Inakzeptable – die befürchtete Islamisierung der Bundesrepublik – nicht zu akzeptieren, sprach von der Pflicht des Politikers, die Nation für die Kinder zu bewahren, beglückwünschte die Deutschen zur Wiedervereinigung und teilte mit, dass Deutschland für «das Wohlergehen und das Gedeihen Europas» sehr wichtig sei. Das waren anbiedernde Präludien, nach denen er zu seiner Mission überleitete. Er sei gekommen, um die Deutschen vor drohender Spaltung zu warnen: «Deutschlands nationale Identität, seine Demokratie und wirtschaftliche Prosperität ist bedroht durch die politische Ideologie des Islam.» Mit den bei Demagogen üblichen Hinweisen auf Autoritäten (Professoren, Schriftsteller, «islamische Denker», darunter ein «iranischer islamischer Apostat, der in Kanada lebt») und mit weder nachweisbaren noch zu widerlegenden Erkenntnissen mit der Qualität von Allgemeinplätzen räsonierte Wilders über die Geschichte des Islam als eine Folge von negativen Ereignissen und Entwicklungen, gipfelnd im vermuteten Streben nach der Einführung der Scharia auf der ganzen Welt.

Als rhetorische Volte fügte er die Beteuerung ein, er spreche über den Islam, nicht über Muslime. Um Missverständnisse zu vermeiden, mache er immer einen klaren Unterschied zwischen Menschen und Ideologie. Wie das funktionieren kann, die Schmähung der Religion ohne Kränkung der Gläubigen, verriet Wilders nicht. Er fuhr fort, wieder gestützt auf Zitate und Experten, zu beweisen, dass der Islam sich von beiden totalitären Ideologien des 20. Jahrhunderts, dem Nationalsozialismus und dem Kommunismus, allenfalls in Details unterscheide, um dann zu beklagen, dass der Westen die Fähigkeit verloren habe, die Gefahr zu erkennen, die vom Islam als der dritten der drei bösen Ideologien ausgehe. Anstatt die Wahrheit zu verstehen und die Freiheit zu schätzen, beförderten die Politiker fast aller etablierten Parteien die Islamisierung. Solche Schuldzuweisung, gefüttert mit Verschwörungsphantasien, bekundet die Notwendigkeit, der eigenen Überzeugung organisierte Formen zu geben. Die neuen Parteien, die in den Niederlanden, in Dänemark, in Schweden und nun auch in Deutschland entstanden seien, dienten der Verteidigung der Freiheit. Um diese Bestrebungen zu unterstützen, erklärte Wilders gönnerhaft, habe er die «International Freedom Alliance» gegründet.

Dem folgte die Klage, dass man ihn wegen seiner Überzeugungen vor Gericht zerre, dass er unter Polizeischutz stehen müsse, dass Morddrohungen gegen ihn erhoben würden, dass das Establishment ihn zum Schweigen bringen wolle. Die Rolle des Märtyrers gehört nicht nur in der rechten Szene zum politischen Instrumentarium. Dazu passt die Attitüde des Tabubruchs: «Eines der Dinge, die zu sagen uns nicht mehr erlaubt wird, ist, dass unsere Kultur bestimmten anderen Kulturen überlegen ist. Dies wird als eine diskriminierende Äußerung gesehen – wenn nicht sogar als eine des Hasses. Wir werden täglich in den Schulen und durch die Medien mit der Botschaft indoktriniert, alle Kulturen seien gleichwertig, und dass, wenn eine Kultur schlimmer als andere ist, dies unsere eigene sei. Eine Flut von Schuldgefühlen und Scham bezüglich unserer Identität und dessen, wofür wir stehen, ergießt sich über uns. Wir werden ermahnt, jedem und allem Respekt zu zollen, außer uns selbst. Das ist die Botschaft der Linken und des politisch korrekten herrschenden Establishments. Sie wollen bei uns das Gefühl der Scham hinsichtlich unserer eigenen Identität auslösen, so dass wir davon Abstand nehmen, für diese einzutreten.» Wilders' Abrechnung nennt linke Intellektuelle als Schuldige, weil sie gegenüber den Gefahren des Islam blind seien, und dafür hat er auch eine Erklärung: «Der Islam ist der Kommunismus der Gegenwart. Aber, aufgrund unseres Versagens mit dem Kommunismus abzurechnen, sind wir unfähig, mit ihm umzugehen, gefangen wie wir sind durch die alte kommunistische Gepflogenheit der Täuschung und der sprachlichen Tarnung, die zuvor die Nationen im Osten heimsuchte und die nun uns alle heimsucht.»

Geert Wilders richtete, schon jenseits des Höhepunkts seiner Rede, der zweifellos erreicht war mit der Erkenntnis, dass der Islam ideologisch, da mit diesem wesensverwandt, die Kontinuität des Kommunismus darstelle, die Botschaft an sein Auditorium, sich nicht zu Fremden im eigenen Lande machen zu lassen. Die westliche Kultur sei die freieste und florierendste auf Erden, und es sei beleidigend, ihr historische Schuld – etwa in Gestalt des Imperialismus – zuzuweisen und diese mit islamischem Terrorismus in Beziehung zu setzen. Er sei sehr glücklich, in Berlin zu sein und seine Botschaft zu vermitteln, die äußerst wichtig sei, besonders in Deutschland. Wilders verkündete den Deutschen einen Freispruch, der aus dem Mund eines niederländischen Nationalisten gewiss besonders bemerkenswert ist: «Was immer in der Vergangenheit in Ihrem Land geschah, die heutige Generation ist dafür nicht verantwortlich. Was immer in der Vergangenheit geschah, ist keine Entschuldigung dafür, die Deutschen heute zu bestrafen.»

Die Zuhörer waren dankbar für solchen Zuspruch, der mit der Mahnung verknüpft war, künftig an der Seite derer zu stehen, die durch den Islam bedroht seien, und der im Lob gipfelte, dass man nicht länger Schuld verspüre, deutsch zu sein. Die Debatte über Thilo Sarrazins Buch galt ihm als Beweis dafür, dass Deutschland mit sich ins Reine komme. «Ich habe das

Buch Dr. Sarrazins noch nicht gelesen, aber ich sehe, dass – während die politisch korrekten Eliten fast geschlossen seinen Thesen kritisch gegenüberstehen und für seine Entlassung als Bundesbanker eintraten – die große Mehrheit der Deutschen würdigt, dass Dr. Sarrazin ein wichtiges und drängendes Thema anspricht. ‹Deutschland schafft sich ab›, warnt Sarrazin und ruft die Deutschen auf, diesen Prozess aufzuhalten. Die enorme Wirkung des Buches spricht dafür, dass viele Deutsche dies genauso sehen. Die Deutschen wollen Deutschland nicht abgeschafft sehen, trotz all der politischen Indoktrination, der sich die Deutschen ausgesetzt sahen. Deutschland schämt sich nicht länger, seinen nationalen Stolz wieder geltend zu machen.»

Nach solcher Paraphrase des Klappentexts von Sarrazins Buch (die zugleich Exempel seiner Technik der Aneignung ist) kam Wilders zum Ende, ermahnte das Publikum noch einmal, nationale Identität zu wahren und die Freiheit zu verteidigen. «Denn ein Deutschland voller Moscheen und verschleierter Frauen ist nicht mehr das Deutschland Goethes, Schillers und Heines, Bachs und Mendelssohns.»[59] Nach Presseberichten wurde der Redner bejubelt. Er hatte den richtigen Ton gefunden, und seine Botschaft war angekommen.

In Berlin hatte Wilders, teils säuselnd («trotz meines prall gefüllten Terminkalenders war es mir ein Anliegen, nach Berlin zu kommen»), vor allem aber warnend («Heute bin ich jedoch hier, um Sie vor drohender Spaltung zu warnen. Deutschlands nationale Identität, seine Demokratie und wirtschaftliche Prosperität ist bedroht durch die politische Ideologie des Islam») und drohend, seine eintönige Verschwörungsphantasie verkündet. Mit dem bei Demagogen üblichen Aufwand an Zitaten und unter Berufung auf beliebige Autoritäten (Professoren, Politiker, Denker, Fromme und Agnostiker, Edle wie Schurken) stellt Wilders «den Islam» in die Reihe der «verabscheuungswürdigen und totalitären Ideologien» Nationalsozialismus und Kommunismus.

Auch im britischen Oberhaus durfte Wilders auftreten, beschwingt durch die ersten Erfolge seiner «Partei für die Freiheit» und euphorisch wegen der bevorstehenden Parlamentswahlen im Juni 2010. In London verkündete Wilders, der Islam strebe danach, die Welt zu beherrschen, der Koran befehle den Muslimen den Dschihad, er gebiete, die Scharia einzuführen, der Islam solle laut Korangebot der ganzen Welt aufgezwungen werden. Der Islam sei eine Bedrohung der westlichen Werte, Islam sei mit Freiheit ebenso wenig vereinbar wie mit Demokratie. Zur Bekräftigung führte der Demagoge die geläufigen Stereotypen an, nach denen die «Islamisierung» weithin schon Tatsache sei.[60]

Wenn Wilders' Anhänger die Gegner ihres Idols mit Hass verfolgen, distanziert sich der Prediger, der die Botschaft vom bösen Islam verkündet, regelmäßig. Mit Drohungen, Einschüchterung und Hasstiraden habe er nichts zu tun, und Verunglimpfung von Gegnern sei nicht seine Absicht. Dass er im Bekennerschreiben des norwegischen Massenmörders Anders Breivik mehrmals gerühmt wird, bereitet Geert Wilders wie anderen Muslimfeinden Unbehagen und bringt ihn in Erklärungsnot. Mehr noch stört ihn, dass seine politischen Gegner ihm die Wirkung seiner Hasspredigten vorhalten. Wilders beteuert deshalb: «Der Mann [Breivik, W. B.] ist ein Wahnsinniger, ein Psychopath. Mir wird speiübel, wenn ich lese, dass Breivik in seinem Manifest meinen Namen nennt, ich verabscheue ihn. Wir glauben an die Kraft des Wortes und die von freien Wahlen, nicht an Bomben und Pistolen. Wir sind solidarisch mit dem norwegischen Volk und trauern mit ihm.»[61] Das ist geschmeidig formuliert. Für die Kraft des Wortes und seine verführerische Wirkung hat allerdings der Islamfeind Breivik, der 77 unschuldige Menschen, überwiegend Jugendliche, in seinem Hass tötete, einen deutlichen Beweis geliefert.

Persönliche Erfahrung mit der Erforschung ihrer Umstände zu verknüpfen und das Ergebnis als wissenschaftliche Erkenntnis darzustellen, wird je nach Position des Betrachters entweder als besonders authentisch oder als wenig seriös gewertet. Es ist jedenfalls ein Wagnis, an dem schon viele gescheitert sind. Necla Kelek, in Istanbul geboren, in Deutschland aufgewachsen, hatte sich vor dem Studium der Volkswirtschaft und Soziologie als technische Zeichnerin ausbilden lassen und in verschiedenen Branchen gearbeitet. An der Evangelischen Fachhochschule für Sozialpädagogik in Hamburg war sie von 1999 bis 2004 Lehrbeauftragte. 2001 erwarb sie mit der Arbeit «Islamische Religiosität und ihre Bedeutung in der Lebenswelt von Schülerinnen und Schülern türkischer Herkunft» die Doktorwürde der Universität Greifswald. 2005 begründete sie ihre Karriere als Publizistin mit dem Buch «Die fremde Braut», in dem sie die eigene Sozialisationserfahrung in den Kontext der Viten türkischer Frauen in ähnlicher Situation stellt. Das Spannungsfeld von religiöser Tradition und moderner Lebenswelt ist das Thema, auch die Früchte der Dissertation konnten mit dem Buch geerntet werden. Necla Keleks These, die in Familien türkischer Herkunft gelebten religiösen und kulturellen Traditionen seien Hemmnisse der Integration, fand starke Resonanz. Die empirischen Belege für den geschilderten Sachverhalt überzeugten, die Lebensgeschichten ihrer Interviewpartnerinnen berührten viele.

Das Buch hatte großen Erfolg, wurde auch von der Kritik gut aufgenommen als wertvoller Beitrag zur Integrationsdebatte.[62] Die Botschaft über die Rückständigkeit der türkischen Familie in Deutschland mit den Folgen einer Parallelgesellschaft war aber auch den Fremdenfeinden willkommen, die an der Integration von Migranten kein Interesse haben, weil sie in völkischen und chauvinistischen Kategorien denken und gerne auch handeln würden: durch Abschotten der Grenzen und Deportation der Eingewanderten in deren Herkunftsländer. Das von Kelek mit ihrem Buch verfolgte Anliegen, die Integration türkisch-muslimischer Neubürger in die deutsche Mehrheitsgesellschaft, wurde nicht nur durch den Beifall, der aus der falschen Richtung für ihre Darstellung der Gefahren einer Parallelgesellschaft erscholl, in der Wirkung beschädigt. Sie hat auch selbst Anlass dazu geboten, ihr Bild türkischstämmiger Einwanderer zu hinterfragen. Ein Grund besteht in den Emotionen, die ihre Darstellung durchziehen. Alexandra Senfft hat das Buch in der «Frankfurter Allgemeinen Zeitung» zu Recht einen Aufschrei genannt.[63]

Schwerer als die Emotionalität, die wegen der Familiengeschichte der Autorin verständlich ist, wiegt ihre Neigung zur Verallgemeinerung ihrer Rechercheergebnisse. Noch viel fragwürdiger ist die Verabsolutierung ihrer Befunde über die Parallelgesellschaft. Denn jedes Einwanderungsland hat Parallelgesellschaften als unmittelbare Folge des Immigrationsgeschehens. Die erste Zuwanderergeneration lebt, schon aus sprachlichen Gründen, in der Regel im Ghetto, sucht die Nähe zu Menschen gleicher Herkunft auch deswegen, weil sie von der Mehrheitsgesellschaft noch nicht angenommen ist. Das ist unter Migranten, die, aus Griechenland kommend, in Australien Bürger werden, nicht anders als bei Menschen, die von Polen nach Kanada wandern oder aus Vietnam nach Österreich. In den USA gibt es mehr als 16 Millionen Einwanderer aus Ländern muslimischer Kultur, die sich zwar ihrer Herkunft bewusst sind, aber dennoch nicht in Parallelgesellschaften leben. Parallelgesellschaften sind, das ist eine Erkenntnis der Migrationsforschung, nicht statisch. Sie bilden vielmehr ein Stadium des Übergangs, und sie sind nicht grundsätzlich antagonistische Phänomene, mit denen sich Minderheiten feindlich gegen die Mehrheit abgrenzen. Die Dauer der jeweiligen Parallelgesellschaft hängt auch von den Integrationsangeboten des Einwanderungslandes ab. Der Patriotismus der USA ist möglicherweise nicht so besonders ansteckend, aber die Chancen des Aufgenommenwerdens sind groß, weil sich die Nation immer als Einwanderungsland definierte, ganz im Gegensatz zu europäischen Ländern, in denen die Tatsache des Immigrationsbedarfs von vielen nur mit Widerwillen zur Kenntnis genommen wird. Die Vorstellung unveränderbarer, dauerhafter Parallelgesellschaften zum Schaden der Mehrheit ist ein xenophobes Konstrukt.

Necla Kelek publizierte noch ein weiteres Sachbuch mit wissenschaftlichem Anspruch, in dem sie sich, wieder vor dem Hintergrund ihres Forschungsinteresses «Parallelgesellschaft», mit den Problemen des türkisch-muslimischen Mannes auseinandersetzte.[64] Damit war sie definitiv als Soziologin und als Authentische, die sich selbst als säkulare Muslimin sieht, als Spezialistin für die Probleme von Muslimen in der deutschen Gesellschaft inthronisiert. Sie nahm fortan auch Stellung zu den Problemen der Mehrheitsgesellschaft mit der Minderheit und gab Auskunft auf alle Fragen, die damit zusammenhängen oder zusammenzuhängen scheinen. Necla Kelek wurde mit der Kompetenz, die ihr aufgrund ihrer stark beachteten und mit Preisen bedachten Bücher zugesprochen wurde, Beraterin der Hamburger Justizbehörde, des Evangelischen Kirchentags, der Landesregierung Baden-Württemberg, und sie wurde in die erste Islamkonferenz als Sachverständige eingeladen.

Necla Kelek wurde zur Islamkritikerin par excellence, und auch ihr weiteres Wirken ist bei großer Medienpräsenz Aufschrei geblieben. Damit ist sie die ideale Darstellerin in den Medien, die Sachverhalte und Problemfelder durch Verallgemeinerung und Zuspitzung auf griffige Formeln reduziert. In Interviews, Talkshows, Diskussionen und Artikeln bringt Necla Kelek, ohne sich mit Differenzierungen aufzuhalten und ihr Publikum zu langweilen, das Gewünschte auf den jeweiligen Punkt. Sie bietet die Erklärungen, die man von ihr erwartet. Damit löst sie außer dem Beifall, den ihre Sicht der Dinge in der «islamkritischen» Szene findet, auch Kontroversen aus. Wissenschaftler und Publizisten sind der Meinung, dass sie viel Schaden anrichtet und ihr ursprüngliches Anliegen, die Integration von Muslimen zu fördern, aus den Augen verloren hat.

So mutmaßte sie im «Zweiten Deutschen Fernsehen» im Sommer 2010 über die Sexualität des Menschen und insbesondere über die des Mannes und noch spezieller über die des muslimischen Mannes. Der Mensch habe generell nicht die Fähigkeit, seine Sexualität zu kontrollieren, der männliche Mensch noch weniger. Er sei ständig sexuell herausgefordert und müsse dem entsprechen. Der Mann müsse sich entleeren, sagte Frau Kelek, und wenn er keine Frau finde, dann nehme er eben ein Tier. Das habe sich im Volk so durchgesetzt, darüber bestehe Konsens. Auch wenn sie später davon abrückte und dem Interviewer die Schuld gab, dass er sie durch die Gesprächsführung zu solcher Aussage gedrängt habe, muss Necla Kelek sich vorhalten lassen, dass solche Äußerungen unseriös sind und dass eine medienerfahrene Expertin wie sie sich fragen lassen muss, ob es nicht töricht sei, sich auf solche Fragestellungen überhaupt einzulassen.[65]

Viele Forderungen Necla Keleks sind so berechtigt und vernünftig, dass man sich fragt, warum sie mit ihren öffentlichen Plädoyers so viel Aufregung produziert. Frau Kelek verlangt von den muslimischen Zuwanderern aus der Türkei die Integration in die deutsche Gesellschaft und das Bekenntnis zur demokratischen Verfassung. Das ist auch das Verlangen der Mehrheit der autochthonen Deutschen und Wunsch und Überzeugung der Mehrheit der Einwanderer. Keleks Pflichtenkatalog für die Muslime zur Integration in Deutschland enthält Positionen, die so selbstverständlich sind, dass sie banal klingen:

– keine Gewalt gegen Kinder und Frauen in der Familie;
– Ächtung von Rassismus, Gewalt und Diskriminierung in Schulen, ob gegen Migranten gerichtet oder von Migranten geübt;

- Schulen sind Orte des Erwerbs deutscher Sprachkompetenz;
- Schulen sollen «Integrationsagenturen» sein, die auf ein selbstbestimmtes Leben vorbereiten;
- Zwangsehen müssen verhindert, Mehrehen geächtet werden (durch Maßnahmen der Sozialversicherung, durch Entzug der Aufenthaltsgenehmigung).

Die Postulate gelten natürlich auch für geborene Deutsche, die Frau und Kinder nicht ungestraft mit Gewalt überziehen dürfen, aber damit häufig Schwierigkeiten haben. Eheliche Polygamie ist in Deutschland ohnehin, und zwar generell und für jeden, verboten, wird also traditionell außerehelich geübt und ist damit staatlicher Einwirkung entzogen. Ob die Mehrehe, statistisch gesehen, in Deutschland ein Integrationsproblem darstellt, erscheint sehr fraglich. Aber als Argument gegen muslimische Männer ist das Bild von Paschas im Harem willkommen.

Necla Kelek betont die Verantwortung des organisierten Islam in Deutschland und plädiert für die öffentliche Kontrolle von Koranschulen und Transparenz in Moscheen und Moscheevereinen.[66] Sie ist davon überzeugt und hat sich mit dieser Überzeugung die Interessenvertretungen der Muslime zu Feinden und deren Gegner zu Freunden gemacht, dass der in vielen Moscheen praktizierte Islam die Integration behindert. Moscheen seien Keimzellen einer Gegengesellschaft, sagt und schreibt sie. Sie rügt den Mangel an gleichberechtigter Teilhabe der Frauen, verwahrt sich gegen die politische Interessenvertretung, die Islamvereine mit der Religionsausübung verbinden, und kämpft gegen die Liaison von männlichem Patriotismus und staatlicher Einflussnahme, die sie in Dachverbänden wie Milli Görüş und DITIB (Türkisch-Islamische Union der Anstalt für Religion) am Werke sieht.

In diesem Sinne agierte sie im Streit um den Bau der großen Moschee in Köln. Sie versteht das Vorhaben als politisches Statement des Islam und reiht sich damit in die Phalanx der Gegner ein, die zum beträchtlichen Teil nicht vom Gedanken der Integration und der offenen Gesellschaft – den ursprünglichen Idealen Necla Keleks – beseelt sind, sondern eine breite Skala von Ressentiments artikulieren, die von kleinbürgerlicher Engstirnigkeit bis zum Fremdenhass der Rechtsextremisten reicht.[67]

Es gibt viele gute Gründe, den säkularen Staat gegen Ansprüche im Namen der Religion zu verteidigen. Necla Kelek engagiert sich mit pathetischen Manifesten und kämpft als betont unabhängige säkulare Muslimin für ihre Ziele. Die Islamkonferenz bot ihr zum Unwillen der Interessenvertreter, denen sie die Legitimation bestreitet, ein Forum. Für die Trennung des Religiösen vom Säkularen, die dem Islam historisch fremd ist, kämpfte sie dort, für eine öffentliche intellektuelle Debatte über einen säkularen Islam und die Probleme der Muslime in Deutschland. Für eine seriöse Auseinandersetzung mit den religiösen Inhalten des Islam, also für eine echte Islamkritik mit Reformzielen, setzt sie sich ein und vor allem für die Rechte muslimischer Frauen und Mädchen.[68] Als Einzelkämpferin mutet sie sich viel zu, zu viel, weil sie ihren Gegensatz zu den Islamverbänden kultiviert und Beifall von der falschen Seite bekommt, von Leuten, die nicht an der Integration von türkischstämmigen Neubürgern interessiert sind, die Muslime hassen, weil sie Muslime sind, oder die fremdenfeindlich sind oder reaktionär.

Necla Kelek ist die ideale Besetzung der Rolle der aufgeklärten Muslimin, die Rückständigkeit und Barbarei in ihrer Herkunftsgesellschaft anprangert. Glaubwürdig ist ihr Engagement für die Werte der Demokratie. Glaubwürdig ist ihre eigene demütigende Erfahrung mit Traditionen in der Familie. Das Bild wird aber schief, wenn der Eindruck entsteht, sie sei die Einzige oder vertrete allenfalls eine kleine Minderheit von Aufgeklärten gegen eine riesengroße Mehrheit von aufklärungsunwilligen und -unfähigen Muslimen. Das macht sie angreifbar aus den Reihen derjenigen heraus, deren Vorkämpferin sie zu sein vorgibt. Angreifbar macht sie auch die mangelnde

Differenzierung, wenn sie die Unterschiede zwischen Islam und Islamismus ignoriert. Sie polarisiert mit ihrem Pathos, das alles, was sie sagt, zum Manifest geraten lässt. Die sympathische Necla Kelek ist den einen «Hasspredigerin», den anderen «Heilige Kriegerin».[69] Sie schüre die Ressentiments gegen Muslime, weil sie in kurzschlüssiger Zuspitzung deren Feinden die Stichworte liefere, sagen ihre Gegner.

In ihren jüngsten Büchern hat sie die Front erweitert. Mit der Emotionalität und Subjektivität, die ihr Markenzeichen als Autorin von Anfang an war, schreibt sie inzwischen nicht nur gegen bestimmte definierte Missstände an, sondern nimmt «die Wächter des Islam» insgesamt in den Blick. Der Drang, alles zu erklären, der Zeugen gelegentlich befällt, wenn ihnen die Kompetenz dafür zugesprochen wird, hat sie erreicht.[70] Patrick Bahners, der Feuilletonchef der «Frankfurter Allgemeinen Zeitung», die sie gerne in den Zeugenstand gegen den Islam ruft, wirft ihr vor, die bürgerliche Öffentlichkeit mit ihrem Islambild zu manipulieren und durch «Anekdoten, die dann mit einer radikalen Religionskritik aufgeblasen werden», Empirie zu simulieren.[71] Die Emotionalität, mit der sie ihre Sache verficht, und die Pauschalisierungen, zu denen sie, lange vor Thilo Sarrazin, bei der Bewertung von Befunden neigt, haben wegen ihres Anspruchs auf wissenschaftliche Fundierung beim «islamkritischen» Publikum Wirkung. Ob das Resultat im Sinne der propagierten Aufklärung ist, steht dahin.

In vielem ähnlich und auch in der öffentlichen Wirkung vergleichbar sind die Aktivitäten der Frauenrechtlerin Seyran Ateş. Als Anwältin hat sie, aus einer kurdischen Familie stammend, aus gründlicher persönlicher Erfahrung für die Rechte muslimischer Frauen gestritten. Anfeindungen, Drohungen und Gewalt erfuhr sie aus dem Umkreis ihrer Mandantinnen so lange, bis sie den gefährlichen Beruf aufgab. Sie klagte über mangelnde Solidarität und Indolenz der islamischen Verbände, entfaltete dann umso größere Bedeutung als Publizistin und geriet in ähnliche Dilemmata wie Necla Kelek oder Ayaan

Hirsi Ali, die aus den Niederlanden in die USA emigrierte Aktivistin, die dort als mediales Flaggschiff der Islamkritik Karriere machte.

Seyran Ateş hat sich als mutige Vorkämpferin der Rechte muslimischer Frauen einen Namen gemacht. Als Autorin populärer Bücher ist sie erfolgreich. Aber auch sie muss sich fragen lassen, ob ihr Streiten gegen die «Multikulti-Fanatiker», gegen deren «als Toleranz verkleidetes Desinteresse gegenüber Einwanderern» berechtigt und vernünftig ist und nicht an der falschen Stelle Resonanz findet.[72]

Der Mode, die Idee der multikulturellen Gesellschaft im Einwanderungsland Deutschland zu verunglimpfen, sie als abgetan und gescheitert zu etikettieren, wird auch von Seyran Ateş gefrönt.[73] Ihre Vision ist eine «transkulturelle Gesellschaft», in der ein Gleichgewicht der Kulturen besteht und die Grenzen zwischen ihnen verwischt sind. Das ist aber nur dann ein Gegenentwurf zur multikulturellen Gesellschaft, wenn man das ältere, angeblich gescheiterte Modell als Totgeburt linker und liberaler Romantiker oder als ungenießbare Frucht der 68er Bewegung diffamieren will. «Multikulti» bedeutet weder tatenloses Tolerieren von Parallelgesellschaften, noch sind die mangelnden Erfolge der bisherigen Integrationspolitik die Schuld des Islam. Reformen innerhalb der vielfältigen muslimischen Kultur und Gesellschaft sind unerlässlich. Fortschrittsfeindliche Fundamentalisten gibt es nicht nur im Islam. Die Mehrheit der deutschen Muslime ist aber längst auf dem Weg in die Moderne.

Das Verdammen linksliberaler multikultureller Gesellschaftsentwürfe und die Forderung nach Reformen im Islam haben keinen logischen Zusammenhang. Und die Diskussion über beide Komplexe muss mit anderen Argumenten geführt werden als mit vagen Hinweisen auf Ehrenmorde, Zwangsehen und andere Schandtaten, die nicht repräsentativ für «den Islam» sind. So erscheinen sie aber in der aus persönlicher Erfahrung gespeisten islamkritischen Zeugnisliteratur, die bei der muslimfeindlichen Klientel Anklang findet, um als Beweismaterial für den Generalverdacht gegen «den Islam» als rückständig, demokratieunfähig und gefährlich zu dienen.

Alice Schwarzer, die streitbare und einst verdienstvolle Kämpferin für die Rechte der Frauen, ist seit Langem auch im Feldzug gegen die Verhüllung muslimischer Frauen unterwegs. In der Überzeugung, dass Islamisten Deutschland unterwandern, kämpft sie entschlossen gegen das Hidschab, das Kopftuch, gegen die Burka, die Körper und Gesicht vollständig bedeckt, gegen den Schleier Niqab, der das Gesicht fast vollständig verdeckt, und gegen den Tschador, das im Iran gebräuchliche dunkle Tuch, das Haare und Körper der Frau verhüllt.

Alice Schwarzers Sendungsbewusstsein duldet keinen Zweifel, dass die Verhüllung der Frau das Instrument ihrer Unterwerfung ist. Aber sie argwöhnt gleichzeitig, dass unter dem Schleier Kalaschnikows transportiert werden wie einst von den Heldinnen der Revolution im Iran, von denen sie glaubt, sie hätten den Schah mit der Maschinenpistole unter dem Tschador verjagt.[74] Schwarzer war gleich nach dem Umsturz im Iran 1979 nach Teheran geeilt, um dort ihren Geschlechtsgenossinnen gegen Zwangsverschleierung und alle damit verbundene Entrechtung beizustehen. Nach einigen Tagen reiste die Feministin zwar wieder ab, sie kämpft jedoch, schrill und unermüdlich, seither in ihrer Zeitschrift «Emma» und auf jedem anderen Schlachtfeld gegen den Islam.

Zur ideologischen Fundierung ihres Kampfes bemüht sie die gängigen Stereotypen und Klischees von der Verschwörung der männlichen Muslime, die sie ohne Differenzierung als Islamisten versteht, gegen das Abendland. Patrick Bahners nannte ihr Wüten gegen das Kopftuch einen jakobinischen Kreuzzug.[75] Und vieles spricht dafür, dass die muslimischen Frauen ihr Engagement nicht ganz zu würdigen wissen.[76]

Fundamentalisten und Eiferer, Geisterbeschwörer und Phantasten

Der eidgenössische Autor Dr. jur. Beat Christoph Bäschlin, der sich auch mit Schriften über schweizerische Außenpolitik oder die Grenzen des demokratischen Prinzips oder die protestantischen Kirchen im Sog des Kommunismus zu Wort gemeldet hat, kennt die Schuldigen an der Verschwörung, die «Hintergrundmächte» angezettelt haben, um Europas Nationalstaaten und Europa selbst zu zerstören. Es sind Freimaurer, die am 4. August 1949 in Paris die Parole ausgegeben haben sollen, eine Weltregierung zu installieren.[77] Ihr Ziel sei, durch Einwanderung nach Europa die europäischen Völker mittels planmäßiger Rassenvermischung zu nivellieren. Worin der Sinn dieser Absicht liege, erklärt Bäschlin nicht, er ist aber überzeugt, dass eine weltweite «Einheitsmenschheit» geplant sei.

Der Autor zeigt sich mit solcher Vermutung als rassegläubiger Globalisierungsfeind, der seine traditionellen Vorstellungen über Nation und Ungleichwertigkeit der Menschen verteidigt. Er ist sich gewiss, «durch Bastardisierung soll in Europa die programmierte Misch- oder ‹Normal›- Rasse entstehen». Deshalb der fieberhafte Eifer zur Einschleusung und Anlockung von Afrikanern und Asiaten nach Europa und von Südamerikanern in die USA.[78]

In Frankreich, das auf dem Weg zur afrikanischen Provinz sei, könne man das Ende der Entwicklung schon erkennen, nämlich die Besetzung des Landes durch Muslime. Am Beispiel Frankreich dekliniert Bäschlin seine Ängste vor dem Islam durch und garniert sie zur Beweisführung mit Fällen von Vergewaltigung, Kriminalität, Rückständigkeit und Aggressivität sowie mit düsteren Schilderungen aus dem Eheleben nichtmuslimischer Frauen mit Nordafrikanern. Bäschlin sieht die von ihm beklagten Zustände als Folgen systematischer Politik, durch die erst Frankreich, dann die anderen europäischen Nationen erpresst, unterdrückt und schließlich vom Islam annektiert würden.[79]

Die Gefahren einer «schleichenden Islamisierung» Deutschlands, die in den Großstädten begonnen habe, beschwören auch Epigonen und Gesinnungsgenossen, die im rechtskatholischen Milieu Ideologie fabrizieren.[80] Einige wenige Beispiele sollen das verdeutlichen. Der Ultrafundamentalist Johannes Rothkranz, dem die katholische Kirche 1985 aus sicherlich guten Gründen nach dem Theologiestudium in Regensburg die Priesterweihe verweigerte und der 2006 von der Pius-Bruderschaft exkommuniziert wurde, brachte eine eigene Note in den Diskurs gegen den Islam. Rothkranz profilierte sich zunächst u. a. mit voluminösen Schriften über die «Protokolle der Weisen von Zion» als Judenhasser. Der rastlose Vielschreiber übt Kritik sowohl an der katholischen Amtskirche als auch an der Pius-Bruderschaft des Traditionalisten Lefebvre. Rothkranz wütet gegen Juden, gegen Freimaurer, die katholische Kirche und steht in der Tradition des rechtsextremen Antisemitismus. Den ursprünglich judenfeindlichen verschwörungstheoretischen Ansatz wendet er aber auch auf Muslime an und entlarvt nebenbei als deren Hintermänner und Ideenlieferanten «die Juden». Die Rabulistik des Fundamentalisten, dem «konzilkatholisch» ein synonymes Schimpfwort zu «volljudaisiert» ist, entspringt purem Hass und bildet in ihrer Geschwätzigkeit und ihrem Belehrungsdrang den Idealtyp des obskuren Weltverschwörungsfanatikers. Die Bücher des vom endzeitlichen Eifer Beseelten erscheinen im Verlag Pro Fide Catholica zwar fern der katholischen Amtskirche, sie haben aber zweifellos Einfluss auf manche Fromme und tradieren christlichen Antijudaismus, amalgamiert mit rassistischem Antisemitismus und tragen zur Stimmung gegen Muslime bei.

Johannes Rothkranz hat die wirklichen Antriebskräfte der Weltverschwörung hinter den auf der Vorderbühne agierenden Muslimen längst erkannt. Auf die Frage, wer «den Islam» dirigiere, bietet der unermüdliche Judenfeind überraschende Beweise für seine Antwort. Die «Synagoge Satans», weiß er, kontrolliere seit über zwei Jahrhunderten die Regierungen in London, Paris und Washington und seit 150 Jahren die übrigen Regierungen Europas, seit einigen Jahrzehnten praktisch alle Staaten der Erde, und zwar nicht nur deren Regierungen, sondern auch Presse, Rundfunk, Film und Fernsehen. Das sind gängige und uralte Stereotypen der Judenfeindschaft. Neu ist die Erkenntnis des Fundamentalkatholiken Rothkranz, dass «der heutige Islam das Christentum nur mit stillschweigender Gutheißung der Satanssynagoge blutig verfolgen kann!»[81]

Im gleichen Umfeld des katholischen Fundamentalismus verbreitet ein anderer Autor, der italienische Kleriker Curcio Nitoglia, die Erkenntnis, es sei der Rabbi von Mekka gewesen, der den Islam erfunden habe. Der Koran sei nichts anderes als eine arabische Übersetzung der fünf Bücher Mose. Mit dieser Aufdeckung glaubt er die treibenden Kräfte hinter dem Projekt «Islamisierung Europas» erkannt zu haben, nämlich «die Juden».[82]

Ebenfalls angetrieben von frommem Eifer, bemüht sich Manfred Jacobs um den Nachweis, dass Christentum und Islam diametrale Welten sind, zwischen denen es keine Brücken geben darf. Der Autor steht wie Johannes Rothkranz im Lager des ultrareaktionären Katholizismus fern der Kirche, er wütet gegen den Vatikan wie gegen die Freimaurer und versteht den Islam als Ideologie der Gewalt. Seine Beweisführung ist so wenig originell wie die anderer Autoren dieses Genres, die die These von der von allem Anfang an zielgerichteten muslimischen Strategie des Machtstrebens durch Angriffskriege verfechten und mit den passenden Belegen aus artverwandter Literatur in Zitierkartellen stützen. Jacobs' Chronologie politischer islamischer Gewaltaktionen beginnt im Jahre 634 und wird mit tagesaktuellen Meldungen illustriert. Sein Traktat aus dem Verlag Pro Fide Catholica ist ein obsessives Plädoyer gegen die Koexistenz von Christentum und Islam mit Schuldzuweisungen an Vertreter der Kirche, die den Dialog suchen, und mit den Untergangswarnungen, die solche Niedergangsliteratur charakterisieren.[83]

Der Übergang zu rechtsextremen Positionen ist gleitend. Ein einschlägiger Autor, Hermann Franzis, fügt auf einem Fundament aus rechtsradikalem Geschichtsrevisionismus, Antisemitismus und völkischem Rassismus gängige Ressentiments gegen Europa und die Globalisierung zu einer Anklage gegen die vermeintlichen Ursachen deutschen Niedergangs seit dem Ersten Weltkrieg zusammen.[84] Er spannt im Zorn über das Ende nationalstaatlicher Konkurrenz und Dominanz einen Bogen von den «jüdischen Kriegserklärungen» gegen Deutschland über die alliierte Besatzungspolitik nach 1945 zu Daniel Goldhagen, den er als Werkzeug finsterer Mächte im Komplott gegen Deutschland sieht. Die Europaverträge von Maastricht interpretiert Franzis als Fortsetzung des Morgenthau-Plans, den er wie andere zu rechtsextremen Topoi gewordene Fakten nicht richtig interpretiert. Franzis entrollt das bekannte rechtsextreme Geschichts- und Weltbild, nach dem Deutschland unschuldig an zwei Weltkriegen war, sich der Juden und westlicher Feindstaaten erwehren musste und unverdient nach der Katastrophe des NS-Regimes zur Rechenschaft gezogen wurde und zu Unrecht Territorial- und Statusverlust erlitt. Bemerkenswert an der Diktion ist der pejorative Gebrauch des Terminus «Political Correctness» – mit Konnotationen wie «bußfertig» und «tributwillig» als erwünschte deutsche Eigenschaften –, mit dem der eindeutig im rechtsextremen Lager stehende Autor und sein Verlag anschlussfähig sind an Muslimfeinde, die Gemeinsamkeiten mit Neonazis jedoch stets energisch zurückweisen.

Wenigstens einen Feind haben Rechtsextremisten und Muslimfeinde gemeinsam. Nach der Überzeugung Hermann Franzis' droht die «Islamische Republik Deutschland». Unterstellt wird ein aggressiver «türkischer Rassismus», der dieses Ziel habe. Der türkische «immer militanter werdende Rassismus» werde zudem «durch eine tiefe Kluft im Bildungsbereich» gefährdet. Der Autor versüßt sich seine düstere Prognose mit Phantasien über den Rückgewinn polnischen und tschechischen Territoriums durch ein dann allerdings islamisches Deutsches Reich. Und das brächte endlich die Revanche für die Vertreibung der Deutschen nach dem Zweiten Weltkrieg, träumt Franzis: «Die dortige christliche Bevölkerung wird dann wahrscheinlich unter Berufung auf das von den Polen und Tschechen bei der Vertreibung der Deutschen angewandte und von diesen Ländern mitgestaltete ‹Neue Völkerrecht› ‹umgesiedelt›, soweit sich dafür Aufnahmeländer finden, oder nach den mit der ostdeutschen sowie im Sudetengebiet und Böhmen beheimateten deutschen Bevölkerung praktizierten Methoden liquidiert.»[85]

Über Einfluss und Wirkung des 84-jährigen Publizisten Klaus Rainer Röhl mag man geteilter Meinung sein. Dem muslimfeindlichen Strom helfen aber auch Rinnsale beim Anschwellen. Röhl positioniert sich heute weit rechts außen, er hat sich in mehreren scharfen Wendungen von den Idealen seiner Jugend verabschiedet, erst dem Kommunismus Valet gesagt, dann der westdeutschen Linken, deren einst wichtige Zeitschrift «konkret» er lange Zeit herausgab. Gegenüber dem Islam hat er eine feste Meinung, die er mit den Herren am Stammtisch und notorisch aufgebrachten Bloggern teilt.

Ohne irgendeinen eigenen originellen Gedanken zum muslimfeindlichen Diskurs beizusteuern, beschwört Röhl für sein Bild des «Islamfaschismus» die üblichen Stereotypen: Hinweise auf steinzeitliche Rechtsbräuche in islamischen Gesellschaften fern der europäischen Lebenswelt, Mutmaßungen über muslimischen Eroberungsdrang, die obligate Koranschelte, scheinheilige Solidarität mit vermeintlich unterdrückten muslimischen Frauen, die unerschütterliche Gewissheit, dass dem Islam Gewalt immanent sei. Daraus leitet Röhl die Überzeugung ab, die er als Botschaft verkündet: «Solange die überwältigende Masse der Muslime die Terroristen verehrt und beschützt, hilft keine Polizei und keine Armee gegen die Gewalt.»[86] Woher weiß Röhl, dass die Mehrheit der Muslime hinter den Terroristen steht? Wer seine Botschaft nicht hören will, gehört zu den «Gutmenschen – von den obersten Bischöfen und Bischöfinnen bis hinunter zum kleinsten Lichterkettenmädchen», zu «unseren blauäugigen Schwärmern und Gutgläubigen».[87] Vom Glanz des einstigen Intellektuellen ist nichts geblieben. Dumpfe Gefühle einen ihn mit anderen, die die gleiche Mission verspüren, etwa mit Henryk M. Broder, der ganz ähnlich argumentiert, aber nichts gegen Juden hat, wie Röhl, der nebenbei auch noch antisemitische Sentenzen absondert.

Das verbreitete Unbehangen über den Islam, das sich an muslimischen Zuwanderern kristallisiert und wesentliche Impulse von islamistischen Terroranschlägen erfährt, äußert sich in Kampagnen. Dazu ist eine Ideologie, die Ressentiments bündelt und Feindbilder instrumentalisiert, unerlässlich. Sie wird von Demagogen unter Rückgriff auf historische Muster erzeugt. Elemente einer antiislamistischen Ideologie sind Verschwörungstheorien, die Gefühle der Bedrohung, Existenzängste und Identitätskrisen in der Mehrheitsgesellschaft aufnehmen und der Minderheit der Muslime Schuld zuweisen. Die Dämonisierung des Islam nutzt kulturrassistische Argumente, in denen sich Fremdenfeindlichkeit, traditionelle Deutungsmuster von fremd und eigen, völkisches Bewusstsein und Erklärungsbedarf für globale Entwicklungen mischen. Ziel der muslimfeindlichen Ideologie ist die Abwehr einer empfundenen Aggression, die im Schlagwort der «Islamisierung Europas» Ausdruck findet und die Ausgrenzung der Minderheit beabsichtigt.

Gespräch mit Ehrhart Körting: Es gibt Integrationsprobleme

Dr. Ehrhart Körting (Jahrgang 1942) wurde nach dem Studium der Rechtswissenschaften 1971 Mitglied der SPD, er war 1972 bis 1975 Richter am Berliner Verwaltungsgericht, dann Bezirksstadtrat in Berlin-Charlottenburg, 1975 bis 1979 für Bauwesen, dann bis 1981 für Volksbildung. Nach Tätigkeit als Rechtsanwalt wurde er Mitglied des Abgeordnetenhauses und Vizepräsident des Verfassungsgerichtshofes des Landes Berlin, dann war er von 1997 bis 1999 Senator für Justiz. Von 2001 bis 2011 war er Senator für Inneres (ab 2006 für Inneres und Sport).

Den Begriff Islamophobie lehnen Sie ab. Haben Sie einen Vorschlag für eine korrekte Bezeichnung des Problems?
Die Vorbehalte gegenüber Muslimen sind auch Vorbehalte gegenüber den Personen und nicht nur gegenüber der Religion. Das Problem vermischt sich mit Ausländerfeindlichkeit, weshalb ich den Begriff Muslimfeindlichkeit vorziehe vor Islamophobie oder Ähnlichem.

Es gibt einen Protagonisten, der erklärt, er habe überhaupt nichts gegen Muslime, er hasse nur den Islam.
Das, was man sozusagen tagtäglich an Einzelmeldungen bekommt oder an Erfahrungen, die einem auch von Betroffenen geschildert werden oder wurden, bestätigt eher meine Einschätzung, dass es um eine Mischform geht, die sich insbesondere gegen Fremde richtet. In diesem Zusammenhang ist dann der Islam ein Topos. Die gleichen Leute, die muslimfeindlich

sind, sind in der Regel auch allgemein gegenüber Türken negativ eingestellt oder gegenüber Afrikanern.

Welche Erfahrungen haben Sie als langjähriger Innensenator von Berlin mit muslimischen Integrationsverweigerern?
Wir haben sicherlich ein Integrationsproblem, was teilweise damit zusammenhängt, dass auch die Mehrheitsgesellschaft nicht unbedingt zur Integration bereit ist. Es ist ein Wechselspiel, Integration zu bejahen, gleichzeitig aber zu fordern, dass diejenigen, die integriert werden wollen, einen Teil ihrer Identität aufgeben müssen. Das ist das eine Problem. Wir haben aber auch ein anderes Problem, ich würde das nicht einmal so sehr als Integrationsverweigerung bezeichnen, wir haben das Problem, dass Menschen hier nach Deutschland gekommen sind, die ihre Sicherheit, ihr Selbstbewusstsein als Person höchstwahrscheinlich darin finden, dass sie sich an Leute klammern oder vor allem mit Leuten zu tun haben, die eine ähnliche Herkunft haben. Das heißt, diejenigen, die wir als Migranten bekommen, insbesondere aus der Türkei, hängen mit anderen Menschen aus demselben Herkunftsland zusammen, da fühlen sie sich sicher, da können sie sich bewegen, das gibt ihnen auch einen Teil der Identität, und das wird teilweise auch von entsprechenden Vereinen, nicht nur von religiösen Vereinen, sehr stark unterstützt: Von den Vereinen wird die Fremdheit der Zuwanderer betont, um ihnen ein Zusammengehörigkeitsgefühl zu geben. Das sind bestimmte Abschottungstendenzen, dazu kommt im türkischen Bereich häufig ein sehr stark verbreiteter Nationalismus, der auch von türkischen Verbänden, auch von einigen muslimischen Verbänden wie etwa Milli Görüş unterstützt wird, und daraus ergibt sich dann bei etlichen ein Vorbehalt gegenüber einer zu starken Integration, weil sie sich von ihrem Selbstverständnis her ja erst mal als «Türken» fühlen, auch wenn sie eingebürgert sind. Auch von ihrer Umgebung bekommen sie vermittelt, dass sie nur zu einer soliden Gruppe gehören,

wenn sie sich dazu bekennen, etwa «Türken» zu sein. Das ist in anderen Migrantengruppen teilweise anders. Ein Beispiel sind die Chinesen, die von der Zahl her sehr wenige sind in Berlin, einige Tausend, die sich dementsprechend nicht besonders stark abschotten. Es ist auch kein spezielles Problem der Muslime. Wenn sie nämlich andere Herkunftsländer von Muslimen nehmen als die Türkei: Wir haben einige Tausend Iraker, wir haben einige Tausend Syrer in Berlin. Die Iraker und die Syrer betrachten sich nicht als abgeschottete Gruppe. Das ist bei den libanesischen Kurden wieder anders und noch anders bei den Palästinensern. Die Palästinenser sind ohnehin sehr stark säkularisiert und deshalb auch sehr offen.

Ihr ehemaliger Kollege in der Berliner Landesregierung, Exfinanzsenator Sarrazin, hat auf die Frage, warum er nicht mehr Geld für die Integration von Muslimen bereitgestellt habe, geantwortet, es sei viel zu viel Geld dafür da gewesen, aber es sei nicht genutzt worden oder von vornherein nutzlos gewesen. Heißt das, Muslime wurden als nicht integrationsfähig eingeschätzt?

Der jeweilige Finanzsenator und der jeweilige Haushalt stellen ja nur die Gelder zur Verfügung und entscheiden nicht über die Verwendung der Gelder. Es werden und wurden Gelder zur Verfügung gestellt für eine Vielzahl von schulischen Verbesserungen, von Verbesserungen in der Kindertagesstätte, insofern kann überhaupt keine Rede davon sein, dass das nicht genutzt wurde, und es wurden und werden, übrigens nicht nur von Berlin, sondern insbesondere auch vom Bund, Gelder zur Verfügung gestellt für Integrationskurse, für Deutschlernen. Wir haben hervorragende Projekte wie «Mütterkurse Deutsch» und Ähnliches, insofern kann ich die Theorie, dass das Geld nicht genutzt wurde, überhaupt nicht nachvollziehen. Das entspricht nicht meiner Wahrnehmung, die ich als Innensenator gehabt habe.

Welche Versäumnisse sind schuld an der muslimfeindlichen Stimmung?

Ich spreche ungern über Schuld, weil es für mich nicht so sehr eine Frage von Schuld ist. Ich glaube, wir haben in Deutschland zu spät erkannt, dass wir in einer globalisierten Welt leben, in der es Bewegungen von Menschen über die Grenzen hinweg gibt. Wir haben offene Grenzen in Europa und anderswo propagiert, wir haben offenen Handel in Europa und anderswo gefordert und haben nicht realisiert, dass dies automatisch auch mit Bevölkerungsbewegung verbunden ist. Das typische Beispiel sind unsere Arbeitnehmer, die nach Deutschland gekommen sind. Anfang der 1950er Jahre waren es Italiener, Spanier und Portugiesen, und dann ab 1961 waren es in besonders starkem Maße türkische Staatsangehörige. Wir haben damals eine Theorie gehabt in Deutschland, dass diese Arbeitnehmer nur für fünf Jahre oder so nach Deutschland kommen, um hier zu arbeiten. Spätestens ab Ende der 70er Jahre ist diese Theorie in sich zusammengebrochen, aber die dahinterstehende Ideologie noch nicht. Ich war zum damaligen Zeitpunkt 1979 Volksbildungs-Stadtrat in Berlin-Charlottenburg, das war ein Zeitpunkt, zu dem sehr viele türkische Arbeitnehmer ihre Frauen und ihre Kinder nachgeholt haben. Das hat Riesenprobleme an den Schulen gegeben. Es waren organisatorische Probleme, um diese Kinder ordnungsgemäß zu beschulen, um sie auf Deutsch zu unterrichten, wir hatten Lehrer mit türkischem Hintergrund, die angefangen haben, erst mal, bevor der normale Unterricht begann, mit den Kindern Deutsch zu lernen. Das war eine große Debatte 1979–1981, aber diese Debatte hat nicht dazu geführt, dass man bereit war zu erkennen, dass diese Menschen auf Dauer hierbleiben. Das heißt, man ist nach wie vor davon ausgegangen, eigentlich seien das ja Gastarbeiter, und die würden zu irgendeinem Zeitpunkt zurückgehen. Das war eine Illusion, die ist erst in den letzten Jahren beseitigt worden. Sie hat aber noch eine Rolle gespielt bis Ende der 1990er Jahre mit der von Roland Koch angezettelten unsäglichen Debatte um die doppelte Staatsangehörigkeit. Mit einem ausländerfeindlichen Thema wurde Wahlkampf gemacht, statt dass man das Problem nüchtern diskutiert hätte. Alle diese Debatten führten nach meiner Meinung dazu, dass nach wie vor Ressentiments gegenüber Ausländern da sind. Auch das Buch von Thilo Sarrazin hat dazu beigetragen, diese Ressentiments zu bedienen. Vielleicht hat es einen Nebeneffekt gehabt, den Herr Sarrazin gar nicht berücksichtigt hat, es hat, glaube ich, nach dem Buch dann doch eine sehr gute Debatte, auch Gegendebatte gegen Sarrazin gegeben, insofern hat es vielleicht ohne Wollen des Autors dazu beigetragen, unsere Sinne zu schärfen.

Sind Muslime in einem Maß, das ihren Anteil an der Population erheblich übersteigt, kriminell auffällig, wie von sogenannten Islamkritikern gerne behauptet wird? Weist die Kriminalstatistik entsprechende Werte aus?
Die Kriminalstatistik weist keine entsprechenden Werte aus, da es überhaupt keine Kriminalstatistik nach Religion gibt. Sie können aber auch anhand bestimmter kriminalstatistischer Daten feststellen, dass es Länder gibt, aus denen Leute kommen, die im Zweifel nicht muslimisch sind, bei denen eine relativ höhere Kriminalität existiert als bei anderen. Was wir haben, ist, dass wir prozentual zum Bevölkerungsanteil für einige Herkunftsländer einen höheren Anteil an Kriminalitätsanfälligkeit haben. Es ist eine spannende Frage für die Kriminologie, sich darüber Gedanken zu machen, woran das liegt. Es ist eine Theorie von mir und nicht statistisch belegt, dass die Entwurzelung, in der man sich befindet, wenn man von einem Land zum andern wandert, ein Grund für Kriminalität ist. Bei vielen unserer jungen Migranten stellen wir fest, dass sie nicht mehr zu ihrer alten Heimat gehören, aber hier bei uns noch nicht angekommen sind. Wenn die ihre alte Heimat besuchen, werden sie dort als Ausländer angesehen, und hier werden sie auch als Ausländer wahrgenommen. Man ist also weder in das

eine Rechtssystem integriert noch in das andere. Das ist höchstwahrscheinlich ein Faktor, der Kriminalität mit beeinflusst. Der zweite Faktor ist die soziale Situation, in der sich die Betreffenden befinden. Einen Zusammenhang zwischen Religion und Kriminalität, wie ihn etwa der Kriminologe Christian Pfeiffer in seinen jüngsten Untersuchungen darzustellen versucht, halte ich für völlig abwegig. Es hat schon etwas mit besonderen Situationen zu tun. Schauen Sie sich die Länder an, in denen Menschen bestimmte Religionen haben, ob das Indien mit den Hindus ist oder arabische Staaten mit dem Islam sind, man kann mitnichten feststellen, dass die Kriminalität in diesen Ländern höher ist als anderswo. Mit Religion hat das nichts zu tun. Die Statistik, die Pfeiffer vorgelegt hat, halte ich für höchst anfechtbar.

Ist es richtig, von Kulturrassismus zu sprechen, wenn Muslimfeindschaft gemeint ist?
Ich bin mit dem Begriff Rassismus vorsichtig. Ich weiß, dass er häufig verwendet wird. Rassismus ist für mich ein Terminus, der mit den Schreckenstaten des «Dritten Reiches» zu tun hat, als Menschen wegen ihrer ethnischen Herkunft verfolgt wurden. Die Juden sind ja nicht wegen der jüdischen Religion verfolgt worden, sondern wegen der antisemitischen – d. h. rassistischen – Zuschreibungen. Es gibt rassistische Tendenzen in der Bundesrepublik Deutschland, etwa in Bezug auf Menschen afrikanischer Herkunft, aber auch in Bezug auf Menschen türkischer Herkunft. Ich habe praktisch kaum rassistische Äußerungen dokumentiert gefunden, die sich auf Japaner oder auf Chinesen beziehen. Es geht um die Menschen, nicht um ihre Kultur. Der Begriff Kulturrassismus gefällt mir deshalb nicht.

Kann die Islamkonferenz funktionieren, wenn auf der einen Seite orthodoxe muslimische Organisationen vertreten sind und auf der anderen Seite «Islamkritiker» eingeladen werden?

Eine Islamkonferenz macht keinen Sinn, wenn dort Leute für die muslimische Seite drinsitzen, die den Islam als Religion völlig ablehnen, die sozusagen atheistisch oder andersgläubig sind. Wenn sie kritisch zum Islam sind, dann meine ich schon, dass sie dazugehören, genauso wie die Orthodoxen auch dazugehören. Das Problem, das wir in Deutschland in der Debatte mit dem Islam, sage ich jetzt mal so pauschal, haben, ist, dass es Verbände gibt, die alle eher etwas konservativer sind, und dann haben wir einige Islamkritiker, die sehr progressiv sind, und der Normal-Muslim taucht in diesen Verbänden kaum auf, der ist ja vielleicht noch am ehesten im Zentralrat der Muslime mit vertreten, im konservativen Islamrat ist er nicht vertreten, und er ist auch nicht vertreten, wenn sich z. B. die alevitische Gemeinde äußert, denn die wird von den meisten Muslimen nicht als so richtig islamisch angesehen. Es fehlt sozusagen die Gesprächsebene mit dem «Türken» oder mit dem «Libanesen» oder «Palästinenser» um die Ecke, mit Menschen, die ihren Glauben stärker leben als wir als Christen üblicherweise, die sich aber nicht so stark einbinden lassen in bestimmte konservative Verbände.

Sind Islam und Demokratie kompatibel?
Nach unserer Verfassung gibt es einen Raum, in dem Religion stattfindet und in dem man Religion auch unbeschwert leben kann. Insofern habe ich überhaupt keine Probleme, jede Religion als mit unserer Verfassung kompatibel anzusehen, problematisch wird es dann, wenn es einzelne Religionsauslegungen gibt, die gegen fundamentale Grundsätze unserer Verfassung verstoßen würden. Es gibt fundamentale Grundsätze, die nicht veränderbar sind, z. B. das Demokratiegebot, da habe ich beim Islam keine Probleme. Die Türkei ist ein demokratisches Land und ein islamisches Land, also der lebende Beweis dafür, dass Islam und Demokratie natürlich zusammengehen, und das, hoffe ich, wird man jetzt auch in Tunesien und in anderen arabischen Ländern erleben.

Kann die Mehrheitsgesellschaft beitragen zur Modernisierung des Islam, um muslimische Zuwanderer in unser demokratisches System zu integrieren? Wie sind wir gefordert?
Die Mehrheitsgesellschaft könnte mit vielen Fragestellungen gelassener umgehen und einfach nur mal zuwarten. Sie sollte nicht den Eindruck erwecken, dass wir das Seelenheil aller Menschen nach unserem Gusto regeln müssen. Lassen Sie mich das an einem Beispiel erklären. Wir haben die Debatte gehabt um das Gebet eines Muslim in der Schule. Ich glaube, wir hätten die Debatte nie gehabt, wenn ein katholischer Schüler oder ein evangelischer Schüler gesagt hätte, er wolle sich in der Pause zurückziehen, um zu Gott zu beten. Es ist hektisch darauf reagiert worden, dass dieser muslimische Schüler gesagt hat, er wolle sein Gebet halten in seiner Form. Er hat ja nicht einen Extraraum für sein Gebet verlangt. Man hat ihm aber dann gesagt, dann musst du aber in einen Extraraum gehen, sonst störst du die anderen. Das ist so ein typisches Beispiel, wo wir die nötige Gelassenheit haben vermissen lassen bis hin zu den Richtern, die das jetzt beim Bundesverwaltungsgericht leider bestätigt haben. Ich persönlich meine, man muss solche Sachen viel ruhiger angehen. Das beziehe ich ausdrücklich auch auf die Kopftuchfrage. Da haben wir nach 2001 alle reagiert, auch Berlin hat ein Gesetz zur religiösen Neutralität bei bestimmten Berufen erlassen. Ich würde das heute anders formulieren, ich würde heute die Frage für Erzieherinnen und Erzieher überhaupt nicht mehr stellen, und ich würde auch die Frage für Lehrerinnen und Lehrer höchstwahrscheinlich heute anders beantworten als damals. Eine andere Frage ist, ob ich in unserem ja doch weltlich geprägten Bereich mir vorstellen kann, dass etwa ein Richter, der über Recht und Unrecht spricht, nicht zu einer gewissen Zurückhaltung, was religiöse Symbole betrifft, verpflichtet ist. Ich kann mir im Moment jedenfalls nicht vorstellen – und insofern halte ich unsere Gesetzgebung in einem Ansatz für richtig, aber nur noch in einem Ansatz –, dass eine Richterin mit Kopftuch oder ein

Richter mit Kippa jeweils über Menschen richtet, die dann erkennbar einer anderen Religion angehören, weil das von vornherein sozusagen den Anschein einer möglichen Befangenheit hervorruft. Für bestimmte Berufe wie Richter, Staatsanwälte, Polizisten würde ich es nach wie vor für richtig halten, dass man sich religiöser Symbole enthält.

Stören Moscheen und Minarette den sozialen Frieden? Gibt es dafür Anzeichen aus der politischen Praxis in Berlin?
Es ist vom Grundsatz her Unsinn, dass Moscheen und Minarette den Frieden stören könnten. Alle Religionsgemeinschaften sind gleich zu behandeln. Wir haben aufgrund unserer Geschichte ganz viele Kirchen an unterschiedlichen Orten, und wenn es Moscheebauten gibt, sind die genauso gleichberechtigt wie andere Gotteshäuser auch. Das bedeutet aber gleichberechtigt in dem Sinne, sie müssen sich von der Größe her in die Umgebung einfügen und dürfen die Infrastruktur nicht belasten. Das gilt für Kirchen ebenso wie für Moscheen. Hier in der Stadt ist in fast allen Gebieten der Bau von Moscheen unbeschränkt zulässig nach der Rechtsordnung. Es hat hier eine Debatte gegeben um zwei Moscheebauten. Das eine war ein Bau, den seinerzeit Inssan in der Pflügerstraße in Neukölln errichten wollte und dafür keine Baugenehmigung erhielt, weil das eine relativ enge Straße ist und ein Moscheebau mit Tagungsgebäuden und Ähnlichem geplant war. Das entsprach nicht den üblichen bauaufsichtlichen Bestimmungen über Verkehrswege, Abstandsflächen usw. Dann hat Inssan versucht, am Mierendorffplatz ein entsprechendes Gebäude auszubauen, und hier hat es dann leider eine religiös geprägte Debatte dagegen gegeben, die im Ergebnis dazu geführt hat, dass die Grundstückseigentümer an jemand anderen verkauft haben und nicht an Inssan. Das ist der eine Fall. Der zweite ist die Ahmadiyya-Moschee in Heinersdorf. Ich habe etliche Male mit dem Imam Tariq über sein Bauvorhaben gesprochen, wir haben das immer unterstützt. Aus dieser Geschichte kann

ich etwas berichten, was ich auch öffentlich gemacht habe. Als Herr Tariq zu mir kam und sagte, er wolle eine Moschee in Heinersdorf errichten, habe ich ihn gefragt, was er in der Tiniusstraße in Heinersdorf wolle, wenn seine Gläubigen weitgehend in Reinickendorf und sonst wo leben. Eine Moschee müsse doch genauso wie andere Bauten dort stehen, wo die Gläubigen sie gut erreichen können. Aber, habe ich ihm gesagt, Herr Tariq, jetzt ist der Zug abgefahren; Rechtspopulisten und andere haben sich gegen Ihre Moschee ausgesprochen, jetzt müssen Sie dort bauen. Und jetzt werden wir auch alles tun, dass Sie die Möglichkeit bekommen, dort zu bauen. Denn wenn wir einmal zulassen, dass Rechtspopulisten einen Moscheebau verhindern, dann werden alle Moscheevorhaben «durch die Stadt getrieben». Deshalb habe ich dann diesen Moscheebau in Heinersdorf sehr stark befürwortet und politisch unterstützt, obwohl ich mich als religiös denkender Mensch gefragt habe, was dort eine Moschee soll.

Wenn wir als Mehrheitsgesellschaft Muslime ins Ghetto getrieben haben, wie holen wir sie wieder heraus?
Durch das, was es an Debatten, an Ausländerfeindlichkeit und Muslimfeindlichkeit gegeben hat, wurde in der Tat Misstrauen bei ganz vielen Muslimen hervorgerufen, aber ich will nicht sagen, dass wir sie in ein Ghetto getrieben haben, Sie meinen jetzt vielleicht in Kreuzberg oder Wedding ...

Ich meinte das nicht geographisch ...
Sie meinten es kulturell oder so ...

Ich meine z. B. den 15-jährigen Schüler, der von seinem Lehrer, der ein Muslimfeind ist, abgelehnt und gekränkt wird.
Wie man sie wieder rausholt, dazu gehören immer zwei, dazu gehören die, die sich wieder herausholen lassen wollen, und dazu gehören die anderen, die sie wieder rausholen. Ich glaube, durch die Normalität. Ich habe in meiner Amtszeit als Innen-

senator sehr früh begonnen, Moscheen zu besuchen, ich habe sehr früh begonnen, zum Fastenbrechen zu gehen und gemeinsam dort aufzutreten, übrigens bei allen Verbänden, auch bei Verbänden, die der Verfassungsschutz etwas kritisch sieht, wie Milli Görüş. Ich habe allerdings auch immer relativ deutlich gesagt, was ich für kritikwürdig halte, aber ich habe immer eine ausgestreckte Hand gehabt, um mit den Beteiligten zu reden. Diese Normalität hilft uns im Ergebnis weiter. Es hat einmal ein schreckliches Unglück gegeben in der Ufenaustraße, bei dem viele muslimische Menschen bei einem Brand ums Leben gekommen sind. Und es ist dann hinterher organisiert worden, dass dort am nächsten Tag ein gemeinsames Gebet gehalten wurde von Bischof Huber, vom Imam des Hauses der Weisheit und von mir. Das sind demonstrative Akte, die ja auch öffentlich werden und auch publiziert werden, die die Normalität darstellen, dass die Beteiligten miteinander umgehen, normal miteinander umgehen. An dieser Normalität fehlt es meines Erachtens noch. Ich sage den Moscheevereinen immer, ihr solltet nicht nur einen Tag der offenen Moscheen pro Jahr in Berlin machen, sondern euch häufiger öffnen. Insofern begrüße ich es außerordentlich, dass einige Moscheen nicht mehr nur irgendwo ganz versteckt im Hinterhof sitzen. Die gleiche Bitte habe ich immer – auch noch nicht mit durchschlagendem Erfolg – an die Kirchen gerichtet. Wenn es irgendwo ein schreckliches Unglück gibt, bei dem Menschen betroffen sind, dann sind es im Regelfall Menschen christlichen Glaubens, auch welche muslimischen Glaubens und ganz viele, die gar nicht glauben. Dann haben wir gemeinsame Gottesdienste gehabt, etwa im Dom. Da sind dann die beiden christlichen Konfessionen vertreten, und wenn man ganz liberal ist, nimmt man noch russisch oder griechisch Orthodoxe dazu. Ich glaube, wir müssen noch liberaler sein. Wir müssen bei solchen Veranstaltungen auch den Mut haben, die Imame einzubeziehen und deutlich zu machen, hier treten Religionsgemeinschaften gemeinsam auf, um zu zeigen, wir sind für den Frieden, wir sind für den Frieden der Gläubigen untereinander. Wenn Menschen unterschiedlicher Religion von einem Unglück betroffen sind, dann sind es Menschen, und wir trauern gemeinsam um sie. Hass und Gewalt trennen, Mitgefühl kann verbinden.

Das Gespräch fand am 10. Februar 2012 statt.

6.
Bürgerwut im Internet

Die wichtigste Arena der Muslimfeindschaft ist das Internet. Im Weblog «Politically Incorrect» (PI) ist der Kampf «gegen die Islamisierung Europas» wichtigstes Thema. Diplom-Sportlehrer Stefan Herre, der im Herbst 2004 das Forum gründete, um gegen die «tendenziell proislamische Berichterstattung in den deutschen Medien anzutreten», erläuterte in einem Interview seine Beweggründe, über «das Wesen des Islam» aufzuklären: «Der Koran ist ein unglaublich gewalttätiges Werk, das Leben des ‹Propheten› Mohammed war ein einziger Gewaltexzess. Der Islam bedroht unsere freiheitlichen Gesellschaften in ihrer Existenz.»[1]

Gruppenbezogene Menschenfeindlichkeit, wie sie im Weblog gegen Muslime praktiziert wird, hat eine lange Tradition. Die Minderheit, gegen die sich das Ressentiment richtet, ist austauschbar. Im 19. Jahrhundert waren im Zuge der Emanzipationsdebatte «die Juden» als Kollektiv Objekt des Hasses, dem alle möglichen schlechten Eigenschaften, unüberbrückbare Fremdheit und fehlende Integrationsbereitschaft unterstellt wurden. In der Tradition kollektiver Ausgrenzung hat der Ende des 19. Jahrhunderts gegründete Alldeutsche Verband charakteristische Bedeutung. Sein Vordenker und Vorsitzender, Heinrich Claß, propagierte vor dem Ersten Weltkrieg in aggressiver antisemitischer Diktion die Exklusivität deutsch-völkischer Eigenart und wollte dazu die in Deutschland lebenden Juden, die 1871 endlich die staatsbürgerliche Gleichberechtigung erlangt hatten, unter Fremdenrecht stellen. Das begründete er mit kulturellen wie mit rassistischen Argumenten, und er steigerte sich im Weltkrieg in Phantasien über einen deutschen Sieg mit gewaltigen Eroberungen; die zu annektierenden Gebiete müssten aber zuvor von nichtdeutschen Menschen gesäubert werden, verlangte der Chef des Alldeutschen Verbandes in einer Denkschrift über Deutschlands Kriegsziele im September 1914. Er fürchtete «Millionen Ostjuden», die sonst auf dem Territorium des Deutschen Reiches leben würden. Claß schrieb die Überfremdungsängste fort, die dreieinhalb Jahrzehnte zuvor schon den Historiker Treitschke geplagt hatten, und bediente damit die Interessen vieler deutscher Bürger.[2]

Mit großem zeitlichen Abstand sind die heutigen Muslimfeinde von den gleichen Sorgen getrieben, der Furcht vor Überwältigung und Überfremdung, und sie begründen sie mit den angeblichen Geboten der Religion der vermuteten Aggressoren: «Die Ausbreitung des Islam bedeutet [...], dass unsere Nachkommen – und wahrscheinlich schon wir selbst – aufgrund der kulturellen Expansion und der demographischen Entwicklung in zwei, drei Jahrzehnten in einer weitgehend islamisch geprägten Gesellschaftsordnung leben müssen, die sich an der Scharia und dem Koran orientiert und nicht mehr am Grundgesetz und an den Menschenrechten. Wir sehen es daher aus staatsbürgerlichen und historisch gewachsenen Gründen als unsere Verpflichtung an, einer sich ankündigenden religiösen Diktatur in Deutschland durch Information und Aufklärung gemäß dem Motto entgegen zu treten: ‹Nie wieder!›»[3]

Der Blog «Politically Incorrect» lebt von den Kommentaren, die (von Einzelnen mehrfach täglich) abgegeben und ins Netz gestellt werden. 60 000 Zugriffe pro Tag erfolgen und es gibt im Wesentlichen nur ein Thema, den Islam. Die Blogger sind sich in dessen Ablehnung einig und tun sich keinerlei Zwang an, wenn sie den Gegenstand ihres Unbehagens benennen, nämlich mit Ausdrücken wie Gesindel, Abschaum, Türkendreck oder wenigstens als Musels. PI ist inzwischen mehr als eine Truppe Gleichgesinnter, die im Schutz der Anonymität autistisch vor dem Bildschirm hocken und manisch ihrem

Hass gegen Muslime Ausdruck verleihen. In einem PI-Kommentar werden Atombomben auf Mekka gefordert, in einem anderen findet sich der Vorschlag, alle Moslems in ihre Herkunftsländer abzuschieben, den Islam in Deutschland zu verbieten und alle Deutschen, die zum Islam konvertieren, lebenslänglich in Arbeitslagern zu internieren.

Die Gleichgesinnten haben in etwa 50 regionalen Gruppen persönlich Anschluss gefunden, treffen sich in konspirativen Formen und hecken Pläne aus für Kampagnen gegen «Gutmenschen», organisieren die Störung von Veranstaltungen und den Versand von Hassbotschaften. Der «Frankfurter Rundschau» sind Dokumente zugespielt worden, die wohl die Verbindungen und Kooperationen der PI-Verantwortlichen mit der rechtspopulistischen und rechtsradikalen Szene belegen, wie zur Partei «Bürger in Wut» in Bremen, zur «Freiheit» des Berliner Ex-CDU-Politikers René Stadtkewitz, zu Geert Wilders, zur antiislamischen «Bürgerbewegung Pax Europa», zur Pro-Bewegung, zum obskuren US-amerikanischen Pastor Terry Jones, der durch seine Koranverbrennung für Aufsehen sorgte. Aber auch zu Idolen der Muslimfeinde wie Henryk M. Broder, der öffentlich nichts mit PI zu tun haben will, gibt es laut «Frankfurter Rundschau» Verbindungen, ebenso zu Organisationen, die der FDP oder der CDU nahestehen.[4] Der Mord an 77 Menschen, den der 32-jährige Norweger Anders Behring Breivik am 22. Juli 2011 beging und in seinem Manifest «2083. A European Declaration of Independence» als Tat zur «Rettung Europas vor dem Kulturmarxismus und der Islamisierung» auf 1500 Seiten im Internet zu motivieren suchte, brachte PI zusammen mit anderen Islamkritikern, die Breivik als Vorbilder erwähnte und teilweise über lange Strecken zitierte, um nicht zu sagen: plagiierte, in Erklärungsnot. Die PI-Redaktion gab daraufhin die Losung aus, den Massenmörder von Oslo nicht zu erwähnen und geflissentliche Bekenntnisse zum Grundgesetz und gegen Gewalt abzugeben.[5]

Auf eine Anfrage im Bundestag zu antimuslimischen, rassistischen und gewaltverherrlichenden Äußerungen im Internetportal «Politically Incorrect» antwortete die Bundesregierung, es sei bekannt, dass dort «auch Beiträge mit antimuslimischen, teilweise auch rassistischen Inhalten eingestellt werden». Sie befänden sich aber «praktisch ausschließlich in den Kommentaren» und seien auch dort Ausnahmen. Die Mehrheit der Einträge auf PI bediene sich keiner klassischen rechtsextremen Argumentationsmuster, sondern sei «im islamkritischen Spektrum anzusiedeln». Demgemäß lasse sich eine rechtsextremistische Bestrebung in Bezug auf «Politically Incorrect» «derzeit (noch) nicht feststellen». Formal und juristisch ist das wohl richtig, wenn man der traditionellen Definition von Rechtsextremismus im Sinne der Orientierung der Ideologie am Nationalsozialismus folgt. Möglicherweise entspricht dies aber nicht mehr der Realität und verweist auf die Notwendigkeit einer Neudefinition von Rechtsextremismus. Die Antwort auf die Frage, ob einschlägige Äußerungen auf PI den öffentlichen Frieden oder das friedliche Zusammenleben der Völker stören könnten, blieb aus, ebenso ließ die Bundesregierung offen, ob das Lippenbekenntnis zum Grundgesetz eine rechtsextreme Orientierung ausschließe und ob die Selbsteinschätzung antiislamischer Gruppierungen, Parteien, Internetforen usw. als proisraelisch und proamerikanisch eine gegen die freiheitlich-demokratische Grundordnung der Bundesrepublik gerichtete Gesinnung per se ausschlösse.

Eine Beobachtung von PI durch den Verfassungsschutz ist nach Auffassung der Bundesregierung nicht geboten, da die Internetpräsenzen mit «islamkritischen, bisweilen islamfeindlichen Beiträgen» nach dem amtlichen Befund «nicht die Schwelle einer gegen die freiheitlich-demokratische Grundordnung gerichteten Bestrebung erreichten». Möglicherweise stellen sich jedoch Millionen muslimischer Bürger dieses Staates die Frage, ob beleidigende Hetze gegen eine andere Minderheit größeren Eifer der Behörden zur Folge hätte.

Immerhin stellte die Bundesregierung fest: «Islamkritische bis hin zu muslimfeindliche Einstellungsmuster sind Ausdruck von Ängsten vor Überfremdung und damit auch vor dem Hintergrund ihrer möglichen Instrumentalisierung ein Thema von allgemeiner gesellschaftspolitischer Tragweite. Die Verlautbarung von irritierenden und provozierenden, teilweise auch populistischen bis hin zu mitunter auch strafrechtlich relevanten Äußerungen kann, muss aber nicht zwangsläufig Ausdruck einer extremistischen und damit zugleich verfassungsschutzrelevanten Bestrebung sein.»[6]

Reaktionen auf den Dresdner Gerichtssaalmord

Typische Äußerungen von «Islamkritikern» in verschiedenen Weblogs werden im Folgenden dokumentiert, um Formen, Inhalte, Methoden und dahinter erkennbare muslimfeindliche Mentalität mit ihren fremdenfeindlichen, rassistischen und von Bedrohungsfurcht charakterisierten Dimensionen zu verdeutlichen. Die Meinungsäußerungen beziehen sich auf ein Ereignis, den Mord an einer jungen Muslima im Sommer 2009. Mit mindestens 18 Messerstichen hat am 1. Juli 2009 der 28-jährige Angeklagte Alexander W. in einem Dresdner Gerichtssaal die 32-jährige Ägypterin Marwa El-Sherbini getötet, die als Zeugin gegen ihn aussagte. Zuvor hatte sie der Russlanddeutsche mit fremdenfeindlichen Parolen attackiert und Sympathie für die rechtsextreme NPD geäußert. Der Ehemann des Opfers, der seiner Frau zu Hilfe kommen wollte, wurde ebenfalls verletzt. Das Akademikerpaar lebte in Dresden, Marwa hatte Pharmazie studiert und arbeitete in einer Apotheke, Elwi ist als Genforscher Gastwissenschaftler an einem Max-Planck-Institut. Alexander W. ist arbeitslos. Sein Opfer war im dritten Monat schwanger. Der dreijährige Sohn El-Sherbinis, Mustafa, erlebte die tödliche Attacke im Gerichtssaal.

Begonnen hatte es mit dem Streit auf einem Spielplatz, als Marwa El-Sherbini Alexander W. bat, eine Schaukel für ihren Sohn Mustafa freizugeben. Sie wurde daraufhin von Alexander W. als «Schlampe, Islamistin und Terroristin» beschimpft. Marwa El-Sherbini erstattete Anzeige wegen Beleidigung. Alexander W. erhielt eine Geldstrafe, die aber von der Staatsanwaltschaft als zu niedrig betrachtet wurde, weshalb sie Berufung einlegte. Zur Verhandlung in zweiter Instanz am 1. Juli 2009 war Marwa El-Sherbini wieder als Zeugin geladen.

Bei der Beisetzung in ihrer Heimatstadt Alexandria kam es zu Protesten gegen Deutschland. Ein Sprecher der ägyptischen Regierung warnte davor, die Tat als Ausfluss einer generellen Muslimfeindlichkeit in Deutschland zu werten, ähnlich äußerte sich die ägyptische Botschaft in Berlin. Es handele sich um die kriminelle Tat eines Einzelnen, nicht um die Verfolgung von Muslimen.

Fünf Tage nach der Tat, am 6. Juli 2009, besuchten die Generalsekretäre des Zentralrats der Juden, Stephan J. Kramer, und des Zentralrats der Muslime, Aiman Mazyek, zusammen mit dem Dresdner Polizeipräsidenten und dem sächsischen Justizminister den Ehemann des Opfers im Krankenhaus. Sie wollten Solidarität zeigen, wie der Generalsekretär des Zentralrats der Juden erklärte: «Angesichts dieser Situation tut ein klärendes Wort not. Ich bin nicht nach Dresden gefahren, weil ich als Jude Angehöriger einer Minderheit bin. Ich unternahm die Reise, weil ich als Jude weiß: Wer einen Menschen wegen dessen Rassen-, Volks- oder Religionszugehörigkeit angreift, greift nicht nur die Minderheit, sondern die demokratische Gesellschaft als Ganzes an. Deshalb ist nicht die Frage relevant, warum ein Vertreter der jüdischen Gemeinschaft Elwi All Okaz seine Trauer und Solidarität bekundete, sondern die, warum es nicht auch einen massiven Besucherstrom oder Solidaritätsadressen von Vertretern der deutschen Mehrheitsgesellschaft gab? Warum kamen die Reaktionen der Medienlandschaft wie der Politik auf den Mord so spät? Jetzt wird, nicht zuletzt unter dem Druck der internationalen Öffentlichkeit, nachgebessert. Allerdings überzeugt erzwungene Betroffenheit nicht.»[7]

Im «Kölner Stadt-Anzeiger» kommentierte Harald Biskup am 13. Juli 2009 unter dem Titel «Die falsche Gelassenheit» die Zurückhaltung der Öffentlichkeit: «Wenn die auffällige Unaufgeregtheit, ja fast schon Nonchalance, mit der wir diese Tat abgehakt haben, mit dem religiös-kulturellen Hintergrund des Opfers zu tun haben sollte, wird es Zeit für eine bislang verdrängte Debatte: Wie steht es trotz Islamrat und diverser Islam-‹Gipfel› um die Islamophobie in der Bundesrepublik, deren Spitzenpolitiker sich nur zu gern ihrer Integrationsbemühungen und -erfolge rühmen? Gibt es neben einem latenten Antisemitismus nicht auch eine mindestens ebenso ausgeprägte Islamfeindlichkeit?»[8] Im Berliner «Tagesspiegel» stellte Andrea Dernbach die Frage: «Warum ist der Tod einer Kopftuchträgerin, die nicht Opfer eines ‹Ehrenmords› wurde, eine Woche lang nur eine kurze Meldung und für die politischen Institutionen kein Grund, auch nur zu zucken? Könnte es sein, dass dieser Tod – es wird wegen Mordes ermittelt – nicht in ein Raster passt? Eine junge Frau, Muslima, akademisch gebildete berufstätige Apothekerin, duckt sich unter den massiven Beleidigungen (‹Schlampe›, ‹Islamistin›, ‹Terroristin›) nicht weg, sondern wehrt sich: Sie zeigt den Mann an. Der wird verurteilt, während einer neuen Verhandlung bringt er sein Opfer um.» Der Kurzschluss von Islam zu Terror vollziehe sich nicht nur in den Köpfen von Außenseitern: «Antisemitismus ist endlich weitgehend geächtet, nun ist Islamhass im Begriff, zur akzeptablen Form des guten alten Rassismus zu werden – und es ist ein Glück, dass der Zentralrat der Juden sich dem seit langem entgegenstemmt.»[9]

In einem Internet-Blog erschien als unmittelbare Reaktion darauf unter der Überschrift «Wie der Mord an einer Muslima den Islam fördern soll» folgender Text: «Lesen Sie diesen verschwiemelten Artikel im Tagesspiegel und Sie wissen, wie es weitergeht. Der Mord an einer Muslima in Dresden soll instrumentalisiert werden, um den Islam im Lande sakrosankt machen. Die Religion des Friedens darf nicht mehr kritisiert werden, genauso wenig wie die Burka oder die Sauerland-Terroristen, auch wenn alle Selbstmordbomber dieser Welt Muslime sind. Islamophobie gleich Antisemitismus gleich ‹Gehört verboten›! So stellt sich klein Andrea Dernbach das vor. Ein einziger Mord soll genügen. Nicht mit uns! Wo sind wir denn? Wie viele Christen werden das Jahr über weltweit von fanatischen Moslems umgebracht, Dernbach? Da hat man von dir noch nichts gelesen! Wie viele Leute werden aus anderen Gründen erstochen oder erschossen hier in Deutschland, zum Beispiel wegen der Ehre des muslimischen Mannes? Wie viele Deutsche werden von Südländern jedes Jahr bei Einbrüchen und Raubüberfällen aus reiner Geldgier getötet? Warum ist ein Mord eigentlich schwerwiegender, wenn mich jemand wegen meinem Kopftuch umbringt, als wenn dies wegen der lächerlichen Summe von 5 Euro fuffzich passiert? Ist Habgier normal und Hass eine schwere Krankheit? Ist eine Ausländerin wichtiger als eine Deutsche? Fragen über Fragen! Dabei ist der Dresdner Fall noch gar nicht untersucht. Vielleicht hatte der Russe ganz andere Motive. Aber wir wissen, wohin der Hase laufen soll. Es ist nicht der erste Kommentar zu diesem Fall, und es wird nicht der letzte bleiben!»[10] Tatsächlich wurde das Thema in der einschlägigen Blogger-Szene ohne jede Zurückhaltung aufgegriffen, an eindeutigen Kommentaren, Meinungsäußerungen, Bekundungen von Gesinnung herrscht keinerlei Mangel.

In der nachfolgenden Auswahl von Kommentaren wurde die originale Orthographie und die Form der Datumsangaben nicht verändert. Auslassungszeichen ohne eckige Klammern finden sich im Original, Auslassungen in eckigen Klammern machen Kürzungen kenntlich.[11] Die Blog-Adresse wird bei der jeweils ersten Zitierung vollständig angegeben, bei weiteren Zitaten ist sie abgekürzt.

Ziel der unkommentierten Wiedergabe ausgewählter Äußerungen ist es lediglich, Struktur, Stil und Argumentationsmuster der Meinungsbekundungen im Medium Internet, organisiert in weltanschaulich festgelegten Blogs, darzustellen. Die hohe Frequenz der Beiträge ist ebenso charakteristisch wie die Anonymität, die Fixierung auf Ressentiments, der missionarische Impetus und das überwiegend manichäische Weltbild der Autoren. Die provokative Demonstration von Intoleranz – insbesondere artikuliert als Fremdenfeindlichkeit und Rassismus – gehört ebenfalls zu den Merkmalen dieser relativ jungen Publizistik, die sich als Gegenöffentlichkeit zu den traditionellen Medien versteht und nach eigenen Gesetzmäßigkeiten operiert. Beleidigung Andersdenkender, Hetze gegen Gruppen, Hass, Billigung von Gewalt, Denunziation und Diffamierung gehören unter der Prämisse von Meinungsfreiheit zum Instrumentarium. Das Ausagieren von Vorurteilen und die Festlegung auf Feindbilder kennzeichnen die einschlägige Blogger-Publizistik, das intellektuelle und ethische Niveau ist bestimmt durch die Absenz von Hemmungen im Umgang mit den Trägern abweichender Meinungen.

D@ (8. 7. 2009)
Dieser hirnlose Mob soll sich ma an Kopp fassen und sagen: «Kürbis gedeihe».

Und wenn der hohle Kürbis dann groß genug ist, in ihrer Moschee ihren satanischen Herrscher um Hirn anbeten, aber überzeugend, sonst wird das nichts.

Sollte Satan dann tatsächlich ein paar Gehirnzellen bei einigen eingepflanzt haben, dann sollten sie noch anfangen zu denken. Wenn sie dann so beim denken sind, fällt ihnen vielleicht auf, daß es mehr tätliche Angriffe von denen gegen uns gibt, als umgekehrt. (Politically Incorrect — *http://www.pi-news.net*)

aloha (2. 7. 2009)
Der Mord ist zu verurteilen, allerdings gibt es jetzt eine islamische Gebärmaschine weniger. Ja, das ist zynisch, aber die Mos-

lems haben nun mal allen «Ungläubigen» den Krieg erklärt und wollen mit Waffengewalt und Massenvermehrung die Welt unterwerfen. Da heißt es letztendlich: die oder wir.

http://gesamtrechts.wordpress.com

nono68 (3. 7. 2009)
Allein das Wort «Russlanddeutsch» bereitet Bauchschmerzen. Schon mal versucht, sich mit einem zu unterhalten? Nicht möglich, da das deutsch sein nach dem Ausfüllen des Hartz4-Antrages endet. Da ist mein russisch besser als deren deutsch. Die meisten sind doch gar nicht deutschstämmig. Sondern jüdischer Abstammung...

(gesamtrechts)

nono68 (3. 7. 2009)
Den Unterschied zwischen einem Russlanddeutschen und einem Russen braucht man nicht zu kennen, weil es ihn nicht gibt. Das sind i. d. R. jüdischstämmige Leute, die hier nichts leisten, Eingliederungsbeihilfen und ALG2 kassieren und sich noch beschweren, hier in einem Plattenbau leben zu müssen und ihrer alten ach so idyllischen Heimat nachtrauern.

(gesamtrechts)

Wagria (8. 7. 2009)
Wieso eigentlich reden alle von Mord? Bisher steht doch nur fest, dass diese Frau durch ein von dem Deutschrussen mitgebrachtes Messer verletzt wurde und kurz darauf verstorben ist. Wenn wir das mal aus Mangel an Vergleichsfällen mit der weitaus häufigeren Konstellation «Musel sticht Deutschen ab» abgleichen, dann stellen wir fest, dass kaum ein Täter wegen Mordes verurteilt wurde. Oft blieb es bei Körperverletzung mit Todesfolge, weil Mordmerkmale oder auch nur Tötungsabsicht nicht zweifelsfrei nachgewiesen werden konnten. Aber scheinbar muss man Kanakenblut in den Adern haben, um in den Genus dieser Vorzugsjustiz zu kommen.

(gesamtrechts)

AchMachIchIhnPlatt (8. 7. 2009)
Hatte nicht mal vor Jahren ein junger Mohammedaner seiner schwangeren Deutschen Schlampe..., äh Freundin solange in den Bauch getreten, bis sie ihr Kind verlor, weil seine Sippe die Schwangerschaft seiner deutschen Freundin als Schande ansah???

«Komischerweise» hat man damals weder hysterisches Gejammer und Gehetze der Mohammedaner vernommen, noch doofsinniges Betroffenheitsgejaule unserer 68er-Idiotologen.

Naja, war ja auch nur eine Deutsche.

Und die sind ja bekanntlich in den Augen der schizophrenen Nazikinder (68er), als auch in den Augen der Mohammedaner, nichts als Dreck, um den es nicht schade ist.

Die faschistischen Mohammedaner und die 68er haben sich zusammengetan, um uns Deutsche abzuschaffen, das wird mehr und mehr für mich zur Gewissheit.

(PI)

doktor (8. 7. 2009)
Lachhaft, wie dort wieder die ganze Bandbreite linksgrünen Gutmenschenwahns aufgefahren wird.
Natürlich ist so ein Verbrechen in aller Schärfe und Deutlichkeit zu verurteilen.

Dennoch ist es erstaunlich, wie all die Morde begangen im Namen des Islam, egal ob Ehrenmord, oder Terroranschlag hier mit dieser einen herostratischen Tat aufgewogen werden sollen.

Abertausende Morde im Namen der islamischen Gesinnung, gegen den Totschlag eines Mannes, der im Zuge eines Gerichtsstreites eine Muslemin niedergestochen hat (weil diese ihn offenbar wegen Beleidigung angezeigt hatte) ... Wenn das mit vertauschten religiösen Überzeugungen geschehen wäre, wäre das ganze nicht mal eine Randnotiz in der BILD Zeitung wert gewesen, der Täter hätte 2 Jahre auf Bewährung und ein Anti-Aggressionstraining bekommen (wie es ja soviel hundert mal schon geschehen ist, siehe muslemische u-bahn Schläger et. al.). So aber wird dieser schlimme christliche Religionsfanatiker, der hier aus «niedrigen Beweggründen und Ausländerhass» gemeuchelt hat sicher lebenslang eingebuchtet.

(PI)

sun-tzu (8. 7. 2009)
Wäre diese Frau von ihrem Vater oder Bruder rituel geschächtet worden wäre, hätte sich niemand aufgeregt.

(PI)

Lena-hh (8. 7. 2009)
Ich meine, dass es mehr «scheiß-deutscher», «schlampe» und Schweinefleischfresser»- beleidigungen gibt, als leute, die sich trauen, gegen berufsbeleidigte anzustinken.

Merke: Deutsche haben sich gefälligst beleidigen zu lassen! Mohammedaner-Könige sind nicht einmal ausversehen schief anzugucken. Mohammedaner-Könige werden von allen seiten geschützt.

Soll es diesen edlen Pfauen doch an nichts fehlen.

Nun wurde so ein edler Pfau getötet!

(PI)

Totentanz (8. 7. 2009)
Wir MÜSSEN den Islam kritisieren, denn er ist eine unmenschliche Mordreligion, unter deren Herrschaft Millionen leiden und sterben.

Es bleibt uns nichts übrig, als dabei unsere Leben zu riskieren. Der Islam ist für uns Christen und für alle Atheisten und Säkularen ein System, das Unfreiheit, Hass, Mord und Gewalt bringt. Der Islam vernichtet alles andersartige. Ohne Rücksicht auf Leben, Kunst und Kultur.

(PI)

Totentanz (8. 7. 2009)
Meine Islamfeindlichkeit ist wieder um 25 Punkte gestiegen, auf 3443565464553646 Punkte. Meine Islamophobie hat den Wert 10 auf einer Skala von -10 bis 10 schon vor Jahren erreicht.
Ich reg' mich auf! Je weiter dieses dummdreiste Spiel getrieben wird, umso blutiger wird der Freiheitskampf werden. Ich ahne es...
(PI)

Norbert Gehrig (8. 7. 2009)
Wer als Grundlage seiner Ideologie ein Buch wie den «Koran» besitzt, in dem in über 60 Suren zum Mord an andersgläubigen und ungläubigen, speziell an Juden und Christen aufruft, kann gar nicht beleidigt sein.
(PI)

Shantana (8. 7. 2009)
Hauptsache das Pack kann mal wieder zeigen wie friedlich sie doch sind. Ich kann das nicht mehr sehen, ich will das nicht mehr sehen. Bei jedem Fliegenschiss mobilisiert dieses Gesochse Massen das es einen graust. Von denen geht doch sicher keiner einer geregelten Arbeit nach. Ist ja auch kein Wunder. Muss ja auch nicht, Vater Staat, der alte H****sohn, stopft es ihnen hinten und vorne rein und sorgt schon dafür dass den Schätzchen bloss kein Haar gekrümmt wird.

Würden wir bei jedem Deutschen der auf das Konto dieses *** geht so einen Affentanz veranstalten, wir kämen zu garnichts mehr. Und dieses Schild erst

Wolle Respäääkt unt wolle haben viiel Rache fürr ermordeäta Mullima! Alles bööse Nasis wolle Rache und wolle dies und wolle das

Sorry PI, aber mir gingen eben die Pferde durch
(PI)

ulil2us (8. 7. 2009)
Ich versteh die Aufregeung auch nicht. Ein Migrant ersticht eine Migrantin. Sowas steht fast jede Woche irgendwo in einer Zeitung. Bloss kommt das dann nicht im Fernsehen und auch Bild, Faz, TAZ usw berichten nicht drüber, wenns nicht in deren Originärem Verbreitungsgebiet passiert. Im Ausland nimmt davon schon gleich gar niemand Notiz. [...] ich glaub auch nicht, dass sich die Geschichte so wie von den Medien gemeldet zugetragen hat.

Ich denk mir das eher so, dass die Frau die Schaukel erst mal 10 Minuten belegt hatte, wie dann der Nachwuchs mal kurz keine Lust mehr hatte sind die kurz weggegangen und der Russe hat die Gelegenheit genutzt. Kurz drauf fällt dem Kind ein, es muss wieder schaukeln, vielleicht einfach, weil jemand anders die benutzt. Und der Russe ist dann gaaanz bestimmt, höflich und angemessen gefragt worden, ob er doch bitte die Schaukel räumen würde? Wohl eher nicht, die wird ihm wahrscheinlich die Hälfte aller arabischen Flüche und Beleidigungen, deren es recht viele geben soll an den Kopf geworfen haben.

Dass er die Sachen die ihm zur Last gelegt wurden gesagt hat, kann ich mir als Antwort darauf sehr gut vorstellen, hätte ich vermutlich nicht anders gemacht. Dann kommts, dass er dafür verurteilt werden soll und sich das nicht gefallen lassen will, was ihm gleich mal die doppelte Strafe einbringt. Und das war dem Staatsanwalt immer noch nicht genug.....

Es kann natürlich auch vollkommen anders gewesen sein, aber wenn ich mir das übliche Verhalten unserer Schätze so anschaue, glaub ich nicht wirklich dran. [...]

(PI)

Skandalos (8. 7. 2009)
Unterstellte islamfeindlische Stimmung? Unterstellt? Hallo? Ich bin islamfeindlich. PI ist islamfeindlich. Andere Blogs ebenfalls. Es sind die bestfrequentierten deutschsprachigen Blogs.

Unterstellt? Ich würde eher sagen «aber hoffentlich»!

Wer den Islam nicht als Feind erkennt, hat den letzten Schuß nicht gehört.

(PI)

1 bibi (8. 7. 2009)
Muslime haben genetisch einen Minderwertigkeitsgefuehl.... darum muessen sie allen den kleinsten «Fehler» zahlen lassen... auf jeden fall...

(PI)

FreeSpeech (8. 7. 2009)
Islam ist schädlich für Ihre Gesundheit. Insbesondere die geistige.

(PI)

Gegendemonstrant (9. 7. 2009)
Die Musels werden noch bezahlen, Freunde. Glaubt mir.

(PI)

Kybeline
Ich kann kein Mittleid für diese Frau empfinden. Ich weiß nämlich, wie arrogant sich diese Kopftuch-Schlampen mit ihrem Nachwuchs auf dem Spielplatz (und sonst im gesamten öffentlichen Raum) spreizen, als ob sie hier die Herren wären.

(http://gruene-pest.net/showthread.php?t=285241)

Karlo K. aus Hannover (8. 7. 2009)
Ich stelle die gewagte Behauptung auf:

Jeder klar denkende Mensch in Deutschland 2009 ist entweder islamophob (und das ist gut so), oder er ist ein Scharlatan oder/und schwachsinnig.

http://www.junge-freiheit.de/Single-News-Display.154+M5c991939055.0.html

Rudolf S. aus Pforzheim (8. 7. 2009)
Was heißt den hier Islamophobie? Natürlich und mit Recht, hat ein Teil der Bevölkerung Angst vor einer Religion, die offensichtlich zu einem nicht geringen Teil aus Terroristen und ihren Sympathisanten besteht. So viel ich weiß, wurden seit 9/11 mehr als 13 000 islamisch motivierte Terroranschläge mit unzähligen Toten und Verletzten weltweit verübt. Gerade erst haben Muslime zwei deutsche Bibelschülerinnen verstümmelt, vergewaltigt und anschließend bestialisch ermordet. Wo bleiben dazu die Proteste der hier ansässigen Muslime? Bei dem Vorfall in Dresden handelt es sich dagegen tatsächlich um einen Einzelfall. Ob der Täter vorher von Muslimen bedroht oder gar misshandelt wurde scheint niemand zu interessieren.
(junge freiheit)

Freddy Flopp aus RLP (8. 7. 2009)
Das ist keine Islamophobie.

Es ist vielmehr gesunder Menschenverstand, wenn man unseren «ach so liebenswerten Kulturbereicherern» aus islamisch geprägten Ländern, misstrauisch bezüglich ihrer meist sehr verqueren Realitätsvorstellung begegnet.
(junge freiheit)

Arthur German aus NRW (8. 7. 2009)
[...]
Islamphobie? Zu Recht! Was sollen wir denn von diesem mittelalterlichem Getue und Verhalten der Muslime begreifen? Daher der Hinweis, wer sich hier nicht anpassen will, gehe in ein muslimisches Land, in welchem seine Sitten und Gebräuche gelebt werden!

Hier und in ganz Europa seid ihr nur diejenigen, die eine unverschämte Forderung nach der anderen stellen ohne zu begreifen, dass der Westen nicht nach eurer Pfeife tanzen wird.
(junge freiheit)

Onkel Peter meint: (8. 7. 2009)
Ich stimme Andrea Dernbach zu (ja, ja, ich Arschloch), dass die Medienresonanz bemerkenswert zurückhaltend war;

Ich denke das ist einfach zu erklären. Denn ein aus Russland zugewanderter Bürger könnte ein sog. Deutschrusse sein, aber ebensogut ein Jude. Da würde ich mich, wäre ich Zeitungsredakteur schwer hüten mich zu weit aus dem Fenster zu lehnen wenn ich nicht genauestens über die Herkunft des Täters informiert bin. Außerdem, was soll man auch groß zu dem Fall sagen? Der Täter ist einfach ein Irrer. Ich weiß nach Überfliegen des Artikels beim besten Willen nicht was die Dernbach aus der Angelegenheit herauspressen möchte.

Die Generalsekretäre von ZDJ und ZDM machen gemeinsame Sache...

Dieser Mazyek versucht mit dem ZDJ ein Bündnis gegen unser Vaterland zu schmieden. So siehts aus.

http://fact-fiction.net/?p}2537

Mark Kant meint: (8. 7. 2009)
Auch die Instrumentalisierung dieses Falls dient nur einem Ziel, an dem weiter mit Hochdruck gearbeitet wird: Vernichtung Deutschlands durch Zuwanderung und Islamisierung.

(fact-fiction)

Gegendemonstrant (12. 7. 2009)
Muslime sind noch nie die Hellsten gewesen. Irgendwas scheint im Südland ganz böse schief zu laufen.

Vielleicht brennt ihnen die da unten die Wüstensonne zu stark auf den Kopf und das überträgt sich dann auch bei den hier Lebenden noch von Generation zu Generation. Man weiß es nicht. Aber dieser teilweise schon unfassbare Idiotismus bei Muslimen fällt immer mehr auf, vor allem in Konversationen.

(PI)

Hass und Häme als Kommunikationsprinzip: «Politically Incorrect»

Das Weblog «Politically Incorrect» hat sich als institutionalisierte Kampagne gegen eine Minderheit etabliert. Dort werden Stichworte zu dem zentralen Thema der Angst vor dem Islam vorgegeben, die dem verschwörungstheoretischen Ansatz folgen, es gebe einen «Ansturm» des Islam auf Europa. Der Islam drohe die Macht zu ergreifen, und man müsse dem widerstehen. Gesteuert und angetrieben aus der Mehrheit mit Überfremdungsängsten, wird die Minderheit der Muslime mit negativen Eigenschaften belegt. Die deutlichste Parallele zum Antisemitismus ist das religiöse Argument: Im 19. Jahrhundert wurden Juden als Feinde stigmatisiert, weil ihre Religion ihnen angeblich gebiete, aggressiv gegenüber Nichtjuden zu sein. Da faselten selbst ernannte Talmud-Experten dem Publikum vor, was alles an bösen Dingen im Talmud stehe. In der heute gängigen islamfeindlichen Literatur und im Internet finden sich genau die gleichen Argumente. Muslimen wird auf «PI» in gehässigen Tiraden die Vollwertigkeit als Menschen abgesprochen. Das hat eine unübersehbar rassistische Komponente. Der kulturell-religiöse Vorwurf allein bewegt die meisten Menschen in einer säkularisierten Gesellschaft nur noch wenig. Deshalb wird die islamische Religion zur politischen Ideologie erklärt. Und wenn die Zuschreibungen mit genetischen Eigenschaften vermischt werden und in die Behauptung münden, dass Muslime mindere Menschen seien, die weder integrationsfähig noch überhaupt assimilationswillig seien – auch das eine Parallele zum Antisemitismus –, dann liegt eine klassische Feindbildkonstruktion vor. Der Szene geht es um Angriffe auf die Menschenrechte von Bürgern, weil diese Muslime sind.

Ein Aufruf, den Tag der Urteilsverkündung gegen den Mörder von Marwa El-Sherbini am 11. November 2009 zu einer Demonstration vor dem Dresdner Gerichtsgebäude gegen die

Diskriminierung von Minderheiten zu nützen, löste in der «Politically-Incorrect-Gemeinde» heftige Erregung aus. Die Initiative zu der geplanten Demonstration ging vom Verein «Einladung zum Paradies» aus, dessen Vorsitzender, Muhamed Çiftçi, den Protest damit begründete, dass die Mordtat Ergebnis «der systematischen Hetze gegen Muslime – vor allem im Internet» gewesen sei. Die Blogger von «Politically Incorrect» fühlten sich ertappt und schrien auf: «So sind sie eben, die Moslems. Wie früher die Linken. Unfähig, sich der Kritik zu stellen, wird der Gegner verunglimpft. Pauschal werden alle Islam-Kritiker als die verunglimpft, die den Boden für die schreckliche Tat eines Verwirrten bereiteten.» Solchermaßen hatte ein Artikel auf «Politically Incorrect» die Sicht der Blogger auf Ursachen und Wirkungen dargetan.[12] Das wiederholte sich 2011 angesichts des Amoklaufs in Oslo und nach Aufdeckung der Morde der Zwickauer Neonazibande: Islamfeindliche Hetze soll nichts zu tun haben mit islamfeindlichen Verbrechen. Brandstifter neigen dazu, nach Ausbruch des Brandes die Hände in Unschuld zu waschen. Auf «PI» machten in diesem Sinne zahlreiche Blogger ihrer Empörung Luft, vor allem erboste sie, dass von vielen die Kontrolle bzw. Löschung von Hass- und Hetzparolen im Internet gefordert wurde.

Eine repräsentative Auswahl aus rund 250 Meinungsäußerungen, die nach Bekanntwerden des geplanten Protests am 10. November 2009 im Weblog «Politically Incorrect» abgegeben wurden, wird im Folgenden dargestellt und kommentiert. Der Grundtenor der meisten Statements ist rechthaberisch auftrumpfend und lässt auf ein hermetisches Weltbild schließen, das nur Freunde und Feinde kennt und durch Argumente nicht zu erschüttern ist. Kollektive Zuschreibungen von Charaktereigenschaften, gründend auf angeblichen Postulaten der islamischen Religion, kennzeichnen das Denken. Die Gesamtheit aller Muslime wird als kollektiver Feind stigmatisiert. Als «Beweise» dienen Koranverse und Schuldzuweisungen, die sich auf einschlägige Ereignisse (11. September, Fatwa gegen

Salman Rushdie u. Ä.) beziehen oder Stereotype transportieren wie Ehrenmorde, die Misshandlung muslimischer Frauen, der Taqiya-Vorwurf. Das arabische Wort «Taqiya» ist zu übersetzen als «bei Gefahr verbergen» und bedeutet, dass sich ein Muslim nicht als solcher zu erkennen geben muss, wenn er dadurch sein Leben gefährden würde. Muslimfeinde haben daraus eine angebliche religiöse Vorschrift, das «Täuschungsgebot», konstruiert, das Betrug gegenüber Ungläubigen nicht nur straflos mache, sondern ausdrücklich anordne.

Ein Kommentar, der sich gegen die Argumentation wendet, den Islamkritikern gehe es darum, einen Generalverdacht gegen Muslime zu verbreiten, um den Vorwurf, der Islam sei schlechthin eine Gewaltideologie und so juden-, frauen-, homosexuellen- und demokratiefeindlich, dass die Integration seiner Anhänger in westliche Gesellschaften scheitern müsse, entfaltet die Denkweise der «Islamkritiker» in extenso: «Der Islam ist also Deiner Meinung nach nicht: judenfeindlich? Auch nicht frauenfeindlich, homosexuellenfeindlich, demokratiefeindlich? Dann will Ahmadinedschad nicht Israel vernichten, wie er es wiederholt verkündet hat – den Frauen geht es prima in den vom Islam regierten Länder? Es gibt dort keine Zwangsheiraten, keine Ehrenmorde – alles nur Einbildung? Homosexuelle leben unbeschwert in diesen Ländern, werden weder diskriminiert noch verfolgt? Und überall dort herrscht Demokratie und Freiheit? Oder glaubst Du, der Islam in den arabischen Ländern ist ein anderer als der hiesige? Und wenn Du das glauben solltest, dann erkläre es uns – wir glauben das nämlich nicht! Erst recht nicht, wenn Muslime bei ihren Demos hier in unseren Land laut gegen Juden hetzen, wenn unsere Regierung jetzt über ein Gesetz gegen Zwangsverheiratungen nachdenkt, wenn ‹Ehrenmord› ein geläufiger Begriff bei uns geworden ist, wenn Frauenhäuser voll sind mit muslimischen Frauen! Dein pseudowissenschaftliches Gerede von ‹rechtspopulistischer Propaganda› hält leider den Fakten nicht stand – was ist denn über ‹linkspopulistische Propaganda› zu erfahren? Ich fordere Dich auf, mal etwas tiefer in die Materie einzusteigen, den Koran zu lesen, Dich in muslimischen blogs umzugucken, Dich mit insidern wie Frau Ateş, Frau Hirsi Ali, Frau Çileli, Frau Kelek, auch mit Frau Mina Ahadi (übrigens eine ‹Linke›) zu beschäftigen, bevor Du hier mit pseudowissenschaftlich verbrämten Thesen uns Vorurteile, Unkenntnis, ‹extremistische Thesen› unterstellst. Auch Giordano, zweifellos nicht in ‹Verdacht›, rechtsextrem zu sein, wäre eine gute Hilfe, **Deine Vorurteile abzubauen – denn bei Dir da sitzen sie fest – die Vorurteile!**» (Biggy, 10. Nov. 2009).

Eine Äußerung reduziert den islamfeindlichen Mörder auf dessen Verhaltensauffälligkeit und benennt Thilo Sarrazin, dessen Buch noch nicht erschienen war, der sich aber schon in dem im Oktober 2009 erschienenen «Lettre»-Interview abfällig über Muslime geäußert hatte, als Kronzeugen für die Berechtigung von Ressentiments gegen Muslime: «So schlachten die Islam-Anhänger den Mord eines offenbar Verwirrten für ihre Belange aus – unfaßbar glücklich, daß sie nun wenigstens diesen einen Anhaltspunkt sehen, die nur allzu berechtigte Kritik an ihre Politreligion auszuhebeln. Während wir auf der anderen Seite Überfall auf Überfall, Mord auf Mord nicht zu thematisieren wagen. Das ist so grotesk und spitzt sich dermaßen zu, daß dieses Mißverhältnis so allmählich, im Verein mit Augenöffnern wie Thilo Sarrazins Interviewäußerungen, durchzusickern beginnt.

Ich selbst lasse im persönlichen wie beruflichen Umfeld keine Möglichkeit aus, das Gespräch darauf zu bringen, und sei es nur in Form eines Nebensatzes an passender Stelle. Mit ermutigendem Erfolg.» (Kara Ben Nemsi, 10. Nov. 2009)

Antieuropäische Ressentiments kennzeichnen einen Beitrag, der sich auf einen kurz zuvor im Internet publizierten Text bezieht, der betitelt ist «Der Wind dreht sich im Volke». In Verschwörungsphantasien werden «europäische Eliten» beschworen, die «das Böse» planen. Die Sorge, «Islamkritik» könnte unter Strafe gestellt werden, verführt den Verfasser zum Vergleich der Situation mit der beim Entstehen des «Dritten Reiches». Er wähnt sich am Beginn einer Diktatur, die irgendwie mit Duldung (oder auf Initiative) der Europäischen Union vom Islam errichtet wird: «Deshalb werden sie jetzt mit aller Gewalt zurückschlagen... Die Werkzeuge kommen Bald:

Lissabon Vertrag = 3 Jahre Knast für Islamkritik !!!! Übergangsweise sind so nützliche Vorfälle wie der Gerichtsmord geeignet um uns einen Maulkorb zu verpassen! Ich habs oft genug geschrieben... Die werden sich NIE kampflos geschlagen geben.

Eher ziehen sie ganz Europa in den Untergang!!! ich fürchte auch wie du, dass viel zu wenig menschen sich der ungeheuerlichkeit bewusst sind, die auf uns zukommt. Viel zu wenige begreifen oder können es nicht glauben, dass es das böse wirklich gibt, dass es menschen gibt, wie die europäische ‹eliten›, denen die demokratie ein dorn im auge ist. Viel zu wenig menschen begreifen, dass mit dem lissabonvertrag der errichtung einer ungeheuren diktatur die tore weit geöffnet wurden. die eu hat sich ja schon abgesichert, wie du richtig sagst, islamkritik unter gefängnisstrafe, schiessbefehl bei aufständen, hereinholung von fremden truppen, wenn die eigenen nicht auf ihre leute schießen wollen, todesstrafe. wir haben uns oft gefragt, wie hat es zum dritten reich kommen können. wir erleben es zur zeit. indem sie die ‹eliten› gekauft und bestochen haben, langsam ein klima geschaffen, indem viele opportunisten gibt, die mitmachen um des eigenen vorteils willen. und viele machen mit, weil sie in einer diktatur ihre einzige chance sehen, an der macht teilzuhaben, was ihnen in einer demokratie mangels hirn und einfluss nie gelingen könnte. Sie sehen sich schon an der macht und freuen sich, endlich einmal so richtig mit zustimmung der eu die sau rauslassen zu können, sich für all die demütigungen, die sie erlebt haben, weil sie eben dumm und unfähig sind, an den gescheiten, den reichen, den wohlhabenden, an allen rächen zu können, diese nicht nur ungestraft, sondern mit zustimmung demütigen zu können. wer ähnlichkeiten mit dem islam sieht, hat recht.» (Wien 1529)

Auch die folgende Äußerung hat einen verschwörungstheoretischen Hintergrund. Der Verfasser unterstellt (wem?) die Absicht, den Dresdner Mord als Anlass zu nutzen, «Islamkritik» zu unterbinden, und erklärt die Motive des Täters als undifferenzierten Fremdenhass und als Ergebnis seiner Verhaltensgestörtheit. Dass der Russlanddeutsche Alex W. durch die Lektüre islamfeindlicher Propaganda motiviert gewesen sein könnte, weist er als lächerlich zurück. Dafür denunziert er den Zentralrat der Muslime und dessen Vorsitzenden Mazyek im Zusammenhang mit antisemitischen Schmierereien an der Dresdner Synagoge: «Der Mord an Marwa S. wird ganz bewußt instrumentalisiert, um einerseits einen Anlaß zu schaffen, der die Islamkritik in D zum Schweigen bringen soll, und andererseits politische und religiöse Vorteile aus dem Mord heraus zu schlagen. (In dieses Grundmuster paßt auch die Instrumentalisierung der ‹gerade rechtzeitig› erfolgten antisemitischen Schmierereien an der Dresdner Synagoge durch den ZMD/Mazyek, wobei aufgrund des Inhalts ein muslimischer oder entsprechend ‹sympathisierender› Hintergrund sehr wahrscheinlich sein dürfte.) Zwar ist ein undifferenzierter Fremdenhaß beim Täter deutlich erkennbar, daß er sich diesen auf diversen ‹Anti-Islam-Seiten› sozusagen erst ‹zugezogen› haben soll, ist geradezu lächerlich. Alex W. gilt zwar als voll schuldfähig, ist aber verhaltensgestört, weswegen er bereits aus der russischen Armee ausgemustert worden war. [...] Alles das wirkt auf mich wie eine insgesamt ‹konzertierte Aktion›, und es fällt schwer, hier nicht direkte, gewollte, ja forcierte Zusammenhänge zu vermuten.» (Tom62)

Ein Autor konstatiert Hetze gegen die Deutschen, die er in der Opferrolle sieht: «Ja, hetzt ruhig weiter gegen die Deutschen. Die Gesellschaft wird durch solche Aktionen immer kranker und irgendwann werden noch mehr Leute durchdrehen. Aber dafür können die Gutmenschen dann ja wieder nix. Propaganda-Affen!» (Soziophober)

Ein anderer Kommentar hält Hetze dem Islam für wesensimmanent: «Ist Hetze nicht ein fester Bestandteil des Islam? So etwas wie Kritik gibt es doch in dieser Gesellschaftsform gar nicht. Kritik ist immer gleich Hetze und den weichen Lösungsweg in Form einer sachlichen Diskussion gibt es doch eigentlich auch nicht. Dort geht man dann doch lieber gleich in Zorn über, welchen man immer als Ehre auslegen kann.» (Graf von Monte Christo)

Die vorgeschlagene Verschiebung des Karnevalsauftakts in Dresden am 11. 11. wegen der Urteilsverkündung im Gerichtsmordprozess missbilligt der Verfasser einer weiteren Botschaft: «1972 gingen nach vielfachem Mord die ‹Spiele› in München weiter. Jetzt verschiebt sogar eine beabsichtigte Urteilsverkündung im Mordfall, noch bevor sich Musels beleidigt zeigen, den Karnevalsauftakt einer ganzen Stadt. Tüchtig, tüchtig, eklige deutsche Schleimer.» (Ingmar)

Ausführlich wird im nachfolgenden Beispiel die Islamfeindschaft mit der liberalen Einstellung des Autors begründet. Gleichzeitig äußert er Verachtung gegenüber der 1968er Bewegung, deren Gipfel er im Multikulturalismus sieht. Diesem gilt das eigentliche Verdikt: «Den Vorwurf der Fremdenfeindlichkeit muss ich für meine Person und die Mehrheit der PI-Kommentatoren entschieden zurückweisen. Sind es doch gerade ehemalige Moslems wie z. B. Frau Minadi, Frau Kelek oder Frau James, die unsere Anerkennung erhalten. Ich hatte in den 80er Jahren freundschaftliche Kontakte zu eritreischen Fluchtlingen. Meine islamfeindliche Haltung entwickelte sich nach dem Todesurteil gegen Salman Rushdie. Und ich sehe leider keinen Anlas, meine islamfeindliche Einstellung zu revidieren. Es ist gerade mein Liberalismus und mein Eintreten für die demokratisch legitimierte Herrschaft und den säkularen Staat, die meine islamfeindliche Einstellung begründen. Eine theokratische Ordnung, die Glaubensabtrünnige mit dem Tod bestraft, kann ich nur als eine grausame Herrschaftsform der Vormoderne verstehen. Ich glaube auch allen Grund zu haben, für die 68er ein gewisses Maß an Verachtung zu haben. Ich kann mich erinnern, dass die damalige rebellische Jugend gegen alte Traditionen ankämpfte (was ich auch immer begrüsste), die aber in den frühen 70er Jahren für die parlamentarische Ordnung und eine marktwirtschaftliche Wirtschaftverfassung nur Hass empfand. Von diesen Auffassungen distanzieren sich heute fast alle damaligen Aktivisten. Ihre damalige Bourgeoisieverachtung – wahrscheinlich genährt durch etliche Filme von Chabrol – konnte man in gewissen Grenzen teilen, waren sie nicht heute selbst Vertreter eines bräsigen und autoritären Establishments. Heute erliegen sie einer anderen Ideologie, die der Entfaltung von Emanzipation und Menschenrechten alles andere als förderlich ist: Der Multikulturalismus. Das naive Anerkennen fremder Kulturen ist das arrogante Verweigern individueller Menschenrechte für Angehörige eben dieser Kulturen. Die Multikulturalisten sind genau genommen die Rassisten der Gegenwart.» (pinetop)

Es ist nicht erkennbar, dass das Grundrecht der Meinungsfreiheit in Gefahr ist, dafür sind Weblogs wie «Politically Incorrect» Beweis genug, wenn es denn der Beweise bedarf. Die Verteidigung der Meinungsfreiheit ist in Wirklichkeit ein Angriff, der vorgeblich eine inszenierte bzw. imaginierte Bedrohung abwehren soll. Dass der folgende Autor im Wortsinn zu den Waffen ruft, auch gegen die politischen Parteien Grüne und Linke, zeigt die aggressive Stimmung gegenüber Andersdenkenden und Missliebigen: «Also das war jetzt der Tropfen, der das Faß endgültig zum überlaufen gebracht hat! Laut Grundgesetz steht uns Deutschen das Grundrecht auf freie Meinungsäußerung zu. **Ganz besonders in unserem eigenen Vaterland. Und das lassen wir uns von niemanden nehmen !** Ganz und garnicht von ein paar dahergelaufenen Fanatikern einer menschenfeindlichen Ideologie, die sich als Religion tarnt ! Zudem hier auf Political Incorrect über reale Dinge und

Tatsachen berichtet und gesprochen wird, und nicht beschönigt und verharmlost wie in den Mainstream Medien. Jetzt ist es wohl mal an der Zeit, sich gemäß Artikel 20 b des Grundgesetzes mit Waffengewalt zur Wehr zu setzen. Auch gegen politische Parteien wie die Linke oder die Grünen, welche Verfassungsverrat und Hochverrat am eigenen Volk betreiben!» (Aberhoppla)

Das Selbstgefühl des nachfolgend zitierten PI-Bloggers ist sicherlich ebenso repräsentativ für die Szene, wie es sich der Kommentierung entzieht: «Ja klar, so weit kommts noch!!! Nur weil irgendso'n Spinner eine Muslimin ermordet hat sind alle Leute, welche die aktuelle Situation rationel betrachten, Hetzer und Rassisten.» (Oppeano)

Das gilt auch für den Zuruf, der die Feinde – Linke, Grüne, Muslime – in eine Reihe stellt: «Kölle Allaf, Dresden Allah! Man passt sich den neuen Herren an! LinkInnen, GrünInnen und MohammedanerInnen sind per se unfähig zur Selbstkritik.

Ihre Domäne ist der Angriff, das Fordern, das Denunzieren.

Im Austeilen sind sie Weltklasse, im Einstecken unterste G-Jugend in der Provinz. Die links-grün-mohammedanische Welt war solange in Ordnung, wie sie die Lufthoheit im Diskurs für sich gewinnen konnten. Aber der Sozialismus hat sich heute vor 20 Jahren als Flop erwiesen, die Erdtemperatur steigt auch nicht wie erhofft und im Sarrazin-Zeitalter kommt auch die Mohammedanisierung des ehemaligen Europas auf den Prüfstand. Und so werden sie unruhig, die links-grün-mohammedanischen DemagogInnen und HetzerInnen, sie spüren, wie das Pendel wieder in Richtung des aufgeklärten, okzidentalen Bürgertums ausschlägt. Wir können den links-grün-mohammedanischen HetzerInnen nicht das Lügen verbieten aber wir können sie zwingen, immer dreister zu lügen!» (Eurabier)

Johlende Häme ist das Stilmittel der Szene. Die folgende Einlassung wendet sich an einen PI-Blogger, der beiläufig seine Herkunft aus Marokko erwähnt hatte: «Du kommst also von dort, wo kein Bus mit aufgepumpten Reifen pünktlich fahrt und regelmäßig die Rasierer ausverkauft sind, wenn einer Eurer Propheten-Brüder vor der marokkanischen Polizei stiften geht? Bleib' Du bei Berber, Kuskus und Semel und ich bleibe dabei mich zu wehren, wenn mir meine Heimat und Kultur unter dem Arsch weggezogen wird.» (Hausener Bub)

Der folgende Kommentar ist ein bemerkenswertes Indiz dafür, dass die Ressentiments des Schreibers fixiert sind unter Ablehnung überprüfbaren Wissens. Die Überzeugung, dass Muslime ständig Böses vollbringen, ist ihm Beweis genug: «Wer jeden Tag die Nachrichten verfolgt dem wird richtig schlecht, da machen die Moslems den Koran alle Ehre vollbringen all das Böse was in diesen Buch steht. Ich brauche keine Zeile zu lesen vom Koran, der Moslem zeigt mir wessen Geist dieses Buch ist. Man braucht nicht über irgendwelche Suren diskutieren. Jeden einzelnen Tag im Jahr beweisen Moslems die dunkle Kraft dieses Buches.» (zweitonklang)

Arroganz gegenüber Muslimen, denen unberechtigte Wehleidigkeit und Feigheit vorgeworfen werden, wird im Folgenden demonstriert, um Agitation, Diktion und Ton von «PI» zu rechtfertigen: «Ach ja, – das ewige mohammedanische Gekläff wegen PI; soll doch irgendeiner dieser inflationierenden muslimischen Verbände seinen Mut zusammennehmen und PI verklagen. – Sie tun's natürlich nicht! – Und warum? – Weil sie einige saftige Backpfeifen beziehen würden.» (Lehrer L)

Kulturpessimismus motiviert die Diagnose gesellschaftlicher Fehlentwicklung durch den Verfasser der folgenden Botschaft, die der «linken Presse» und den öffentlich-rechtlichen Medien die Schuld daran gibt, aber auch Rezepte für die Therapie bereithält, nämlich die Meinungsvielfalt zugunsten von PI zu reduzieren: «Aus den düsteren Zeiten als es noch kein PI gab, ist noch viel aufzuarbeiten. Die linke Presse konnte jahrzehntelang ungestört ihr Gift verbreiten. Es hat viele Opfer gegeben, in erster Linie Israel und die Juden, wer vor 15 Jahren GEZ-TV über Israel sah der war meistens wütend über die bösen Juden, die das friedensliebende Pali-Volk knechteten. Aber auch viele andersdenkende Demokraten wurden und werden bis heute verleumdet. Deshalb noch mehr Berichte über Israel und die Juden, um die subtile Propaganda der Medien von der GEZ, Spiegel und TAZ etwas entgegen zu setzen. Wir müssen uns schämen, das es auf deutschen Boden wieder Medien gibt die Juden verleumden. Wir sollten Aufhören sie mit unseren besseren Beweisführungen überzeugen zu wollen, das ist sinnlos. Es wird uns nur gelingen, eine Wende herbeizuführen, wenn wir sie von ihren Fleischtöpfen trennen. Die Zahl der Abos zu reduzieren. GEZ Zahler reduzieren. Kostenlose Werbezeitungen der Strohhalm vieler Zeitungen, Einwurf verbieten. Werbekunden der Medien anschreiben und anschwärzen. Links auf PI setzen.» (zweitonklang)

Eine beliebte Methode der Stigmatisierung von Minderheiten ist der Verweis auf die Statistik; insbesondere die Kriminalstatistik liefert anscheinend eindrucksvolle Beweise für die von Muslimen ausgehenden Gefahren. Allerdings sind die Angaben frei erfunden, denn es gibt keine Statistik, die Gewaltverbrechen religiösen oder kulturellen Gemeinschaften zuordnet: «Wenn z. B. 70% (Zahl ist nur eine ungefähre Annahme) aller Gewaltverbrechen in Deutschland von Moslems begangen wird, hört sich das schon sehr gewaltig an, wenn man jedoch die Verhältnismäßigkeit betrachtet, sind die Zahlen geradezu schockierend. Zur Verdeutlichung: Wenn in Deutschland 82 Millionen Leute wohnen und davon 4 Millionen Moslems sind, haben wir folgendes Verhältnis: 70% Gewaltverbrechen Moslems, 30% Gewaltverbrechen Nichtmoslems – Es werden also von Moslems 2,33 mal soviel Gewaltverbrechen begangen wie von Nichtmoslems. 4 Millionen Bürger Moslems, 78 Millionen Bürger Nichtmoslems = ca. 5% Moslems und 95% Nichtmoslems. 5% ist ein 20tel der Bürger, will also heißen, dass Moslems 2,33 x 20 = 46,66 mal so häufig Gewaltverbrechen begehen wie Nichtmoslems. Und die Zahlen waren sehr niedrig angesetzt und vieles nicht berücksichtigt. Wenn ca. 50 mal höhere Gewaltbereitschaft kein Grund zur Besorgnis ist, was dann?» (felixhenn)

Der Befund ist eindeutig: Nicht wenige Bürger verspüren ein erhebliches Bedürfnis, sich öffentlich zu äußern über Probleme, die sie bewegen. Das Internet bietet ihnen dazu Möglichkeiten, die es nie zuvor gab. Anders als in Leserbriefen, die in der Zeitung ein durch die Auswahl nach Kategorien wie Sitte und Anstand, Sprachvermögen, inhaltliche Relevanz beschränktes Forum bieten, ist die Mitteilung im Internet weder formal noch inhaltlich noch moralisch durch Regeln begrenzt oder allenfalls geringfügig, wenn es für den Anbieter der Plattform juristisch heikel zu werden droht. Die Meinungsäußerung erfolgt im Schutz der Anonymität.

Manischer Mitteilungsdrang, der sich in ausufernder Polemik, in reflexhaften und gleichförmigen Reaktionen auf verbale Reize Luft verschafft, charakterisiert die Blogger-Szene, die das Thema «Islamkritik» mit Krawall traktiert. Für die verächtliche, höhnische, beleidigende Entrüstung, die das wichtigste Merkmal dieser Art Kommunikation bildet, wurde 2011 das grässliche Wort «shitstorm» zum Anglizismus des Jahres gewählt. Es ist ein Symbol: Durch Beschimpfung und Hass werden die im Bürgertum verbreiteten Bedrohungs- und Verlustängste agiert und Ansprüche auf Deutungshoheit erhoben über das Eigene gegenüber dem Fremden. «Europa den Europäern», lautet die ausgrenzende Parole, die den Islam zum wichtigsten Kennzeichen der Fremdheit stilisiert und über die Religion alle Muslime diskriminieren will.

Gespräch mit Bekir Alboğa: Respektvoll miteinander umgehen

Bekir Alboğa wurde 1963 in Konya geboren, er besuchte die Schule in der Türkei bis zum Abitur 1980, dann kam er in die Bundesrepublik, in der sein Vater als einer der ersten Gastarbeiter bei VW in Kassel beschäftigt war. Bekir Alboğa studierte in Göttingen und Heidelberg Islamwissenschaften und Publizistik, ab 1995 arbeitete er als Imam und Bildungsreferent an der Moschee in Mannheim. Seit 2004 ist er Dialogbeauftragter der DITIB.

Sie sind Referent für interreligiöse und interkulturelle Zusammenarbeit der DITIB, der Türkisch-Islamischen Union der Anstalt für Religion. Was ist das für eine Einrichtung, und was machen Sie konkret?
Ich bin Bundesdialogbeauftragter und Referatsleiter für interreligiöse und interkulturelle Zusammenarbeit der Türkisch-Islamischen Union der Anstalt für Religion, der mitgliedsstärksten muslimischen Dachorganisationen in Deutschland, die kurz DITIB genannt wird. Es ist ein nach dem deutschen Vereinsrecht gegründeter deutscher Dachverband türkisch-muslimischer Moscheegemeinden. Mit mehr als 900 Moscheen und Kulturvereinen ist er deutschlandweit bestens vernetzt, trägt seit 1984 Sorge für die Beschaffung von Religionsbeauftragten, der Imame und Religionsgelehrten für die DITIB-Moscheegemeinden und hat sich auch seelsorgerisch auf die Bedürfnisse der Muslime in Deutschland eingestellt. Als Dachverband betreut DITIB die in ihr organisierten Landesverbände und die lokalen Moscheegemeinden in religiösen, sozialen und auch organisatorischen Fragen. Wir haben folglich zwei Struk-

turen, einmal die Dachorganisation in Köln und dann die Landesreligionsgemeinschaften in einzelnen Bundesländern. Sie alle werden in erster Linie von den Moscheegemeinden vor Ort getragen, die wiederum von DITIB betreut werden. Um als Religionsgemeinschaft anerkannt zu werden, muss man sich in Deutschland auf regionaler Ebene ja in solch einer Form organisieren, weil es Ländersache ist, Religionsgemeinschaften anzuerkennen. Meine Aufgabe in der Religionsgemeinschaft der Muslime ist die Koordination der interreligiösen und interkulturellen Zusammenarbeit. Aber mein Wirkungsbereich übersteigt dieses Arbeitsfeld, also, ich bin nicht nur Bundesdialogbeauftragter, ich habe DITIB auch beim nationalen Integrationsgipfel sowie bei der Deutschen Islamkonferenz in mehreren Arbeitsgruppen vertreten. Darüber hinaus bin ich zum dritten Mal Sprecher des Koordinationsrates der Muslime in Deutschland für DITIB und habe zusammen mit einem Projektteam in den letzten sieben Jahren etwa 2000 ehrenamtliche Dialogbeauftragte ausgebildet, die sich in den Moscheegemeinden für interreligiöse und interkulturelle Arbeit ehrenamtlich engagieren. Ich betreue sie deutschlandweit, nehme an Veranstaltungen teil, vertrete DITIB auch sehr oft beim Deutschen Evangelischen Kirchentag oder beim Deutschen Katholikentag. Universitäten, Hochschulen, Schulen, Kirchengemeinden oder jüdische Synagogengemeinden sind gleichfalls meine Ansprechpartner. Außerdem haben wir jetzt zusätzlich Multiplikatoren und Landesdialogbeauftragte eingesetzt, deren Koordination ebenso meine Aufgabe ist, immer im Zusammenhang des interreligiösen und interkulturellen Gesprächs. Wir kooperieren deutschlandweit, um die interkulturelle und interreligiöse Zusammenarbeit zu fördern.

Wie viele Moscheen und Moscheegemeinden gibt es in Deutschland?

In Deutschland gibt es ca. 2500 Moscheegemeinden, und der Koordinationsrat der Muslime in Deutschland, dessen Sprecher ich momentan bin, vertritt gut 2400 Moscheegemeinden. Damit ist der Koordinationsrat ein berechtigter Vertreter muslimischer Religionsgemeinschaften in Deutschland.

Wie viele Menschen türkischer Abstammung, die in Deutschland leben, als deutsche Bürger oder als Gäste, praktizieren die Religion des Islam?
Das ist nicht einfach zu beantworten, denn es gibt Muslime, die regelmäßig den Islam praktizieren, d. h. fünfmal am Tag beten, in jedem Jahr im Fastenmonat fasten, die Pilgerfahrt nach Mekka unternehmen, wenn sie finanziell und gesundheitlich in der Lage dazu sind, und 2,5 Prozent ihres Hab und Gut jedes Jahr an die Armen entrichten. Man könnte sagen, dass schätzungsweise gut 40 Prozent, vielleicht 50 Prozent dieser Muslime den Islam in diesem Sinne praktizieren. Es kommen dazu noch 20–30 Prozent der Muslime, die z. B. nur zweimal im Jahr, am Ramadanfest und am Opferfest, am Gebet teilnehmen. Trotzdem zählen auch diese zu den praktizierenden Gläubigen und zur Religionsgemeinschaft, auch wenn sie die täglichen Gebete selten oder kaum vollziehen, da die Religionspraxis auf mehreren verschiedenen Säulen, Geboten und Handlungen basiert. Daher können diese Zahlen auch nur Schätzwerte sein, da Gläubigkeit und Praktizierung der Religion zum einen faktisch nicht zu erfassen ist, zum anderen es sich auch nach muslimischem Verständnis nicht geziemt, diesbezüglich Festlegungen vorzunehmen, da dies sozusagen eine Privatangelegenheit zwischen jedem Gläubigen und Gott ist.

Der Hintergrund dieser Frage ist natürlich die Vermutung, alle in Deutschland lebenden Menschen, die pauschal von außen her als Muslime definiert werden, seien fanatische Anhänger einer Religion und hätten nichts anderes im Sinn, als von früh bis spät ihre Religion zu leben. Also, wie fromm sind Muslime?
Muslime sind nicht frömmer als eine praktizierende jüdische oder praktizierende christliche Gemeinde. Vielleicht ist die

Zahl der praktizierenden Muslime im Vergleich zu der jüdischen oder christlichen Gemeinde größer, das könnte man statistisch erfassen. Was heißt für sie aber Frömmigkeit? Das Wort oder das Phänomen Frömmigkeit ist für sie gar nicht relevant, sie praktizieren einfach ihre Religion. Es herrscht bei uns hinsichtlich der Religionspraxis Pluralismus, es gibt Kopftuch tragende Frauen aus religiösen Gründen, es gibt auch Frauen, die kein Kopftuch tragen, es gibt betende Muslime, nicht betende Muslime, nicht fastende Muslime, und deren Anzahl ist nicht gering zu schätzen. Neuerdings gibt es das Phänomen Kulturmuslime, die sich kulturell zum islamischen Religionsraum zählen, aber sie praktizieren die Religion nicht.

Von «Islamkritikern» wird gerne das Argument gebraucht, man könne die islamische Religionsgemeinschaft nicht verlassen. Es gibt in den Reihen derer, die gegen den Islam agitieren, aber auch solche, die selbst aus der islamischen Gemeinschaft kommen. Wie ist das zu beurteilen?
Der Islam ist eine Religion, deren Hauptquelle, der Koran, eindeutig verbietet, im Namen des Glaubens Gewalt anzuwenden. Man darf niemanden zwingen, den Islam anzunehmen, aber auch nicht, im Islam zu bleiben. Es gibt keinen Taufschein, es gibt keine Taufe, es gibt kein verbindliches Eintreten in den und kein Austreten aus dem Islam. Wenn ein Mensch sagt, ich glaube mit dem Herzen, mit dem Verstand, dass es nur einen Gott gibt, und ich glaube, dass Muhammed Gottes Gesandter ist, dann ist er Muslim. In dem Moment, in dem man als Mitglied der muslimischen Religionsgemeinschaft anerkannt werden möchte, für den Fall z. B., dass man stirbt und als Muslim von der muslimischen Gemeinschaft bestattet werden möchte und dass das Totengebet verrichtet werden soll, dann kann man sich eine Bescheinigung geben lassen, die besagt, dass nach eigener Aussage diese Person Muslima bzw. Muslim ist. Eine amtliche Handlung und Bestätigung gibt es aber nicht, und dessen bedarf es auch nicht.

Dass manche Islamkritiker aus dem islamischen Raum den Islam heftiger kritisieren als andere Kritiker nichtmuslimischen Ursprungs, hängt mit einer unterschiedlichen Motivation zusammen. Unter Islamkritikern aus dem islamischen Raum gibt es welche, die Atheisten sind, die aber ihren Atheismus verheimlichen. Es gibt aber auch diejenigen, die eine laizistische Ideologie verfolgen, wenn sie die Religion bekämpfen; gleichzeitig kann jemand aber auch Laizist und säkular eingestellt sein und keine Religion bekämpfen. Andere sind aber Laizisten, die die Religion und den Islam permanent kritisieren. Diese Sorte von Islamkritikern hat ständig die Bekämpfung jeder Art von Religion im Hinterkopf. Die Religion ist ihr Feind. Es ist natürlich nicht sexy in Deutschland, das Christentum zu kritisieren oder das Judentum zu kritisieren. Nach dem 11. September wurde es Mode, immer den Islam anzugreifen, und warum sollte man gegen den Strom schwimmen? Was haben sie erreicht? Jene Kritiker des Islam wurden bekannt, sie wurden gewürdigt, sie bekamen Preise, ihre Bücher verkaufen sich sehr gut. Sie haben sich daran bereichert und werden von der deutschen Öffentlichkeit, Presse und Politik hoch geschätzt. Sie bekamen plötzlich eine Anerkennung, von der sie vorher nicht einmal träumen konnten. Man hat sie richtig gefördert; anders kann man das nicht erklären, warum diese Leute plötzlich anfingen, an Akademien zu unterrichten, ihre Bücher zu verbreiten, in Talkshows aufzutreten.

Das Folgende ist ein verbreitetes Stereotyp: Gibt es einen Gegensatz von Scharia und Grundgesetz? In der Propaganda von Muslimfeinden spielt dieses Argument ja eine ganz zentrale Rolle.

Im Einzelnen kennen diese Leute das Wesen der Scharia nicht, oder sie wissen darüber Bescheid, sind aber insgesamt feindselig gegenüber dem Islam eingestellt. Scharia ist kein statisches Gesetzeswerk. Scharia ist eine Denkweise, d. h., die muslimischen Gelehrten, die im 10., 11., 12. Jahrhundert gelebt haben, hatten eine andere Denkstruktur entwickelt als die muslimischen Gelehrten heute im 21. Jahrhundert. Es kommt auch auf den Ort an. Wenn jemand in Mekka lebt, entwickelt sich ganz logisch eine andere Denkstruktur. Die Umgebung, die Gesellschaft, das Studium, die Universität, die Schule, die religiöse Erziehung, all dies spielt bei der Entwicklung dieser Denkstruktur eine große Rolle. Aber das ist ja bei den jüdischen und christlichen Gemeinden nicht anders. Ein deutscher protestantischer Pfarrer oder Gelehrter denkt natürlich anders als ein evangelischer Freikirchler in den USA. Das Unlogische ist, dass man es den Muslimen nicht zugestehen will, dass dieser Pluralismus in der Denkstruktur auch im Islam gegeben ist. Der Koran ist zwar das heilige Buch der Muslime, das Wort Gottes, aber der Koran verlangt von uns, dass wir nachdenken, um das Buch zu verstehen. Natürlich verstehe ich das Buch heute etwas anders, als man es vor 1000 Jahren verstand, weil ich heute anhand moderner wissenschaftlicher Erkenntnisse die Koranverse anders deuten kann. Auch die Lebensverhältnisse beeinflussen meine Denkstruktur, ob ich jetzt in den USA, in Deutschland, in der Türkei oder in China lebe, ob ich in Freiheit oder in Gefangenschaft lebe. Wenn ich den Eindruck habe, ich werde vom westlichen Imperialismus «ständig unterdrückt», entwickle ich möglicherweise eine Befreiungstheologie, um mich globalem Expansionismus oder globalem Imperialismus zu widersetzen, um Gerechtigkeit herzustellen. Warum brauchen die Muslime in Deutschland so einen Streit nicht? Weil wir in Deutschland eine Verfassung haben, die uns allen die Religionsfreiheit garantiert. Wozu sollte ich in dieser Situation neben dem Grundgesetz noch eine zweite Satzung brauchen, wozu brauche ich eine zweite Verfassung? Deswegen ist dieser Vergleich, Scharia und Grundgesetz, vom Grunde her falsch. Die Muslime erheben auch keinen Anspruch auf einen islamischen Staat in Deutschland, der Islam als Religion erhebt keinen Anspruch auf solch einen Staat, es gibt überhaupt kein Staatskonzept im Islam. Genauso erheben die Muslime in Deutschland keinen Anspruch auf eine neue Verfassung, sondern erwarten nur, dass die Verfassung auch mit Blick auf die Muslime praktiziert wird.

Hat die von Thilo Sarrazin ausgelöste Debatte auch etwas Gutes, indem sie zum Beispiel einen Dialog zwischen Muslimen und Christen ausgelöst oder gefördert hat?

Überhaupt nicht. Das christlich-islamische Gespräch ist entstanden durch die Migration der Muslime nach Deutschland. Die ersten Muslime baten die christlichen Gemeinden um einen Raum, wo sie ihr Freitagsgebet oder Ramadan- bzw. Opferfestgebete verrichten konnten. Dann kamen die christlichen Vertreterinnen und Vertreter auf die Muslime zu, sie haben sie unterstützt. Ohne Sarrazin gab es die Unterstützung der evangelischen Kirche und der katholischen Kirche bei der Einführung des islamischen Religionsunterrichtes. Wir treffen uns seit Jahren auf Spitzenebene mit der Evangelischen Kirche Deutschlands. Wir kommen mit der Unterkommission Interreligiöser Dialog der Katholischen Bischofskonferenz zusammen. Bei unseren Dialogveranstaltungen spielten Sarrazins Thesen überhaupt keine Rolle. Wir waren schon viel weiter.

Aber, sagen andere, für die Integration habe er doch wesentliche Anstöße gegeben, indem er eine Debatte in Gang gebracht hat.

Das erste Konzept, das der Integration einen Anschub gegeben hat, war das Integrationskonzept der Süssmuth-Kommission aus dem Jahr 2001, vor dem nationalen Integrationsgipfel. Was die Integration in das Zentrum der Diskussion in Deutschland gerückt hat, sind der nationale Integrationsgipfel, der nationale Integrationsplan und jetzt der Nationale Aktionsplan Integration. Sarrazin hat diesbezüglich keinen einzigen positiven Schritt veranlasst.

Wissen Sie, wie groß inzwischen die Abwanderung gut ausgebildeter und integrierter deutscher Bürger türkischer Abstammung ist, und wie beurteilen Sie das?
Es sind, soweit ich das aus der Presse entnommen habe, vor einem Jahr etwa 50 000 gewesen, die Deutschland verlassen haben, weil sie einfach die Nase voll hatten von den Diskriminierungen. Sie haben Bewerbungen geschickt, wurden zum Vorstellungsgespräch nicht eingeladen, dann haben sie festgestellt, dass ihre Kommilitoninnen und Kommilitonen, mit denen sie zusammen studiert hatten, schon bei der ersten Bewerbung eingeladen wurden. Da in der Türkei mehrere Tausende deutsche Unternehmer wirtschaftlich tätig sind, finden Absolventen eines Studiums in Deutschland, die die deutsche und türkische Sprache gleichermaßen gut beherrschen, als Bewerber in der Türkei dort gute Angebote, sowohl bei deutschen als auch bei türkischen Unternehmen. Deswegen sind sie ausgewandert. 50 000 ist schon eine hohe Zahl und für Deutschland ein enormer Verlust. Deswegen hat jetzt der Nationale Integrationsgipfel die Idee entwickelt, dass man seine Bewerbung anonym einreichen können soll. Wenn erkennbar ist, dass ein Name muslimischen oder türkischen Ursprungs ist, wird man zu einem Vorstellungsgespräch nicht eingeladen. Deswegen empfinde ich es als einen guten Ansatz, dass man diese Praxis korrigieren und diese Diskriminierung verhindern will.

Ist diese Abwanderung nur eine Katastrophe für das Einwanderungsland Deutschland, ist sie auch eine Katastrophe für die muslimische Gemeinschaft in Deutschland?
Es ist natürlich auch für uns, die Muslime, ein großer Verlust, denn wir brauchen in Deutschland sprachfähige Intellektuelle und Akademiker, die in Deutschland studiert haben, die die beiden Welten, Osten und Westen, und beide Kulturen vergleichen können, die zwischen den Religionen und Kulturen eine Brückenfunktion übernehmen. Diese Abwanderer sind für in-

terreligiöse und interkulturelle Begegnungen ein Verlust, sie sind für die Völkerverständigung ein Verlust, also sind sie auch für uns ein großer Verlust.

Wie reformbedürftig ist der Islam, und wie reformfähig ist er?
Der Islam hat die vorherrschende Vorstellung von Gottesglauben zur Zeit seiner Entstehung reformiert. Er hat den Monotheismus auf die Grundlage der Vernunft gestellt. D. h., der Islam als Religion trägt in sich die Fähigkeit, immer wieder neu gelesen, neu gedacht und vielfältig neu entdeckt zu werden. Deswegen war der Islam an sich von Anfang an eine Reformbewegung, was die Annäherung an und Vergegenwärtigung von Gott angeht. Darin ist Gott uns, dem Menschen, jedem Individuum, näher, als es uns unsere eigene Schlagader ist, und es bedarf daher auch keiner Mittler, keiner Vermittlungsinstanzen. Dies reflektiert sich im Glauben und in der Religionspraxis. Durch die Religion des Islam wurde Sklaverei verurteilt, das Töten von neugeborenen Mädchen verboten und verhindert, die Behandlung der Frauen wie eine Ware abgeschafft, vererbliche wie übertragbare und erwerbbare Priesterschaft wurden abgeschafft, Instanzen zwischen Gott und Menschen wurden abgeschafft. Die Vernunft wurde in den Vordergrund gestellt, und wenn eine Religion die Vernunft, die Ratio in den Vordergrund stellt, dann hat diese Religion in sich die Kraft, sich immer wieder neu zu entfalten.

Im säkularen Bereich herrscht die Vorstellung, und vieles spricht auch vom Augenschein dafür, dass islamische Gesellschaften rückständig seien und mehr traditionsgebunden als reformorientiert. Wie kommen Nichtmuslime und Muslime dann in der säkularen Welt des 21. Jahrhunderts miteinander zurecht?
Es reicht, wenn wir eine Grundlage schaffen, auf deren Ebene Muslime und Nichtmuslime sich in gegenseitigem Respekt und in gegenseitiger Verantwortung, in gegenseitiger Hochach-

tung und Liebe begegnen. Das Gebot, dass man respektvoll miteinander umzugehen hat, ist eine friedenssichernde Vorschrift des Koran. Wir dürfen nicht konkurrieren. Und wir brauchen überhaupt keine Konkurrenz. Juden, Christen, Muslime dürfen laut Koran Kapitel 5, Vers 48 nicht konkurrieren. Konkurrenz der Religionen ist nicht gut, aber wir dürfen um gute Dinge, um das Gute wetteifern. Der Wetteifer um das Gute muss zivilisiert praktiziert werden, und der Islam hat von Anfang an die Grundlagen dieses zivilisierten Umgangs geschaffen und festgelegt. Deswegen müssen wir den Religionsunterricht sowohl in den Moscheegemeinden als auch in den Schulen fördern. Wenn man im islamischen Religionsunterricht dieses islamische Grundprinzip an die zukünftigen Generationen weitergibt, dann wird es seitens der Muslime auch in Zukunft kein Hindernis geben für eine Verständigung, für einen Dialog, für ein Gespräch.

Die Muslime engagieren sich ja schon. Z. B. das bundesweite Dialog-Projekt, in dem wir als DITIB knapp 2000 Dialogbeauftragte ausgebildet haben. Wir waren mit allen Teilnehmenden an den Seminaren bei Kirchen, wir waren mit ihnen bei Synagogen. Das sind die von den DITIB-Moscheegemeinden entsandten ehrenamtlich Engagierten, insbesondere junge Frauen und Männer, Gemeindemitglieder, die wir für dieses Projekt gewinnen konnten. Sie haben zehn Sonntage an diesem Seminar teilgenommen und bringen ihr Wissen um Dialogarbeit nun aktiv in den Gemeinden ein.

Es gibt natürlich immer in jeder Religionsgemeinschaft eine Pluralität, folglich auch eine Minderheit, die konservativer, vielleicht auch fundamentalistischer geprägt sein kann. Fundamentalismus als Ideologie ist ergo in allen Religionsgemeinschaften zu finden, und in dem Sinne ist Fundamentalismus, wie ich das jetzt in diesem Zusammenhang beschrieben habe, natürlich eine Barriere. Das heißt, man soll nicht die Religionsgemeinschaften in ihrer Religionspraxis umzuformen versuchen, sondern sie dabei unterstützen, dass sie in den Verhältnissen des Landes, mit denen sie konfrontiert sind, ihre religiöse Identität bewahren. Aber zugleich muss ihre Dialogfähigkeit gestärkt werden.

Das Gespräch fand am 22. Februar 2012 statt.

7. Organisierte Feindseligkeit

Früher als andere Parteien des vergleichbaren rechten Spektrums in Europa positionierte sich in Österreich die keineswegs – wie der Name nahelegt – liberale Freiheitliche Partei. Mit einem Volksbegehren «Österreich zuerst» hatte die «Freiheitliche Partei Österreichs» (FPÖ) unter Jörg Haider 1993 ihren Ruf als fremdenfeindlich und populistisch bekräftigt (und eine erste Abspaltung hingenommen). Nach der Gründung des «Bündnisses Zukunft Österreich» (BZÖ), der zweiten Sezession mit Haider an der Spitze im Frühjahr 2005, verschärfte sich der xenophobe Kurs der FPÖ. Der neue Parteichef Heinz-Christian Strache empfahl sich mit Plakaten wie «Wien darf nicht Istanbul werden», und 2006 agitierte die FPÖ mit einem Volksbegehren «Österreich bleib frei!» gegen die Europäische Union mit ausländerfeindlicher und antimuslimischer Rhetorik. Angriffspunkte sind neben Asylbewerbern (und Migranten generell, denen pauschal entgegengehalten wird: «Österreich ist kein Einwanderungsland») die Europäische Union, weil sie angeblich den Beitritt der Türkei betreibt, und vor allem «der Islam», der als religiöse Gegenwelt zum christlichen Abendland begriffen und mit «radikalem Islamismus» gleichgesetzt wird.

Die drei klassischen Themenfelder des Rechtspopulismus werden von der FPÖ besetzt: Kritik an Regierung und Eliten, Einsatz für die Belange der kleinen Leute und das Beharren auf dem Eigenen (der Staatsnation Österreich und ihrer autochthonen Gesellschaft) unter Abweisung alles Fremden (Zuwanderer, Asylbewerber, insbesondere Muslime). Rechter Populismus appelliert an die Identität des Volkes und der Nation, operiert dazu gerne mit dem Begriff Heimat und beschwört religiöse und kulturelle Werte. Vermittelt wird diese Propaganda mit völkischen Parolen wie «Österreich den Österreichern» oder, wie es im Programm der FPÖ von 1997 formuliert ist: «Das Grundrecht auf Heimat gestattet ... keine unbeschränkte und unkontrollierte Zuwanderung nach Österreich. Das Schutzerfordernis des Grundrechtes auf Heimat stellt ferner klar, daß Österreich aufgrund seiner räumlich begrenzten Ausdehnung, seiner Bevölkerungsdichte und seiner beschränkten Ressourcen kein Einwanderungsland sein kann.»[1]

In einem Positionspapier «Wir und der Islam», das aus gegebenem Anlass im Januar 2008 in der FPÖ erarbeitet wurde, markiert die Partei eindeutig ihre Haltung, die von gängigen Stereotypen geleitet ist: «Es muss geklärt werden, in welcher Weise muslimische Traditionen mit dem europäischen Demokratie- und Grundrechtsverständnis vereinbar sind. Es ist unerlässlich, von den in Österreich lebenden Moslems Stellungnahmen zum religiös motivierten Extremismus und Terrorismus zu verlangen.»[2] Anlass des Positionspapiers war der Eklat, den die Spitzenkandidatin der FPÖ in der Steiermark, Susanne Winter, durch Äußerungen beim Neujahrsempfang ihrer Partei im Januar 2008 ausgelöst hatte. Die Politikerin hatte nicht nur geläufige Verunglimpfungen des Propheten Mohammed verkündet, sie hatte einen neuen Akzent der Diffamierung gesetzt, als sie erklärte, aus heutiger Sicht sei er ein Kinderschänder.[3] Der Unterstellung der Demokratieunfähigkeit «des Islam» und der Unvereinbarkeit muslimischer Zuwanderung mit dem Werteverständnis der Alpenrepublik folgt im FPÖ-Papier das (in unzulänglichem Deutsch formulierte) Urteil: «Demokratisierungsversuche und Toleranz sowie der Glaube an den Rechtsstaat oder gar eine Integration ist nicht gegeben.»[4] Zu den Nationalratswahlen 2006 hatte die FPÖ ihre Haltung gegenüber Muslimen mit den Plakattiteln «Daham statt Islam» und «Österreich zuerst» illustriert. Zwei Jahre später warb die FPÖ mit den Kraftsprüchen «Asylbetrug heißt Heimatflug» und «Heimatland braucht Mittelstand», womit sie auf nationale Emotionen zielte, sowie mit den griffigen ausgrenzenden Formeln «Soziale Sicherheit für unsere Leute» oder «Unser Land für unsere Kinder».

Junge Wähler suchte die FPÖ im Wahlkampf für das Europäische Parlament im Mai 2008 mit einem Comic-Heft zu gewinnen, das als Postwurfsendung verbreitet wurde. Fremdenfeindliche, sexistische und islamfeindliche Parolen bestimmten das Heft. Die «Islamisierung Österreichs» als Folge einer vom Islam beherrschten Europäischen Union bildet ein zentrales Thema des Pamphlets: Der Held, als Retter Österreichs durch die Initialen des FPÖ-Obmanns HC personifiziert, reist durch die Metropolen des Landes, das – vor der Unterzeichnung des EU-Reformvertrags – noch der schöne «Blaue Planet» ist, danach als düsterer, von Brüssel gleichgeschalteter «Grauer Planet» erscheint. Von den Kirchtürmen des «Blauen Planeten» strahlen Kreuze, die später Halbmonden auf Minaretten weichen müssen. Auf dem «Grauen Planeten» sieht man plakatierte Ankündigungen der öffentlichen Steinigung von Ehebrecherinnen, Schweinefleischessern und Biertrinkern. Die Bedeutung der EU-Mitgliedschaft wird drastisch erklärt: «Wenn es nach SPÖ, ÖVP und Grünen geht, werden bald auch die Türkei und Israel dabei sein. Die Folgen: Vormarsch des radikalen Islamismus, noch mehr Zuwanderung und die EU mitten drin im blutigen Nahost-Konflikt. Na bravo! Nur die FPÖ ist gegen diesen Wahnsinn.»[5] Im Wahlkampf zur Europawahl 2009 bekräftigte die FPÖ die Ablehnung des Islam durch den Slogan «Abendland in Christenhand», der zum erfolgreichen Exportartikel wurde. Zunächst übernahm ihn der Landesverband der NPD im Saarland für seine muslimfeindliche Agitation. Die Bundespartei folgte.

Die Schweizer Eidgenossen, die seit Langem im Rufe stehen, zwar den Fremdenverkehr als einträgliche Wirtschaftsform zu schätzen, aber nicht so sehr Fremde, setzten sich in der europaweiten Debatte über die Feinde aus dem Morgenland an die Spitze der Muslimgegner. Ein Höhepunkt war das Minarettverbot, das die Schweizer Bürger im November 2009 erzwangen. Begonnen hatte es mit Moscheebauprojekten in den Gemeinden Wangen im Kanton Solothurn, Langenthal (Kanton Bern) und Wil (Kanton St. Gallen). Die lokalen Diskussionen, die 2006 von Islamgegnern angeschoben wurden, steigerten sich im Folgejahr zum nationalen Konflikt. Rund 340 000 Muslime in der Schweiz nutzen etwa 160 Räume zum Gebet. Mit Ausnahme dreier minarettgeschmückter Moscheen in Zürich, Genf und Winterthur und des Gemeinschaftszentrums in Wangen sind es unauffällige Lokalitäten, «Hinterhofmoscheen», die kaum wahrzunehmen sind. Die erste Moschee der Schweiz wurde 1963 in Zürich errichtet, ebenso wenig wie beim Bau in Genf 1978 hatte sich Ablehnung oder gar Protest geregt.

Anders bei den drei Vorhaben, die 2006 begonnen wurden. In Wangen sollte ein sechs Meter hohes symbolisches Minarett den Versammlungsraum des türkischen Kulturvereins krönen. Lokalpolitiker organisierten Unterschriften gegen das Projekt und verzögerten es bis Anfang 2009. In Langenthal, wo während des Minarettstreits ein Sikh-Tempel ohne Beschwerden aus der Bevölkerung errichtet werden konnte, wurde der Moscheebau durch 3500 Unterschriften, zahlreiche Einsprüche und baurechtliche Bedenken behindert und verschleppt.

Über Minarette wurde längst in der ganzen Eidgenossenschaft diskutiert. Die rechtskonservative Schweizerische Volkspartei (SVP) machte sich die Ressentiments gegen Muslime zu eigen und sorgte dafür, dass der Streit eskalierte. Im Zürcher Kantonsrat hatte im September 2006 die «Schweizerische Volkspartei», unterstützt von den «Schweizer Demokraten» (SD) und der «Eidgenössisch-Demokratischen Union» (EDU), ein Bauverbot von Minaretten begehrt. Die Initiative scheiterte im kantonalen Parlament im Juni 2008, aber seit Mai 2007 wurde ein Plebiszit vorbereitet, die eidgenössische Volksinitiative «Gegen den Bau von Minaretten». 113 540

Unterschriften brachten das Verfahren in Gang. 100 000 Unterschriften waren bis zum 1. November 2008 für den Erfolg notwendig, das Quorum war aber schon im Juli erreicht. Als Begründung für das Plebiszit wurde die Furcht vor einer Parallelgesellschaft in der Schweiz angeführt: Minarette seien Symbole des religiös-politischen Machtanspruchs des Islam. Die üblichen Klischees über Zwangsheirat, Blutrache, Scharia, Unterdrückung der Frau wurden als weitere Argumente gegen das Minarett bemüht.[6] Die wesentlich von der Schweizer Volkspartei getragene Initiative rühmte sich schweizerischer Errungenschaften wie Religionsfreiheit und Demokratie, schürte Fremdenfeindschaft mit der Feststellung, die rund 340 000 Muslime seien in der Eidgenossenschaft «nur zu Gast in einem christlichen und zutiefst demokratischen Land und müssten sich an die hierzulande geltenden Gesetze und ungeschriebenen Regeln halten».[7]

Nicht nur die Regierung, der Schweizer Bundesrat, und beide Kammern des Parlaments, Nationalrat und Ständerat, lehnten das Volksbegehren ab, da es gegen Menschenrechte verstoße und den religiösen Frieden gefährde sowie dem Ansehen der Schweiz schade. Auch der Bischof von Basel und Vorsitzende der Schweizer Bischofskonferenz sprach sich gegen das Plebiszit aus. Aber nur in vier Kantonen waren die Gegner eines Minarettverbots (dieser Ausdruck wurde zum «Wort des Jahres» erkoren) in der Mehrzahl. Mit 57,5 Prozent der abgegebenen Stimmen siegten zum Entsetzen Europas die Islamfeinde am 29. November 2009 und erzwangen die Aufnahme des Satzes «Der Bau von Minaretten ist verboten» in die Bundesverfassung der Schweiz. Damit war die Eidgenossenschaft Vorreiter des europäischen Rechtspopulismus. Sie errang den Beifall rechtsextremer Parteien in den Nachbarländern und ihre Politik, christliches Terrain zu verteidigen, wurde von Demagogen zur Nachahmung empfohlen.

Die Mehrheit der Eidgenossen ist trotzdem eher unverdient in das Odium aggressiv-fremdenfeindlichen und kulturrassistischen Spießertums geraten. Sie war sich aber, wie Regierung, Parlament, Wirtschaftsverbände, Gewerkschaften und Kirchen, zu sicher gewesen, dass das Volksbegehren scheitern würde, und hatte auf eine eigene Kampagne gegen die Antiminarett-Bewegung verzichtet. Denn alle Prognosen hatten einen Fehlschlag des Verlangens der Ressentimentbeladenen vorhergesagt. Die Justizministerin kommentierte das Ergebnis des Referendums als bedauerliches Ergebnis kampagnengeschürter Ängste. Der Bundesrat versuchte mit einer Erklärung, die auch auf Arabisch erschien, die Welt zu beruhigen. Nach den Motiven der Minarettgegner wurde geforscht. Die Demoskopen ermittelten, dass allenfalls zehn Prozent der Befürworter des Minarettverbots Kritik an Muslimen, die in der Schweiz lebten, äußerten. Medien in ganz Europa zeigten deutlich ihr Unverständnis für die Eidgenossen, der Europarat und der UN-Menschenrechtsrat nannten die Verfassungsänderung in der Schweiz eine Verletzung der Menschenrechtskonvention und der Religionsfreiheit. Der libysche Diktator Gaddafi predigte einen Dschihad gegen die Schweiz, der türkische Ministerpräsident Erdoğan rasselte seiner Gewohnheit entsprechend mächtig mit dem Säbel und wütete gegen faschistische und rassistische Tendenzen, die er in Europa zu erkennen glaubte. Rechtskonservative und rechtsextreme Parteien in ganz Europa priesen die Entwicklung in der Schweiz und eiferten ihr nach Kräften nach.

Das muslimfeindliche Bestreben vieler Eidgenossen, die Aussagen und Ziele der rechtspopulistischen österreichischen Partei FPÖ und die der rechtsextremen NPD in Deutschland sind offensichtlich deckungsgleich. Mit den Kampagnen gegen Muslime bzw. gegen den Islam haben rechtsextreme Parteien und Gruppierungen neue Aktionsfelder gefunden, auf denen sie Anschluss suchen an Bevölkerungsschichten, die von Überfremdungsängsten geplagt sind, die aber politisch und sozial nicht zum rechtsextremen Spektrum gehören. Die Wahlpropaganda der NPD und rechtspopulistischer Parteien mit Zitaten von und Beifall für Thilo Sarrazins Thesen sind eindeutige Indizien. Im Januar 2010 stellte die NPD im Berliner Bezirksparlament Treptow-Köpenick, in dem sie damals drei Mandate hatte, seit September 2011 sind es noch zwei, einen Antrag auf ein Minarettverbot im Bezirk. Die Anregung dazu kam aus der Schweiz, und der Antrag hatte folgenden Wortlaut: «Minarette dienen nicht der Religionsausübung, sondern der Provokation der Christen. Damit demonstrieren sie [die Muslime, W. B.] die angebliche Überlegenheit des Islam über Christen und Andersgläubige. Somit verstoßen sie gegen den Toleranzgedanken des christlich-germanischen Abendlandes.» Darauf folgte ein Antrag, die Forderung, Moscheebauten nur zu genehmigen, wenn sie «der Baukultur des christlich-germanischen Abendlandes und dem deutschen Landschafts- und Ortsbild angepaßt sind». Das müsse «gegenüber Islamisten durchgesetzt werden, um diesen Kräften klarzumachen, wer Herr im Hause ist».[8]

Die gleiche Partei verlangte zwei Jahre später im gleichen Parlament eine Städtepartnerschaft zwischen dem Berliner Stadtbezirk Treptow-Köpenick und Teheran mit der Begründung, angesichts der Drohungen der imperialistischen USA gegen den Iran müsse ein Zeichen gesetzt werden, und zwar um Toleranz gegenüber anderen Kulturen zu üben. Damit haben die Vertreter der NPD wenigstens unter Beweis gestellt, dass ihnen Demagogie wichtiger ist als Prinzipien, denn die Sympathie für die Feinde Israels im Iran ist ihnen so wichtig wie die Ächtung der Kultur der Muslime, obgleich sich das logischerweise nicht miteinander verträgt. Allerdings beweisen die Aktionen der Partei, dass Feindschaft gegen die Juden wie die Feindschaft gegen Muslime Bestandteile ihrer Ideologie sind. Islamfeindschaft ist beim Publikum jedoch populärer als Antisemitismus und leichter zu propagieren. An der Nahtstelle des rabiaten religiösen bzw. weltanschaulichen Fundamentalismus zur radikalen politischen Rechten sammeln sich im Zeichen des gemeinsamen Feindbildes Islam Anhänger simpler Weltsicht und eindimensionaler Bedrohungsszenarien.

Eine typische Mixtur reaktionärer, politischer und religiöser Ideologie bietet die Splitterpartei «Christliche Mitte – Für ein Deutschland nach Gottes Geboten». Die Partei, die bereits seit 1988 existiert und etwa 6000 Mitglieder hat, spaltete sich in Köln von der Deutschen Zentrumspartei ab, die seit vielen Jahrzehnten nur noch ein Schattendasein führt. Unter dem seit der Gründung ununterbrochenen Vorsitz einer Adelgunde Mertensacker strebt die politische Sekte «Christliche Mitte» danach, Politik und öffentliche Institutionen am Christentum, verstanden als traditionelle Ordnung, auszurichten. Das Fuldaer Grundsatzprogramm von 2005 stellt die Zehn Gebote in den Mittelpunkt gesellschaftlichen Lebens, verurteilt «ungeordnete Sexualität» und Homosexualität, propagiert die Rechte des Nationalstaats gegenüber zentralisierter politischer Gestaltung durch die Europäische Union. Als wichtigste Ziele im Europa-Wahlkampf 2009 verkündete die «Christliche Mitte»: «Die CM sagt NEIN zur Tötung des Menschen im Mutterleib, zu Euthanasiemaßnahmen, zur fortschreitenden Islamisierung Europas, zum EU-Beitritt der Türkei und zu anti-christlicher zentralistischer EU-Politik.»[9]

Zur Gefahr der Islamisierung Europas hat die Parteichefin Adelgunde Mertensacker sogar einen bescheidenen publizistischen Beitrag geleistet, der sich auch im Quellenfundus von Udo Ulfkotte findet.[10] Das Buch der Parteichefin ist eine Kompilation von Zeitungsmeldungen und anderer Fundstücke mit dubiosen Quellenangaben aus angeblich islamischen Publikationen. Ein Kommentar der Zitatensammlerin ist nicht erkennbar, wenn man nicht den von ihr veranlassten Fettdruck einzelner Passagen als solchen nimmt. Das denunziatorische Buch erlebte mehrere Auflagen. Versatzstücke sind auch die außenpolitischen Forderungen der Partei: «Konsequente Bekämpfung islamischer Bedrohung, Eroberungsstrategien und Terroristen; die Ausweisung krimineller Muslime und Einwanderungsstopp für Muslime ohne Integrationswillen». Gängige Ressentiments, resultierend aus Ratlosigkeit und Bedrohungsängsten, sind gemischt mit allgemein zustimmungsfähigen Postulaten wie globaler Abrüstung, Verbot von schädlichen Zusatzstoffen in Nahrungsmitteln, abschreckender Gesetzgebung, wirksamer Bestrafung von Verbrechen und Asylmissbrauch.[11]

Sowohl in der Unbedingtheit der Feindbilder als auch in der Unbeweisbarkeit der behaupteten Gefahren und der Unbestreitbarkeit der banalen Forderungen ist die Partei «Christliche Mitte» der Prototyp einer fundamentalistischen politischen Organisation. Ein Flugblatt der «Christlichen Mitte» gegen ein geplantes Islamzentrum in Soest/Westfalen, das als Bürgerbefragung aufgemacht war, wurde eingeleitet mit der Feststellung: «Die Islamisierung Deutschlands ist auf dem Vormarsch.» Der Behauptung, die Moscheen seien in Händen von Vereinigungen mit politischer Zielsetzung, folgt die Feststellung, jeder Moslem sei durch den Koran verpflichtet, die Christen zum Islam zu bekehren oder sie auszurotten. Das Projekt eines Islamzentrums in Soest stehe im Kontext einer weltweiten islamischen Revolution, auf die Überrumpelung unwissender Christen setze der Islam in Verfolgung dieses Zieles. Deshalb müsse durch Plebiszit das Vorhaben in Soest verhindert werden. Das Flugblatt, das auch den obligaten Hinweis auf die Christenverfolgung in den islamischen Ländern enthält, stammt schon aus den 1980er Jahren und ist als Paradigma demagogischer und provinzieller Stimmungsmache gegen den Islam zu werten.[12]

Im September 2008 vereinten sich Islamfeinde mit Rechtsextremen in Köln zum Protest gegen Liberalität und Toleranz. Der «Anti-Islamisierungs-Kongress» war freilich dank der großen Zahl der Gegendemonstranten und dank bürgerlichen Engagements gegen xenophobe Hysterie nicht die machtvolle «Kraftprobe gegen die *Political Correctness*» geworden, wie ein ultrarechtes Blatt im Vorfeld frohlockt hatte. Den Anlass bildete das Projekt eines Moscheebaues, und die dagegen protestierenden Bürger fanden in der «Bürgerbewegung Pro

Köln» eine organisatorische Plattform. Pro Köln, aus der dann Pro NRW hervorging, war vom Verfassungsschutz aufgrund etlicher Schlüsselfiguren und wegen eindeutiger Argumentationslinien als rechtsextrem eingestuft worden und wurde beobachtet. Daraus erkannten andere Moscheegegner die Notwendigkeit, sich von Pro Köln zu distanzieren.

Mit besonderem Abscheu wollte der Publizist Ralph Giordano, bekennender Kritiker des Islam und deswegen in aufklärender Mission unterwegs, nach einem Rechtsstreit, den er mit der Bewegung hatte, Anhänger der Pro-Köln-Partei des Platzes verweisen, auf dem schon im Jahr zuvor, am 11. September 2007, eine Kundgebung gegen den Bau der «Großmoschee» stattfinden sollte. Das Odium, mit Rechtsextremen in einem Boot zu sitzen, wollte der Islamfeind Giordano nicht auf sich laden. Giordanos Mitstreiter Ulfkotte war gleichzeitig und in gleicher Absicht in Brüssel unterwegs. Die Ereignisse fanden aber nicht nach Plan statt, die Kundgebungen mussten aus Sicherheitsgründen abgesagt werden. Die Rede Ralph Giordanos wurde deshalb nicht gehalten, aber gedruckt. Zur Moschee hatte er geschrieben, der wahre Bauherr sei die Religionsbehörde Diyanet in Ankara: «Dort ist das Projekt ausgeheckt worden, für mich von Anfang an ein Zeichen der Landnahme auf fremdem Territorium, das Symbol einer integrationsfeindlichen Identitätsbewahrung, eine Kriegserklärung.»[13] Nach dem Vortrag geläufiger islamfeindlicher Klischees, die er zumeist unmittelbar nach der Präsentation teilweise relativiert oder rhetorisch ein wenig in Frage stellt, bringt Giordano seine Abneigung durch negative Generalisierung, die das Wesen der Islamfeindschaft ausmacht, auf den Punkt: «Wenn es denn stimmen sollte, dass es einen Unterschied zwischen Islam und Islamismus gibt (was wiederum gerade Muslime bestreiten), dann sollte der Islam bemüht sein, den Unterschied glaubhaft zu machen. Denn wenn das nicht geschieht, kann er bald schon identifiziert werden mit einer Bewegung, die das Zeug zum Totalitarismus des 21. Jahrhunderts in sich trägt. Die Merkmale anhand gegebener historischer Vergleichsmöglichkeiten sind alarmierend genug, bis hinein in das erklärte Ziel des politischen Islam: ‹Umsturz der gottlosen Regierungen des Westens und ihre Ersetzung durch islamische Herrschaft›.»[14] Durch Meinungsfreudigkeit, illustriert mit beleidigenden und verächtlichen Sentenzen über Muslime, hat sich Ralph Giordano inzwischen einen Namen in der Szene gemacht. Er sei einmal eine moralische Autorität in Deutschland gewesen, beginnt deshalb ein Essay von Micha Brumlik mit dem Titel «Wie Ralph Giordano zum Ausländerfeind wurde».[15]

Das Verbot der Kölner Demonstration im Folgejahr, zu der im September 2008 sternförmig Rechtsradikale aus Europa anreisten, sicherte dem Bündnis aus konservativ-reaktionären und rechtsradikalen Unzufriedenen hohe mediale Aufmerksamkeit und kommunalpolitischen Erfolg. Der Weg der Protestbewegung Pro Köln und ihres Ablegers Pro NRW führte folgerichtig weiter in den Rechtsextremismus. Als moderne europäische Variante von fremdenfeindlichem und kulturrassistischem Aktionismus besetzt die Bewegung vor allem das Thema Islamfeindschaft, instrumentalisiert es auf regionaler Ebene (wie die «Bürgerinitiative Ausländerstopp in Bayern») und mobilisiert durch ihren Populismus, der gezielt bürgerliche Ängste vor Muslimen anspricht. Ein trauriger Höhepunkt war die Demonstration in Bonn Anfang Mai 2012, bei der «Pro NRW» durch beleidigende Karikaturen des Propheten Mohammed provozierte, mit dem Erfolg, dass aufgebrachte radikale Salafisten die Polizei attackierten, die sie vom Rachefeldzug gegen die Rechtsextremisten abhielt. 29 durch Messerstiche verletzte Polizisten gehören zur Bilanz der Provokation und der Reaktion der Salafisten auf sie. Trotz der energischen Distanzierung des Zentralrats der Muslime von den gewaltbereiten Salafisten, auf die die Polizei zum Vergnügen der Rechtsextremen einprügelte, werden sich viele in ihrer Abneigung gegen «die Muslime» als gewalttätige Barbaren bestätigt fühlen. Genau das war die Absicht der Rechtsextremisten.[16] Und die Ängste der Bürger vor dem Islam wurden bestärkt.

Mit den Kampagnen gegen Muslime bzw. gegen den Islam haben rechtsextreme Parteien und Gruppierungen neue Aktionsfelder gefunden, mit denen sie Anschluss finden an Bevölkerungsschichten, die von Überfremdungsängsten geplagt sind, aber nicht zum rechtsextremen Spektrum gehören. Die Wahlpropaganda der NPD und rechtspopulistischer Parteien mit Zitaten von und Anspielungen auf Thilo Sarrazins Thesen sind eindeutige Indizien. Die «Pro-Bewegung» etablierte sich im politischen Spektrum auch oberhalb der lokalen Ebene, «Pro NRW» errang 2010 in den Landtagswahlen 1,4 Prozent der Stimmen, und die «Bürgerbewegung pro Deutschland» sammelte Anhänger im Lager des gemäßigten Rechtsextremismus, etwa bei den Republikanern. Dabei agierte sie mit rechtspopulistischen islamfeindlichen Parolen wie «Freiheit statt Islam» oder «Abendland in Christenhand». Unter diesem Motto veranstaltete die Bewegung am 28. März 2010 einen «Sternmarsch» zur größten Moschee in Deutschland nach Duisburg-Marxloh.[17]

Auf Initiative der belgischen rechtsextremen Gruppierung «Vlaams Belang» war im Januar 2008 ein Bündnis «Städte gegen Islamisierung» entstanden, getragen von «Pro Köln», der deutschen Partei «Republikaner», der «Freiheitlichen Partei Österreichs», dem «Vlaams Belang»; das Bündnis sei in vielen Städten Europas an der Arbeit, um Moscheebauten zu verhindern, wurde verlautbart. Diese Bürgerinitiativen und populistischen Bewegungen mit dem Charakter von Interessenparteien sind Träger der neuen Muslimfeindschaft, die das Odium des Rechtsextremismus zu vermeiden trachtet, aber eindeutige Positionen einnimmt.[18] Anstelle der Parole «Ausländer raus», mit der die neonazistische Rechte agiert, sind die Populisten mit den kulturrassistischen Slogans unterwegs, die auf die Ängste konservativer oder reaktionärer Bürger zielen.[19]

Die seit Mai 2008 existierende «Bürgerbewegung Pax Europa», hervorgegangen aus dem 2007 von Udo Ulfkotte gegründeten Verein «Pax Europa» und dessen Fusion mit dem 2003 entstandenen «Bundesverband der Bürgerbewegungen», beteuert in ihrer Selbstdarstellung im Internet, sie sei nicht rechtsextrem und nicht rassistisch (wogegen sie «dem Islam» pauschal Rassismus unterstellt), sie wolle «über die schleichende Islamisierung Europas aufklären», richte sich nicht «gegen Muslime», trete vielmehr «für den Erhalt des christlich-jüdisch geprägten europäischen Wertverbundes» ein. Laut Satzung ist der Zweck der «Bürgerbewegung Pax Europa», dass sie «wertneutral über die Ausbreitung des Islam in Europa und die damit verbundenen Folgen für das Staatswesen unterrichtet». Der geistige Vater der Bewegung, Udo Ulfkotte, verließ allerdings die Organisation 2008. Gemäß der Erfahrung von Goethes Zauberlehrling: «Die ich rief, die Geister, werd ich nun nicht los», warf er «Pax Europa» vor, sie sei ins rechtsextreme Lager abgedriftet.

Typisch für die Politisierung der Muslimfeindschaft ist die «Bürgerrechtspartei für mehr Freiheit und Demokratie – Die Freiheit», die sich seit Herbst 2010 unter Führung des ehemaligen CDU-Politikers René Stadtkewitz in Berlin zu etablieren sucht. In ihrem Programm heißt es im Abschnitt «Der politische Islam»: «Ausgehend von dem Wissen, dass der Islam nicht nur Religion, sondern vor allem auch eine politische Ideologie ist, fordern wir eine Überprüfung aller in Deutschland aktiven islamischen Vereine und Verbände auf ihre Verfassungs- und Rechtstreue, auf ihren Einfluss auf die Integration und auf ihre Verbindungen zu islamischen Ländern, um den Missbrauch der Religionsfreiheit zur Durchsetzung politischer Ziele zu unterbinden. Von in Deutschland den Koran unterrichtenden Imamen ist ein schriftliches Bekenntnis zu fordern, dass alle gültigen Rechtsnormen stets über dem islamischen Recht stehen und dass die Scharia hier keine Gültigkeit hat und haben wird. Wir wissen, dass Moscheebauten nicht nur religiösen

Zwecken dienen und oft die Integration massiv behindern und zur Entstehung oder zur Festigung von Parallelgesellschaften führen. Deshalb fordern wir eine Modifizierung des Baurechts, so dass Bebauungsplanverfahren für Moscheebauten zwingend und vor allem die Beteiligung der Bürger und Kommunalparlamente obligatorisch werden. Wir setzen uns mit aller Kraft gegen eine Islamisierung unseres Landes ein.»[20]

Organisierte Feindseligkeit gegen Muslime gibt es in neuen Formen auch außerhalb des etablierten Parteienspektrums und der um Etablierung ringenden populistischen Bewegungen. Gemeindebildungen Gleichgesinnter ergeben sich im Umfeld von Publizisten und im Internet. Den Bindekitt bilden Ängste und das Bedürfnis nach schlichten Welterklärungen. Differenzierende Betrachtung von Problemen ist nicht die Sache derer, die den Ton angeben, und nicht das Bedürfnis ihrer Gefolgschaft. In einer manichäischen Weltsicht, die nur gut und böse kennt, werden die Angehörigen einer Minderheit zu Fremden erklärt, die die Rolle der Bösen spielen müssen und niemals aus ihr entlassen werden. Die Ethnisierung sozialer Probleme über das Vehikel der Religionszugehörigkeit hat einen Kulturrassismus hervorgebracht, der an das alte Übel anknüpft, Menschen aufgrund ihrer Herkunft als höher- oder minderwertig zu klassifizieren. Die «Minderheiten» werden als gefährlich für die Mehrheit stigmatisiert. Wagenburgmentalität innerhalb der Mehrheitsgesellschaft und das Verlangen, Intoleranz als Tugend der Abwehr von Gefahren zu kanonisieren, sind Reaktionen aus Unsicherheit.

Die deutsche Gesellschaft befindet sich in einer Identitätskrise, die ausgelöst wurde durch einen Modernisierungsschub, der national und global zu bewältigen ist. Das Raunen von der Gefahr, die vom Islam ausgehe, ist Bestandteil des alltäglichen Diskurses. Die Reizvokabeln, die Ideologen verbreiten, finden ihren Nährboden in existenziellen Ängsten, die resistent sind gegen rationale Argumente. Denn jeder weiß von dem bösen Drachen, der uns bedroht, aber keiner hat ihn gesehen. Die

Rezepte der Ausgrenzung, mit denen im 19. Jahrhundert Reaktionäre ähnlichen Herausforderungen zu begegnen versuchten, haben in die Katastrophe des 20. Jahrhunderts geführt. Sie wieder zu verwenden wäre fatal. Es geht um die Menschen- und Bürgerrechte einer Minderheit und um die demokratische Gesellschaft.

Gespräch mit Aiman Mazyek: Bürger sein, anerkannt und willkommen

Aiman Mazyek wurde 1969 in Aachen geboren. Er studierte Philosophie, Volkswirtschaft und Politikwissenschaft in Aachen und Arabistik in Kairo. Seit 1994 gehört er der Vollversammlung des Zentralrats der Muslime in Deutschland an, 2001–2004 war er Pressesprecher, ab 2006 Generalsekretär, seit September 2010 ist er Vorsitzender des Zentralrats.

Herr Mazyek, wen vertritt der Zentralrat der Muslime in Deutschland?
Der Zentralrat vertritt 23 Spitzenverbände, die Bosniaken, Albaner, Araber, Türken, Deutsche repräsentieren, 300 Moscheen verschiedener Ausprägungen, konservativ, sufisch und auch schiitische sind dabei.

Gibt es Hinweise darauf, wie Muslime von der Mehrheitsbevölkerung wahrgenommen werden, als Gäste, als Fremde, als Mitbürger, gibt es auf die Wahrnehmung durch die Mehrheit Reaktionen bei der Minderheit?
Wir bekommen natürlich diverse Zuschriften. Sie zeigen wie ein Seismograph an, was gerade passiert in der Gesellschaft. Und wenn wir sie auswerten, dann erleben wir eine Zunahme von Hassmails, auch von Hassdelikten, die damit verbunden sind, von Reaktionen auf ganz aktuelle Ereignisse und dergleichen. Das trägt natürlich auch bei zu einer Antizipation bei den Muslimen, bei dem Verband, bei den zuständigen Mitarbeitern und Beauftragten, die die Mails bekommen.

Können Sie Beispiele geben für den Ton, für die Art der Zuschriften?

Die meisten Zuschriften gehen unter die Gürtellinie, Fäkalmails, Beschimpfungen. Die nehmen wir mittlerweile auch ein Stück weit als Hassdelikte ernst. Justiziable Briefe bekomme ich vielleicht einmal in zwei Monaten, das lautet dann so: «Wir lauern Dir am Samstag auf, wenn Du aus dem Haus gehst» oder «In Deiner Heimatgemeinde werden wir Dich schon kriegen und werden dafür sorgen, dass Du und Deine Familie hier nicht mehr leben kannst.» Das sind dann schon ernst zu nehmende Geschichten, das geht direkt an die Staatsanwaltschaft.

Wie fühlt man sich denn da, jetzt nicht als Verbandsfunktionär, als Vorsitzender des Zentralrats, wie fühlt man sich da ganz persönlich?

Weil ich eine gesunde Grundüberzeugung habe über das, was ich tue, habe ich in diesem Kontext gelernt, das zu verdrängen. Das versteht übrigens meine Familie nicht so ganz. Meinen Kindern, die jetzt in ein Alter kommen, wo sie auch das verstehen, der Älteste ist sechzehn, denen erzähle ich das nicht immer so brühwarm, meiner Frau aber schon. Wenn die Kinder das mitbekommen, dann reagieren sie schockiert und haben Angst um den Vater. Sie machen sich Gedanken, auch wenn sie sehen, dass ich relativ gelassen bin. Doch die Gelassenheit speist sich ein Stück weit auch aus der Verdrängung und aus der Überzeugung, dass das, was ich tue, zu tun ist, denn es gibt ja keine Alternative. Aber ich versuche dann im aktuellen Kontext, z. B. jetzt angesichts der Neonazi-Morde der thüringischen NSU-Zelle, die Sicherheitsbehörden massiv an ihre Verantwortung zu erinnern. Dass sie z. B. Gefahrenanalysen machen – wir haben unsere Gemeinden angewiesen, einen Sicherheitscheck der Polizei vor Ort zu machen. Wir haben deutlich gemacht, dass wir uns mit den üblichen lapidaren Aussagen («momentan gibt es keine akute Gefahr für diese oder jene Gemeinde oder Person») nicht mehr zufriedengeben angesichts dessen, was passiert ist.

Haben Sie Personenschutz, haben Sie eine gepanzerte Limousine wie Ihr Kollege vom Zentralrat der Juden?
Nein, nein, ich bekam einmal für ein, zwei Jahre aufgrund heftiger Drohungen und Diffamierungen Gefahrenschutz «drei», das bedeutet nur Observation des Hauses. Ich musste übrigens die Kosten der Schutzmaßnahmen in meinem Haus, angefangen von der Kamera über sämtliche Fenster, die entsprechend ausgestattet wurden, selbst übernehmen!

Halten Sie eine Umfrage für sinnvoll, die Diskriminierungserfahrungen der muslimischen Minderheit in Deutschland dokumentiert bzw. nach Einstellungen der Mehrheit gegenüber Muslimen fragt, wie dies seit Jahrzehnten zum Problem des Antisemitismus geschieht?
Ich halte das für sehr sinnvoll und richtig, und ich würde darüber hinaus noch die Umfrage ergänzen mit der Frage nach dem Wohlbefinden oder Nichtwohlbefinden der Muslime selber. Ich würde fragen, wie sie damit umgehen, und dabei unterscheiden nach Geschlecht.

Sie haben dieses Projekt einer Umfrage auf Ihrer Wunschliste. Wie fühlen Sie sich da von der Politik verstanden?
Wir haben den Eindruck, dass wir auf verschlossene Türen treffen. Es fängt ja schon damit an, dass Muslimfeindlichkeit, Islamfeindlichkeit, antimuslimischer Rassismus, wie auch immer man das bezeichnen mag, als Tatbestand gar nicht in die Kriminalstatistik mit einfließt, weil er als solcher gar nicht wahrgenommen wird. Alles wird unter Fremdenfeindlichkeit subsumiert, das bedeutet, dass Islamfeindlichkeit gar nicht registriert wird, obwohl sie als Ressentiment in der Mehrheitsgesellschaft besonders relevant ist.

Zuwanderer aus islamischen Ländern werden ja generell als religiöse Muslime definiert und so von der Mehrheit wahrgenom-

men. Welche Rolle spielt die Religion im Alltag der Muslime in Deutschland wirklich?
Jeder Muslim hat ganz unterschiedliche Bezüge zu seiner Religion. Manch einer praktiziert sie, versteht sich als fromm, andere sind säkular. Jeder identifiziert sich zwar irgendwie mit dem Islam, aber die wenigsten wollen, dass man sie ständig als Exoten betrachtet, das ist ja klar. Man möchte als normaler Bürger wahrgenommen werden, nicht nur im Kontext des Islam. Die deutschen Muslime wollen als Bürger dieses Staates wahrgenommen werden, als gute, loyale, Steuern zahlende Bürger, die nicht kriminell sind wegen ihrer Religion. Sie möchten vor allem nicht ständig allein über die Religion definiert werden.

Wie viele gehen denn in die Moschee, wie viele praktizieren die Religion?
Es gibt unterschiedliche Berechnungen. Gehen wir einmal von den restriktivsten Erhebungen aus, das ist die vom Bundesministerium des Innern, das später seine Zahlen nach oben korrigierte. Das Ministerium hat erst von 20 Prozent der Muslime in Deutschland gesprochen, die über die muslimischen Religionsgemeinschaften organisiert sind. Nach der Umfrage des Bundesamts für Migration und Flüchtlinge wurden die Zahlen auf 25 bis 30 Prozent erhöht. Vor einigen Jahren gab es Untersuchungen, die von 40 bis 50 Prozent sprachen. Die Wahrheit liegt sicherlich irgendwo in der Mitte. Ich habe immer gesagt, es sind etwa 30 bis 40 Prozent, die sich in irgendeiner Weise an der Gemeinde beteiligen.

Das ist eine ähnliche Normalität wie bei den Christen. Nur mit dem Unterschied, dass denen, die zur muslimischen Kultur gehören, unterstellt wird, sie studierten von früh bis spät den Koran, um Handlungsanweisungen gegen die Christen und den Staat zu gewinnen und Möglichkeiten zu suchen, den Staat zu unterwandern. Wie berechtigt oder notwendig ist in diesem

Zusammenhang die Aufforderung an deutsche Bürger muslimischer Religion, sich vom islamistischen Terrorismus zu distanzieren?
Hunderte Male haben Verbände und Muslime deutlich gemacht, dass Islam und Terror im Widerspruch stehen. Die Frage wird nicht selten als rhetorisches Stilmittel missbraucht. Wir verwahren uns dagegen, denn eine Distanzierung bedeutet ja, dass ein Kontext vorhanden ist.

Ein Kontext mit Sympathie für islamistischen Terrorismus?
Und der ist nicht da. Niemand würde auf die Idee kommen, Christen zur Distanzierung aufzufordern, wenn z. B. im Süd-Sudan ein Gotteskrieger, wie jüngst, den christlichen Gottesstaat ausgerufen hat und dort sein Unwesen treibt und viele Menschen ums Leben bringt. Niemand würde zu einem Bischof gehen und sagen, habt Ihr nicht eine Dependance im Süd-Sudan, könnt Ihr den Gotteskrieger nicht mal zur Ordnung rufen?

Wie fanden Sie die Reaktionen von Politikern und Bürgern auf die Feststellung des damaligen Bundespräsidenten Christian Wulff, der Islam gehöre zu Deutschland?
Ich war anfänglich sehr angetan von der Aussage und habe sie auch entsprechend kommentiert. Nach ungefähr vier, fünf Tagen heftigster Gegenwehr aus seiner Partei war ich dann schon überrascht. Ich habe das teilweise mit Kopfschütteln quittiert, weil ein viel prominenterer CDU-Politiker, nämlich der seinerzeitige Innenminister Schäuble, in der Islamkonferenz genau diese Aussage nebst einer dreiviertelstündigen Regierungserklärung gemacht hat. Im Gegensatz zu Bundespräsident Wulff hat er diesen Satz noch mal ordentlich ausgekleidet. Die so verschiedenen Reaktionen auf diese beiden Aussagen sind nicht nur darin begründet, dass der Bundespräsident einen höheren Status hat. Es liegt sicherlich auch daran, dass zwischen Schäubles Aussage und Wulffs Feststellung, die identisch sind,

dreieinhalb Jahre ins Land gegangen waren. In diesen dreieinhalb Jahren hat sich das Zusammenleben mit und das Verständnis für Muslime in diesem Land noch weiter verschlechtert. Deshalb fielen die Reaktionen so heftig aus. Das heißt, wir haben es nicht vermocht, trotz der Islamkonferenz, trotz dieses klaren Bekenntnisses von Schäuble, nach dreieinhalb Jahren auf eine, sagen wir einmal, verbesserte Situation aufbauen zu können, im Gegenteil.

Hat die Islamkonferenz eine positive Wirkung?
Ja. Die erste Islamkonferenz mit Schäuble ohne Zweifel. Obwohl wir mit viel Bauchschmerzen da reingegangen sind, wegen der heterogenen Zusammensetzung, wegen der Partikularinteressen, die angeblich Massen von Muslimen vertreten, wegen seltsamer Konnotationen. Vom Bundesinnenministerium wurde z. B. Frau Kelek ins Plenum eingeladen mit der Funktion «Islamkritikerin». Das ist doch absurd, da hätte man doch wenigstens «Soziologin» schreiben können. Trotz alledem haben wir gesagt, lasst uns teilnehmen, unsere Väter und Mütter haben uns gut erzogen, wir wollen uns konstruktiv zeigen. Der Staat ruft, und Muslime sind loyale Bürger. Wir sind, was die Integration des Islam in Deutschland angeht, kaum vorangekommen in diesen zweieinhalb Jahren. Aber mit der «gefühlten Integration», d. h., dass Muslime doch irgendwie zu dieser Gesellschaft dazugehören, sind wir doch ein Stückchen weitergekommen, trotz der ganzen Polarisierung, die damit einherging. Das ist der ersten Islamkonferenz geschuldet. Aber die zweite Islamkonferenz ist für mich ein absoluter Rückschritt, weil sie inhaltlich nicht auf der ersten aufbaut, weil sie zahlreiche Themen wieder aufgelegt hat, die wir schon dreieinhalb Jahre zuvor durchgekaut haben, und weil sie die Kritik, die Muslime geäußert haben, z. B. dass endlich der Staat mit der Religionsgemeinschaft auf Augenhöhe spricht und nicht mit Einzelpersonen, in keiner Weise aufgenommen, sondern einfach wieder von oben herab beschlossen hat, welche The-

men und Inhalte auf die Tagesordnung kommen und welche Personen teilnehmen sollen.

Welche Rolle spielen in der aktuellen «Islamkritik» muslimische Dissidenten, die als Sachverständige auftreten und instrumentalisiert werden?
Sie spielen eine große Rolle als Kronzeugen, hinter denen man sich schön verstecken kann. Da wird dann – wenn wir das Beispiel Kelek nehmen – eine «glühende Muslima», obwohl sie sich selbst nicht als praktizierende Muslima versteht, vorgeführt, um dann die negativen Eigenschaften des Islam zu beglaubigen. Frau Kelek hat ja auch bejaht, was Sarrazin behauptet. Sie hat dessen Buch zusammen mit ihm vorgestellt und ihm auch ordentlich zugearbeitet. So etwas erleben wir oft. Das ist eine ganz einfache Technik der Diskriminierung.

Müssen muslimische Frauen dankbar sein für das Engagement deutscher Feministinnen?
Ich denke schon, dass der Feminismus Verdienste hat, und wir würden den politischen Feminismus nicht annähernd richtig beschreiben, wenn man ihn nur auf die Eskapaden von Alice Schwarzer reduzieren würde. Da ist schon ein bisschen mehr. Und natürlich hat der Feminismus auch seinen entsprechenden Einfluss in der muslimischen Frauengegenwart, in einer Emanzipationsbewegung, die ich sehr schätze, die ohne Wertung sagt, dass der Islam nicht selten maskulin ausgelegt worden ist, weil die Gelehrten Männer waren. Viele muslimische Frauen stellen das zur Debatte. Es gibt schon einige großartige weibliche Gelehrte in der islamischen Geisteswelt, aber doch nur im Verhältnis zu den Männern von vielleicht eins zu zehn. Das ist jedoch immer noch ein bisschen mehr, als wir im Mittelalter im christlichen Europa hatten.

Ich nehme an, dass Alice Schwarzer zutiefst von dem Gefühl durchdrungen ist, sie helfe muslimischen Frauen entscheidend, und die müssten ihr dafür dankbar sein.

Kann sein, dass sie so denkt, aber sie denkt vor allem nicht stringent zu Ende, weil die Muslimas, die in unseren Reihen sind, mit oder ohne Kopftuch, selbstbestimmt Richterinnen oder Lehrerinnen werden wollen. Sie handeln aus ihrem Selbstbewusstsein heraus und sagen: «Ich will in die Mitte der Gesellschaft.» Diese Frauen sind längst dem Imperativ von Alice Schwarzer gefolgt, nur sieht Alice Schwarzer das nicht und sagt, Emanzipation gebe es nur zu ihren Bedingungen! Das Kopftuch ist für Alice Schwarzer per se ein Unterdrückungsmerkmal, weshalb es in ihrem Weltbild nicht möglich sein kann, dass eine Frau mit Kopftuch frei und klar die Entscheidung getroffen hat: «Ich will meine Familie ernähren, ich möchte in die Mitte der Gesellschaft. Ich will eben nicht am Kochtopf enden, aber ich möchte meinen muslimischen Glauben auch nicht vernachlässigen, sondern ich will beides zusammen.» Das hat der politische Feminismus oder zumindest jener von Alice Schwarzer noch nicht so verstanden und implementiert.

Glauben Sie, dass mehr Wissen über den Islam hilfreich wäre für den Dialog zwischen Mehrheit und Minderheit?
Es gibt eine Fraktion, die sagt, wir müssen mehr Wissen haben über die Mechanismen von Ausgrenzung und Rassismus, wir müssen wissen, wie Antipathie, wie Sympathie, wie Empathie funktioniert. Wir müssen – als Historiker wissen Sie das besser als ich – erforschen, wie die Gesellschaft mit der Minderheit umgegangen ist. Dieses Wissen ist sehr wichtig, muss immer wieder frisch gehalten werden, um zu erkennen, was passiert. Aber dafür braucht man kein Wissen über die Religion. Es gibt auch einen anderen Zugang, und zwar z. B. über Menschen, die sich für den jeweils anderen Kulturkreis interessieren und möglicherweise Empathie entwickeln. Sie können sicherlich viel zum Zusammenleben und zur Befriedung zwischen den unterschiedlichen Gruppen in einer Gesellschaft beitragen. Das religiöse Wissen ist nicht Grundbedingung, um zu erken-

nen, welche Mechanismen zwischen Mehrheit und Minderheit funktionieren, zwischen Fremden und Nichtfremden usw.

Glaubt der Muslim, dass die Situation sich verbessern würde, wenn die Mehrheit wirklich wüsste, was im Koran steht, und nicht immer nur den Unsinn nachplappern würde, den fanatische Muslimfeinde behaupten?
Kluge Frage und klare Antwort: Ja. Ein Großteil glaubt, dass das Wissen um den Islam diese Mechanismen der Ausgrenzung auflösen würde.

Aber glauben Sie auch, dass die Mehrheit überhaupt wissen will …
Nein, ich denke, dass die Mehrheit kein allzu tiefes Interesse daran hat zu sehen, wie der Islam funktioniert und was er ist. Auch das vorhandene Interesse steht in erster Linie unter dem Eindruck von irgendwelchen aktuellen Ereignissen. Der Tag der offenen Moschee ist immer recht gut besucht, aber meistens sind es Stammgäste, die kommen, um Freunde wiederzutreffen. Vielleicht fünf bis zehn Prozent, der kleinere Teil also, will wirklich etwas über den Islam erfahren. Die meisten Besucher sind von einem bestimmten Eindruck durchdrungen und sagen, wir nehmen jetzt unseren Mut zusammen und gehen einmal zu den Moslems vor Ort und fragen sie, wo denn die ganzen Zwangsehen und die von Ehrenmord zerstörten Existenzen sind. Das klingt hart, aber so ist es.

Verführt die Beschäftigung mit Religion die Muslime zum Fanatismus? Viele glauben ja, die Muslime studieren in jeder freien Minute den Koran, dabei würden sie immer fanatischer, das befördere ihren Hass auf die Ungläubigen. Verführt die Beschäftigung mit ihrer Religion die Muslime zum Fanatismus?
Aus meiner Sicht eindeutig nein, und es gibt sogar anerkannte Studien, Bertelsmann-Studien, Religions-Monitoring 2008/2009, die bestätigen, dass die intensive Beschäftigung eines

Moslem mit seinen Quellen ihn zu einem toleranteren, ausgewogeneren Wesen macht und kritischer gegenüber seiner eigenen Religion oder auch gegenüber seinem sonstigen kulturellen Kontext. Die ständige Stigmatisierung der Muslime, das Abschieben in die Fanatikerecke, ist eine der grundlegenden Gefahren. Einige wenige werden durch ihre Diskriminierung fanatisiert, aus dem gleichen psychologischen Effekt wie ein Kind, dem ständig gesagt wird: «Du bist ein ganz schlimmes Kind», und schließlich wird es dann wirklich so. Es bleibt ihm nichts anderes übrig, es soll den Auftrag ja erfüllen. So gibt es eine kleine Gruppe, die tatsächlich diesen Druck so kompensiert.

Was wünschen Sie als Vorsitzender des Zentralrats der Muslime in Deutschland von der deutschen Politik?
Ich wünsche mir, dass ich irgendwann einmal ganz selbstverständlich meinen muslimischen Glauben leben kann, dass ich meinen Rasen mähen kann, ohne dass gesagt wird, das ist ein muslimischer Mann, der den Rasenmäher schiebt, sondern ein Bürger nebenan, ein Nachbar, den wir gut kennen. Ich wünsche mir Normalität und Selbstverständlichkeit und auch, dass wir nicht bloß als Bürger wahrgenommen werden, sondern als Mitbürger, die ihren Beitrag und ihre Leistung hier erbringen. Wir möchten nicht nur willkommen sein, sondern auch Anerkennung dafür erfahren, wie schwer es war, aus ökonomischen oder aus politischen Gründen vor vielen Jahren hier neu Fuß gefasst zu haben und ein Stück zu diesem Deutschland, in dem wir heute leben, beigetragen zu haben.

Das Gespräch fand am 1. Februar 2012 statt.

Anmerkungen

1.
Probleme mit der Minderheit

1 Rand-Verfügung des Königs zum Immediat-Bericht des General-Directoriums. Berlin 1740 Juni 15: Ein Katholik sucht in Frankfurt das Bürgerrecht nach, in: Max Lehmann, Preussen und die katholische Kirche seit 1640. Nach den Acten des Geheimen Staatsarchives. 2. Theil. 1740–1747, Leipzig 1881, S. 1*.
2 Gerhard Piper, Moscheeanschläge: Schleichende Kristallnacht, in Telepolis, URL:http://www.heise.de/tp/artikel/35/35449/1.html.
3 Salomon Korn, Zu schwach, um Fremdes zu ertragen?, in: FAZ, 27. 10. 2008.
4 ZARA Zivilcourage und Anti-Rassismus-Arbeit (Hrsg.), Rassismus Report 2008, Wien 2009, S. 16 f.
5 Samuel Huntington, Kampf der Kulturen, München 1996.
6 Martin Riesebrodt, Die Rückkehr der Religionen. Fundamentalismus und der «Kampf der Kulturen», München 2000, S. 139.
7 Wolfgang Benz, Heilserwartung und Aufstand gegen die Moderne, in: Sir Peter Ustinov Institut (Hrsg.), Fundamentalismus. Aktuelle Phänomene in Religion, Gesellschaft und Politik, Wien 2011, S. 9–18.
8 Fundamentalisten-Prediger in Florida. Koran-Zündler lobt Sarrazin, in: Spiegel Online, 10. 9. 2010.
9 Lars Halter, Die Toten des Pastor Jones, in: Der Tagesspiegel (Berlin), 3. 4. 2011.
10 Oriana Fallaci, Die Wut und der Stolz, München 2004, Originalausgabe La Rabbia e L'Orgoglio, Milano 2001, deutsche Erstausgabe 2002.
11 Udo Ulfkotte, Heiliger Krieg in Europa, Frankfurt a. M. 2007, Impressum-Seite.
12 Fallaci, Die Wut und der Stolz, S. 82 f.
13 Ebenda, S. 139.
14 Ebenda, S. 127.
15 Bundesamt für Migration und Flüchtlinge/Zentrum für Türkeistudien und Integrationsforschung im Auftrag der Deutschen Islam Konferenz (Hrsg.), Islamisches Gemeindeleben in Deutschland, Nürnberg 2012.
16 Andrea Dernbach, Innenminister stößt auf Befremden, in: Der Tagesspiegel, 3. 3. 2012; dies., Schlüsselrolle der Vereine, in: ebenda, 21. 4. 2012.
17 Heinz Halm, Der Islam. Geschichte und Gegenwart, München 2000.
18 Wilhelm Heitmeyer (Hrsg.), Deutsche Zustände – Folge 10, Berlin 2011; s. a. Felix Berth/Malte Conradi, Explosive Situation als Dauerzustand, in: Süddeutsche Zeitung, 12. 12. 2011.

19 «Kein gutes Licht auf den Zustand dieser Gesellschaft». Wilhelm Heitmeyer im Gespräch mit Dieter Kassel, in: DeutschlandRadio, 12. 12. 2011.

2.
Vorurteile und Feindbilder. Die Instrumentalisierung von Ressentiments

1 Anton Pelinka (Hrsg.), Vorurteile. Ursprünge, Formen, Bedeutung, Berlin 2012.
2 Wolfgang Benz/Angelika Königseder (Hrsg.), Judenfeindschaft als Paradigma. Studien zur Vorurteilsforschung, Berlin 2002.
3 Wilhelm Marr, Goldene Ratten und rothe Mäuse, Chemnitz o. J. [1880], S. 29.
4 Hans-Peter Raddatz im Interview. «Islam bedeutet Frieden? Unfug!», in: Die Weltwoche, 15. 4. 2004.
5 Thomas Frey (d.i. Theodor Fritsch), Antisemiten-Katechismus. Eine Zusammenstellung des wichtigsten Materials zum Verständniß der Judenfrage, Leipzig 1887, S. 14.
6 Hans-Peter Raddatz, Wer beleidigt Allah?, in: Junge Freiheit, 6. 4. 2001.
7 Zit. nach Yasemin Shooman, Islamfeindschaft im World Wide Web, in: Jahrbuch für Antisemitismusforschung 17 (2008), S. 93.
8 Jürgen Leibold/Stefan Thörner/Stefanie Gosen/Peter Schmidt, Mehr oder weniger erwünscht? Entwicklung und Akzeptanz von Vorurteilen gegenüber Muslimen und Juden, in: Wilhelm Heitmeyer (Hrsg.), Deutsche Zustände, Folge 10, Berlin 2012, S. 177–198.
9 Hermann Hesse, «Narziß und Goldmund», zit. nach Adalbert Keil (Hrsg.): Zigeuner-Geschichten, München 1964, S. 16 f.
10 Brigitte Mihok/Peter Widmann, Sinti und Roma als Feindbilder, in: Informationen zur Politischen Bildung 271/2005, S. 56–62.

3.
Islamophobie, Islamkritik oder Muslimfeindschaft?

1 Vgl. Armin Pfahl-Traughber, Feindschaft gegenüber den Muslimen? Kritik des Islam? Begriffe und ihre Unterschiede aus menschenrechtlicher Perspektive, in: Wolfgang Benz/Thomas Pfeiffer (Hrsg.), «Wir oder Scharia»? Islamfeindliche Kampagnen im Rechtsextremismus. Analysen und Projekte zur Prävention, Schwalbach/Ts. 2011, S. 59–70; ders., Gemeinsamkeiten und Unterschiede von Antisemitismus und «Islamophobie». Eine Erörterung zum Vergleich und ein Plädoyer für das «Antimuslimismus»-Konzept, in: Jahrbuch für Extremismus- und Terrorismusforschung 1 (2009/2010), S. 604–628.
2 Wilhelm Heitmeyer (Hrsg.), Deutsche Zustände, Folgen 1–8, Frankfurt a. M. 2002–2010.

3 Vgl. Thorsten Gerald Schneiders (Hrsg.), Islamfeindlichkeit. Wenn die Grenzen der Kritik verschwimmen, Wiesbaden 2009; Achim Bühl, Islamfeindlichkeit in Deutschland. Ursprünge, Akteure, Stereotype, Hamburg 2010.
4 Vgl. Patrick Bahners, Die Panikmacher. Die deutsche Angst vor dem Islam. Eine Streitschrift, München 2011.
5 Gerhard Scheit, Es gibt keine Islamophobie, in: Illustrierte Neue Welt, Wien August/September 2011.
6 Vgl. Tagesspiegel 15.4. 2012 («Kontroversen am Koranstand»).
7 Hinweis durch die Stiftung des Deutschen Anwalt-Vereins contra Rechtsextremismus und Gewalt, 23.3. 2012.
8 Yasemin Shooman, Das Zusammenspiel von Kultur, Religion, Ethnizität und Geschlecht im antimuslimischen Rassismus, in: Aus Politik und Zeitgeschichte 62 (2012), S. 16–17, S. 53–57.
9 Sabine Schiffer, Die Darstellung des Islams in der Presse. Sprache, Bilder, Suggestionen. Eine Auswahl von Techniken und Beispielen, Würzburg 2005.

4. Traditionen des Feindbildes Islam

1 Vgl. Thomas Naumann, Feindbild Islam. Historische und theologische Gründe einer europäischen Angst, in: Thorsten Gerald Schneiders (Hrsg.), Islamfeindlichkeit. Wenn die Grenzen der Kritik verschwimmen, Wiesbaden 2009, S. 19.
2 Vgl. Achim Rohde, Unter Südländern. Zur Geschichte der Orientalistik und Judaistik in Deutschland, in: Zeitschrift für Geschichtswissenschaft 58 (2010), S. 639–652.
3 Siehe Michael Borgolte, Augenlust im Land der Ungläubigen. Wie Religion bei Christen und Muslimen des Mittelalters die Erfahrung der Fremde steuerte, in: ebenda, S. 591–613, zit. S. 608.
4 Vgl. Dieter Mertens, Claramontani passagii exemplum. Papst Urban II. und der erste Kreuzzug in der Türkenkriegspropaganda des Renaissance-Humanismus, in: Bodo Guthmüller/Wilhelm Kühlmann (Hrsg.), Europa und die Türken in der Renaissance, Tübingen 2000, S. 65–78.
5 Vgl. Johannes Helmrath, Pius II. und die Türken, in: ebenda, S. 79–137.
6 Deutsche Stimme, Februar 2010.
7 Vgl. Gerdien Jonker, Kalender, Polemik, Geschichtsbücher. Die Verankerung islamfeindlicher Bilder im Zeitalter der Reformation, in: Zeitschrift für Geschichtswissenschaft 58 (2010), S. 614–626.
8 Ebenda, S. 621.
9 Vgl. Matthias Schwerendt, Araber, Türken, Ungläubige. Islamrepräsentationen in Kreuzzugsnarrativen deutscher Geschichtsschulbücher des 19. Jahrhunderts, in: Zeitschrift für Geschichtswissenschaft 58 (2010), S. 627–638.

10 Vgl. Yasemin Shooman, «Durch Wüste und Harem». «Orient» und «Orientalen» bei Karl May, in: Wolfgang Benz (Hrsg.), Vorurteile in der Kinder- und Jugendliteratur, Berlin 2010, S. 79–96.

11 Vgl. Winfried Schulze, Reich und Türkengefahr im späten 16. Jahrhundert. Studien zu den politischen und gesellschaftlichen Auswirkungen einer äußeren Bedrohung, München 1978; Almut Höfert, Den Feind beschreiben. «Türkengefahr» und europäisches Wissen über das Osmanische Reich 1450–1600, Frankfurt a. M./New York 2003.

12 Vgl. Bert G. Fragner, Islam und Europa – Stereotypen, Vorurteile und Feindbilder über Jahrhunderte, in: Sir Peter Ustinov Institut (Hrsg.), Der Westen und die Islamische Welt. Fakten und Vorurteile, Wien 2006, S. 21–31, zit. S. 27.

5. Die Ideologisierung der Islamfeindschaft

1 Welt online, 23. 1. 2007.

2 Udo Ulfkotte, SOS Abendland. Die schleichende Islamisierung Europas, Rottenburg 2008.

3 ADAC Motorwelt 12/2008.

4 Ulfkotte, SOS Abendland, S. 9–11.

5 Ebenda, S. 375.

6 Ebenda, S. 369.

7 Ein Wahlrecht für Nicht-EU-Bürger auf kommunaler Ebene existiert in einigen EU-Staaten, es ist an Aufenthaltsdauer und -status geknüpft und repräsentiert nur einen geringen Anteil der Gesamtbevölkerung der EU. Außer den Beneluxländern sind es Dänemark, Schweden, Estland, Finnland und Irland.

8 Ebenda, S. 373.

9 Ebenda, S. 364.

10 Udo Ulfkotte, Heiliger Krieg in Europa. Wie die radikale Muslim-Bruderschaft unsere Gesellschaft bedroht, Frankfurt a. M. 2007.

11 Ebenda, S. 11.

12 Ebenda, S. 144.

13 Ebenda, S. 253.

14 Ebenda, S. 107.

15 Ebenda, S. 165.

16 Stefan Weidner, Wie man Bürgerkriegsängste schürt, in: Die Zeit, Nr. 21, 15. 5. 2003. Udo Ulfkotte, Der Krieg in unseren Städten. Wie radikale Islamisten Deutschland unterwandern, Frankfurt a. M. 2003.

17 Vgl. Friedrich Sebastian, Udo Ulfkotte und der Kopp-Verlag: Zwischen Rassismus, Revisionismus und Verschwörungsphantasien, Stattweb.de, 4. 2. 2010.

18 Hans-Peter Raddatz, Von Gott zu Allah? Christentum und Islam in der liberalen Gesellschaft, München 2001.

19 Nach anderen Angaben ist das Buch schon im Mai 2001 erschienen.
20 Hans-Peter Raddatz, Von Allah zum Terror? Der Djihad und die Deformierung des Westens, München 2002, S. 251 f.
21 Zit. nach Matthias Stolz/Jochen Bittner, Allahs Zorn, in: Die Zeit, Nr. 44, 27. 10. 2005.
22 Ebenda.
23 Christian W. Troll SJ, Islamdialog: Ausverkauf des Christlichen? Anmerkungen zum Buch von Hans-Peter Raddatz, in: Stimmen der Zeit 127 (2002), H. 2, S. 103–116.
24 Raddatz, Von Gott zu Allah?, S. 499.
25 Von Allah zum Terror? Der Djihad und die Deformierung des Westens, München 2002; Allahs Schleier – die Frau im Kampf der Kulturen, München 2004; Die türkische Gefahr? Risiken und Chancen, München 2004; Allahs Frauen – Djihad zwischen Scharia und Demokratie, München 2005; Iran – Persische Hochkultur und irrationale Macht, München 2006. Alle Bücher sind im weit rechts stehenden Herbig-Verlag erschienen.
26 Hans-Peter Raddatz, Allah und die Juden. Die islamische Renaissance des Antisemitismus, Berlin 2007.
27 Vgl. Peter Widmann, Der Feind kommt aus dem Morgenland. Rechtspopulistische «Islamkritiker» um den Publizisten Hans-Peter Raddatz suchen die Opfergemeinschaft mit Juden, in: Jahrbuch für Antisemitismusforschung 17 (2008), S. 45–68.
28 Ralf Balke, Kühne Thesen. Orientalist Hans-Peter Raddatz zu Gast bei B'nai B'rith, in: Jüdische Allgemeine, 29. 11. 2007.
29 «Überhaupt nicht kritikfähig». Orientalist kritisiert Einheit von Politik und Religion im Islam. Hans-Peter Raddatz im Gespräch mit Jürgen Liminski, DeutschlandRadio 11. 10. 2010; Demokratie und Islam. Islamkenner sieht darin eine Kombination mit vielen Fragezeichen. Hans-Peter Raddatz im Gespräch mit Jürgen Liminski, DeutschlandRadio 28. 2. 2011.
30 Peter Widmann, Der Feind kommt aus dem Morgenland, S. 52.
31 Ernst Nolte, Die dritte radikale Widerstandsbewegung: Der Islamismus, Berlin 2009.
32 Ebenda, S. 337.
33 Ebenda, S. 355 f.
34 Ebenda, S. 357.
35 Wissenschaftliche Dienste des Deutschen Bundestages, Der Aktuelle Begriff Nr. 92/05, 16. 12. 2005 «Islamfaschismus».
36 Sezession 9(2011), Heft 40, Februar 2011, Themenheft Islam.
37 Thilo Sarrazin, Ökonomie und Logik der historischen Erklärung. Zur Wissenschaftslogik der New Economic History, Bonn 1974.
38 Sarrazin im Interview mit dem Magazin «Lettre International» Nr. 86 vom 1. 10. 2009, S. 197–201.
39 Stefan Klein, Zartbitter, in: Süddeutsche Zeitung, 1. 3. 2010; Andrea Dernbach, Fremd im eigenen Land, in: Der Tagesspiegel, 26. 8. 2010; Tobias Kniebe: Fünfzig Zeilen, in: Süddeutsche Zeitung Magazin, Heft 10/2010,

online unter: http://sz-magazin.sueddeutsche.de/texte/anzeigen/33007/ [16.12.2010].

40 Naika Foroutan/Korinna Schäfer/Coskun Canan/Benjamin Schwarze (Hrsg.), Sarrazins Thesen auf dem Prüfstand, Berlin 2010 (künftig: Sarrazins Thesen).

41 Sie arbeiten in dem von der Volkswagen-Stiftung finanzierten Projekt «Hybride europäisch-muslimische Identitätsmodelle (HEYMAT)», das an der Humboldt-Universität angesiedelt ist.

42 So der Titel einer Broschüre von Peter Helmes, die im Oktober 2010 unter Herausgeberschaft der ultrakonservativen Gruppierung «Die Deutschen Konservativen e. V.» erschien.

43 Der Spiegel, 34/2010.

44 Stefan Klein, Er bleibt Partei, in: Süddeutsche Zeitung, 17.5.2011.

45 Thilo Sarrazin, Deutschland schafft sich ab. Wie wir unser Land aufs Spiel setzen, München 2010, S. 260.

46 Florian Illerhaus, «Islamkritik» bei Thilo Sarrazin. Eine religionswissenschaftliche Untersuchung, Münster 2011.

47 Die Welt, 4.9.2010. S. a. ders., Ein Stoß ins Herz der Political Correctness, in: Jürgen Bellers (Hrsg.), Zur Sache Sarrazin. Wissenschaft. Medien. Materialien, Berlin 2010, S. 13–17.

48 Welt am Sonntag 19.9.2010.

49 Gedruckter Werbebrief, Chefredakteur Junge Freiheit «Was wir aus dem ‹Fall Sarrazin› politisch lernen», September 2010.

50 Für die «Süddeutsche Zeitung» führte die Gesellschaft für Konsumforschung eine Erhebung durch, die von Tobias Kniebe unter dem Titel «Der Männerbund des Thilo Sarrazin» analysiert wurde, in: Süddeutsche Zeitung, 8./9.1.2011.

51 Beate Winkler, Spannungsfelder des Zusammenlebens, in: dies. (Hrsg.): Zukunftsangst Einwanderung, München 1992, S. 62.

52 Matthias Drobinski, Alle mal herhören: Das Ende naht!, in: Süddeutsche Zeitung, 30.8.2010.

53 Michael Haller/Martin Niggeschmidt (Hrsg.), Der Mythos vom Niedergang der Intelligenz. Von Galton zu Sarrazin: Die Denkmuster und Denkfehler der Eugenik, Wiesbaden 2012.

54 Geert Wilders, Genoeg is genoeg: verbied de Koran, in: De Volkskrant, 8.8.2007, zit. nach Claudia Curio, Die Feindbildkonstruktionen des niederländischen Rechtspopulisten Geert Wilders, in: Jahrbuch für Antisemitismusforschung 18 (2009), S. 235–248.

55 Vgl. Curio, Feindbildkonstruktionen, S. 241.

56 Fitna, Script by Geert Wilders and Scarlet Pimpernel, a Scarlet Pimpernel Production, im Internet auf Live Leak 2008.

57 Spiegel 14/2008.

58 Spiegel Online, 23.6.2011.

59 Alle Zitate aus der Rede Geert Wilders, zit. nach Politically Incorrect – http://www.pi-news.net.

60 Rede im britischen Oberhaus, abrufbar unter: http://www.pi-news.net/2010/03/rede-von-geert-wilders-im-britischen-oberhaus/.

61 Die Presse, 27. 7. 2011.

62 Necla Kelek, Die fremde Braut. Ein Bericht aus dem Inneren des türkischen Lebens in Deutschland, Köln 2005.

63 Alexandra Senfft, Abrechnung mit dem Islam. Necla Keleks Aufschrei: Muslimische Frauen in Deutschland, in: FAZ, 31. 5. 2005.

64 Necla Kelek, Die verlorenen Söhne. Plädoyer für die Befreiung des türkisch-muslimischen Mannes, Köln 2006.

65 Thorsten Gerald Schneiders, Grundzüge der Islamfeindlichkeit in Deutschland, in: Martin H. W. Möllers/Robert Chr. van Ooyen (Hrsg.), Migration, Integration und europäische Grenzpolitik, Frankfurt a. M. 2011, S. 263–286, zit. S. 271.

66 Necla Kelek, Heimat ja bitte! Wie Integration gelingen kann: Ein Plädoyer für klare Regeln – und für eine gemeinsame Zukunft von Deutschen und Einwanderern, in: Die Zeit, Nr. 11, 9. 3. 2006.

67 Necla Kelek, Das Minarett als Herrschaftssymbol, in: FAZ, 6. 6. 2007.

68 Necla Kelek, Sie wollen ein anderes Deutschland, in: FAZ, 14. 3. 2008.

69 Dirk Kurbjuweit, Euphorie der Freiheit, in: Der Spiegel 13/2010.

70 Vgl. Necla Kelek, Bittersüße Heimat. Bericht aus dem Inneren der Türkei, Köln 2008; dies., Himmelsreise. Mein Streit mit den Wächtern des Islam, Köln 2010.

71 «Sie haben mir weh getan». Spiegel-Streitgespräch: Wer schürt Ressentiments? Die Kritiker des Islam oder seine Verteidiger? Darüber diskutieren die Soziologin Necla Kelek und der Feuilletonist Patrick Bahners, in: Der Spiegel 8/2011.

72 Anna Reimann, Plädoyer für einen muslimischen Luther, in: Spiegel Online, 30. 10. 2007.

73 Seyran Ateş, Der Multikulti-Irrtum. Wie wir in Deutschland besser zusammenleben können, Berlin 2007.

74 Alice Schwarzer, Wie die Islamisten Deutschland unterwandern, in: Welt online, 18. 9. 2010 (Vorabdruck aus dem Buch: Alice Schwarzer (Hrsg.), Die große Verschleierung. Für Integration. Gegen Islamismus. Köln 2010).

75 Patrick Bahners, Dem siegreichen Feminismus ist die Minderheit egal, in: FAZ, 23. 9. 2010.

76 Yasemin Shooman, Kronzeuginnen der Anklage? Zur Rolle muslimischer Sprecherinnen in aktuellen Islam-Debatten, in: Sibylle Schmidt u. a. (Hrsg.), Politik der Zeugenschaft. Zur Kritik einer Wissenspraxis, Bielefeld 2011.

77 Beat Christoph Bäschlin, Der Islam wird uns fressen! Der islamische Ansturm auf Europa und die europäischen Komplizen dieser Invasion, Tegna 1990 (4. Auflage 1992) S. 94.

78 Ebenda, S. 95.

79 Das Büchlein steht laut Bundesanzeiger Nr. 98 vom 31. 3. 1992 auf der Liste jugendgefährdender Schriften der Bundesprüfstelle, d. h., sein Vertrieb an Jugendliche ist untersagt.

80 Vgl. Frank Hills, Deutschland im Würgegriff seiner Feinde, Durach 2000; ders., Phantom Fremdenfeindlichkeit. Die Deutschen sitzen auf einem Pulverfass, Durach 2010.

81 Johannes Rothkranz, Wer steuert den Islam? Durach 1998, S. 6.

82 P. Curcio Nitoglia, Woher stammt der Islam? Durach 1998.

83 Manfred Jacobs, So erobert der Islam Europa, Durach 1996.

84 Hermann Franzis, Die Zerstörung des politischen Standorts Deutschland. Schritte zur Auflösung der Nation, Tübingen 1998.

85 Ebenda, S. 302 f.

86 Klaus Rainer Röhl, Deutsche Tabus. Ungefragte Antworten, München 2004, S. 116–127, zit. S. 116.

87 Ebenda.

6.
Bürgerwut im Internet

1 Leitlinien. Gegen den Mainstream, Weblog «Politically Incorrect», http://www.pi-news.net/leitlinien/ [eingesehen am 17. 2. 2011].

2 Johannes Leicht, Biopolitik, Germanisierung und Kolonisation. Alldeutsche Ordnungsutopien einer ethnisch homogenen «Volksgemeinschaft», in: Jahrbuch für Antisemitismusforschung 19 (2010), S. 151–177.

3 Leitlinien. Gegen den Mainstream, Weblog «Politically Incorrect», http://www.pi-news.net/leitlinien/.

4 Frankfurter Rundschau, 14. 9. 2011.

5 Ebenda.

6 Antwort der Bundesregierung vom 17. 11. 2011 auf die kleine Anfrage der Abgeordneten Ulla Jelpke, Sevim Dagdelen, Andrej Hunko und der Fraktion DIE LINKE vom 31. 10. 2011, Deutscher Bundestag, 17. WP, Drucksache 17/7761. Drucksache 17/7569.

7 http://www.zentralratjuden.de/de/article/2537.html.

8 http://www.ksta.de/kultur/nach-dem-dresdner-mord-die-falsche-gelassenheit,15189520,12821556.html

9 http://www.tagesspiegel.de/meinung/kommentare/islam-der-neue-hass/1552668.html

10 http://fact-fiction.net/?p=2537. Fact — Fiction «Blog Archive» «Wie der Mord an einer Muslima den Islam fördern soll» 8. 7. 2009.

11 Vgl. Wolfgang Benz, «Der Islam vernichtet alles Andersartige». Mediale Reaktionen auf den Dresdner Gerichtsmord, in: Jahrbuch für Antisemitismusforschung 18 (2009), S. 331–342.

12 http://www.pi-news.net, 10. 11. 09.

7. Organisierte Feindseligkeit

1 Linzer Programm der FPÖ, zit. nach Ruth Orli Mosser, «Abendland in Christenhand». Zur antimuslimischen Wahlkampf-Rhetorik der FPÖ unter Heinz-Chritian Strache, in: Jahrbuch für Antisemitismusforschung 19 (2010), S. 297–318, zit. S. 302.

2 Farid Hafez, Zwischen Islamophobie und Islamophilie: Die FPÖ und der Islam, in: John Bunzl/Farid Hafez (Hrsg.), Islamophobie in Österreich, Innsbruck 2009, S. 107.

3 Vgl. ebenda.

4 Ebenda, S. 4.

5 Elfriede Windischbauer, Ein xenophobischer, islamfeindlicher, antisemitischer und sexistischer FPÖ-Comic als Beitrag zur politischen Bildung? http://www.erinnern.at/bundeslaender/oesterreich/e_bibliothek/antisemitismus-1/ein-x.

6 Vgl. Oliver Geden, Das Geschäft mit der Angst, in: Süddeutsche Zeitung, 2. 8. 2007.

7 Neue Zürcher Zeitung, online, 3. 5. 2007.

8 Zit. nach Veronica Frenzel, Kampf in der Arena, in: Der Tagesspiegel, 17. 3. 2012.

9 Material zur Partei «Christliche Mitte» unter: http://www.bpb.de/politik/wahlen/wer-steht-zur-wahl/bundestag-2009/46207cm.

10 Muslime erobern Deutschland. Eine Dokumentation. Ausgewählt und kommentiert von Adelgunde Mertensacker, Lippstadt o. J.

11 S. Anm. 9

12 Abgedruckt in: Jacobs, So erobert der Islam Europa, S. 75 f.

13 Der Redetext wurde veröffentlicht in einem einschlägigen Sammelband: Ralph Giordano, «Nicht die Moschee, der Islam ist das Problem», in: Armin Geus/Stefan Etzel (Hrsg.), Gegen die feige Neutralität. Beiträge zur Islamkritik, Marburg 2008, S. 52–61, zit. S. 53 f.

14 Ebenda, S. 58.

15 Micha Brumlik, Das halbierte Humanum. Wie Ralph Giordano zum Ausländerfeind wurde, in: Thorsten Gerald Schneiders (Hrsg.), Islamfeindlichkeit. Wenn die Grenzen der Kritik verschwimmen, Wiesbaden 2009, S. 469–475.

16 Britta Schellenberg, Die radikale Rechte in Deutschland: Sie wird verboten und erfindet sich neu, in: Nora Langenbacher/Britta Schellenberg (Hrsg.), Europa auf dem «rechten» Weg? Rechtsextremismus und Rechtspopulismus in Europa, Berlin 2011, S. 59–83, insbes. S. 65 f. und 76 f.

17 Thomas Pfeiffer, «Keine Moscheen in Germania». Islamfeindschaft in der Erlebniswelt Rechtsextremismus, in: Wolfgang Benz/Thomas Pfeiffer (Hrsg.), «Wir oder Scharia?», Schwalbach Ts. 2011, S. 110–122.

18 Jürgen Micksch (Hrsg.), Antimuslimischer Rassismus. Konflikt als Chance, Frankfurt a. M. 2009.

19 Alexander Häusler (Hrsg.), Rechtspopulismus als «Bürgerbewegung». Kampagnen gegen Islam und Moscheebau und kommunale Gegenstrategien, Wiesbaden 2008; ders., Antiislamischer Rechtspopulismus in der extremen Rechten – die «PRO»-Bewegung als neue Kraft, in: Stephan Braun/Alexander Geisler/Martin Gerster (Hrsg.), Strategien der extremen Rechten, Wiesbaden 2009.

20 http://www.diefreiheit.org/politik/grundsatzprogramm/migration-und-integration/ eingesehen am 11. 2. 2011.

Literatur

Als Quellen benutzte «islamkritische» bzw. muslimfeindliche Schriften sind an entsprechender Stelle jeweils in den Anmerkungen nachgewiesen.

Patrick Bahners, Die Panikmacher. Die deutsche Angst vor dem Islam. Eine Streitschrift, München 2011.

Wolfgang Benz, Antisemitismus und «Islamkritik». Bilanz und Perspektive, Berlin 2011.

Ders. (Hrsg.), Islamfeindschaft und ihr Kontext. Dokumentation der Konferenz «Feindbild Muslim – Feindbild Jude», Berlin 2009.

Ders./Thomas Pfeiffer (Hrsg.), «Wir oder Scharia»? Islamfeindliche Kampagnen im Rechtsextremismus. Analysen und Projekte zur Prävention, Schwalbach/Ts. 2011.

Heiner Bielefeldt, Das Islambild in Deutschland. Zum öffentlichen Umgang mit der Angst vor dem Islam, Berlin 2008.

Farid Hafez (Hrsg.), Jahrbuch für Islamophobieforschung, Innsbruck 2010f.

Alexander Häusler, Antiislamischer Rechtspopulismus in der extremen Rechten – die «PRO»-Bewegung als neue Kraft, in: Stephan Braun/Alexander Geisler/Martin Gerster (Hrsg.), Strategien der extremen Rechten. Hintergründe – Analysen – Antworten, Wiesbaden 2009.

Wilhelm Heitmeyer (Hrsg.), Deutsche Zustände, Folgen 1–10, Frankfurt a. M. bzw. Berlin 2002–2012.

Almut Höfert, Den Feind beschreiben. «Türkengefahr» und europäisches Wissen über das Osmanische Reich 1450–1600, Frankfurt a. M. 2003.

Angelika Königseder, Feindbild Islam, in: Jahrbuch für Antisemitismusforschung 17 (2008), S. 17–44.

Nora Langenbacher/Britta Schellenberg (Hrsg.), Ist Europa auf dem «rechten» Weg? Rechtsextremismus und Rechtspopulismus in Europa, Berlin 2011.

Jürgen Micksch (Hrsg.), Antimuslimischer Rassismus. Konflikt als Chance, Frankfurt a. M. 2009.

Thomas Pfeiffer, «Keine Moscheen in Germania». Islamfeindschaft in der Erlebniswelt Rechtsextremismus, in: Wolfgang Benz/Thomas Pfeiffer (Hrsg.), «Wir oder Scharia»? Islamfeindliche Kampagnen im Rechtsextremismus, Schwalbach/Ts. 2011, S. 110–122.

Sabine Schiffer, Die Darstellung des Islams in der Presse. Sprache, Bilder, Suggestionen. Eine Auswahl von Techniken und Beispielen, Würzburg 2005.

Thorsten Gerald Schneiders (Hrsg.), Islamfeindlichkeit. Wenn die Grenzen der Kritik verschwimmen, Wiesbaden 2009.

Ders. (Hrsg.), Verhärtete Fronten. Der schwere Weg zu einer vernünftigen Islamkritik, Wiesbaden 2012.

Yasemin Shooman, Islamfeindschaft im World Wide Web, in: Jahrbuch für Antisemitismusforschung 17 (2008), S. 69–96.

Dies., Kronzeuginnen der Anklage? Zur Rolle muslimischer Sprecherinnen in aktuellen Islamdebatten, in: Sibylle Schmidt/Sybille Krämer/Ramon Voges (Hrsg.), Politik der Zeugenschaft. Zur Kritik einer Wissenspraxis, Bielefeld 2011.

Dies., Das Zusammenspiel von Kultur, Religion, Ethnizität und Geschlecht im antimuslimischen Rassismus, in: Aus Politik und Zeitgeschichte 62 (2012) H.16–17, S. 53–57.

Sir Peter Ustinov Institut (Hrsg.), Der Westen und die Islamische Welt. Fakten und Vorurteile, Wien 2006.

Kay Sokolowsky, Feindbild Moslem, Berlin 2009.

Peter Widmann, Der Feind kommt aus dem Morgenland. Rechtspopulistische «Islamkritiker» um den Publizisten Hans-Peter Raddatz suchen die Opfergemeinschaft mit Juden, in: Jahrbuch für Antisemitismusforschung 17 (2008), S. 45–68.

Andreas Zick, Das Potenzial in Deutschland. Islamfeindliche Einstellungen in der Bevölkerung, in: Wolfgang Benz/Thomas Pfeiffer (Hrsg.), «Wir oder Scharia»? Islamfeindliche Kampagnen im Rechtsextremismus, Schwalbach/Ts. 2011, S. 31–47.

Register

Aus dem Verlagsprogramm

Zeitgeschichte bei C.H.Beck

Gudrun Krämer
Demokratie im Islam
Der Kampf für Toleranz und Freiheit in der arabischen Welt
Das siebte Kapitel «Antisemitismus in der arabischen Welt»
wurde aus dem Englischen ins Deutsche übersetzt von Rita Seuß
2011. 219 Seiten. Paperback
Beck'sche Reihe Band 6006

Heinz Halm
Der Islam
Geschichte und Gegenwart
8., durchgesehene und erweiterte Auflage. 2011. 112 Seiten
mit 3 Karten und 1 Graphik. Paperback
C.H.Beck Wissen in der Beck'schen Reihe Band 2145

Stefan Meining
Eine Moschee in Deutschland
Nazis, Geheimdienste und der Aufstieg des politischen Islam im Westen
2011. 316 Seiten mit 34 Abbildungen. Gebunden

Michael Lüders
Iran: Der falsche Krieg
Wie der Westen seine Zukunft verspielt
2. Auflage. 175 Seiten mit 2 Karten und 1 Grafik. Klappenbroschur

Bernd Greiner
9/11
Der Tag, die Angst, die Folgen
2011. 280 Seiten mit 26 Abbildungen und 1 Karte. Gebunden

Susan Arndt
Die 101 wichtigsten Fragen – Rassismus
2012. 159 Seiten. Paperback
Beck'sche Reihe Band 7036

Verlag C.H.Beck München